デカルトをめぐる論戦

安孫子信・出口康夫・松田克進 編

京都大学学術出版会

目次

凡例

本書で引用される哲学文献については、「小林 2006 a : 4」のように、著者名、発行年、頁数で表記した。本書に頻出するデカルトおよび小林道夫の著作に関しては以下に記す。その他の文献については、各章の末尾を参照されたい。

デカルトの著作の引用は、シャルル・アダンとポール・タヌリ編纂の全集版

Œuvres de Descartes, publiées par Ch. Adam et P. Tannery, Paris, 1897–1909, réédition Vrin-CNRS, 11 vol., 1964–74

により、ATと略記して、巻数をローマ数字、ページ数をアラビア数字で示す。

＊

小林道夫 1973「フッサールの現象学的反省の二面性の問題」（『哲学論叢』、京都大学哲学論叢刊行会、1 : 109–122）。

小林道夫 1988「物理学の哲学的諸問題」（内井惣七・小林道夫編『科学と哲学　論理・物理・心・言語』、昭和堂 : 53–109）。

小林道夫 1990「科学的実在論」（神野慧一郎編『現代哲学のフロンティア』、勁草書房：68–99）。
小林道夫 1995『デカルト哲学の体系——自然学・形而上学・道徳論』、勁草書房。
小林道夫 1996 a『科学哲学』、産業図書。
小林道夫 1996 b『デカルトの自然哲学』、岩波書店。
小林道夫 2000『デカルト哲学とその射程』、弘文堂。
小林道夫 2001「自然主義批判試論——クワインの「認識論の自然化」を中心に」（日本哲学会編『哲学』第52号：50–63）。
小林道夫 2006 a「ライプニッツにおける数理と自然の概念と形而上学（上）」（『哲學研究』581：1–28）。
小林道夫 2006 b「ライプニッツにおける数理と自然の概念と形而上学（下）」（『哲學研究』582：1–24）。
小林道夫 2006 c『デカルト入門』、（ちくま新書）筑摩書房。
小林道夫 2009『科学の世界と心の哲学——心は科学で解明できるか』、（中公新書）中央公論新社。

はじめに

安孫子 信

フランスの思想家アランはデカルトについて、「見たところほぼいつも明瞭で、彼に従うにしても、彼を反駁するにしても、ことは容易に見える」（「デカルトを讃えて」、『精神と情念についての81章』所収）と述べている。実際、漱石の猫でさえ、一端のデカルト論駁に及んで次のように吐いていた。「デカルトは「余は思考す、故に余は存在す」といふ三つ子にでも分る様な真理を考へ出すのに十何年か懸ったさうだ」（『吾輩は猫である』（七））。言うまでもないが、このデカルトが、近現代の哲学の出発点である。デカルト以後の哲学者たちは、デカルトが構築した新たな枠組みを知り、それに対して自らを位置付けつつ（多くの場合、反駁しつつ）自己の哲学を構築していった。近現代の哲学の内実は、ある意味で、こうして、デカルト哲学との批判的な対話・論争に依って形成されたと言うことができるのである。

さて本書は、そのような観点から、近現代の哲学を、それがデカルトと行なったであろう対話・論争を再現することで、再考していく試みである。具体的には、「デカルト陣営に立つ（一人の）研究者」と「非デカルト陣営に立つ（複数の）研究者」との対話・論争という形を採る。前者を務めるのは、長年デカルト哲学を中心とした哲学史および科学哲学の研究を行ってきた小林道夫氏（京都大学名誉教授・龍谷大学文学部教授）である。また後者を務めるのは、パスカルからベルクソンまでの近世哲学の専門家七名と現代の科学哲学の専門家三名である。すなわち本書は、一〇名の反駁者が、それぞれの哲学的立場から（ないしは自らがシンパシーを寄せる哲学者の立場を借りて）デカルト主義に対して論争を挑み、デカルトの立場から小林氏がそれに答えるという形態を採用している。言うまでもなくモデルは、デカルト『省察』の付録に置かれた、デカルトと、ホッブズ、アルノー、ガッサンディらとの間で展開された「論駁と答弁」である。

それにしても、近現代の哲学の見直しを、このようにデカルトを引き合いに出し、彼を試金石にして行うのはなぜなのか。それは、デカルトが原点であり、原点としてのデカルトに事実差し向けられた、あるいは、おそらく差し向けられたはずの、近現代の哲学の議論を再構成することで、近現代の哲学のいわば初心が取り戻されるのではないかと考えるからである。先に引いたアランの一節をさらにその前後を補ってみれば、彼の真意は次のようなものであった。「デカルトを理解するためにわれわれに不足しているのは知性である。見たところほぼいつも明瞭で、彼に従うにしても、彼を反駁するにしても、ことは容易に見える。しかも、彼はいたる所でほとんど推し量ることが不可能である。……デカルトの肖像が、あまり期待もせずに人々の理解を待って、やがて三世紀になろうとしている」。デカルトは変革者であった。近現代の哲学は、その変革の衝撃から生まれた。その後、比較的素朴に彼に従った者も、同じく素朴に抗った者もいたが、彼自身は「推し量りがたい」者として、今日にいたるまで、皮肉な仕方で（「あまり期待もせずに人々の理解を待って」）、哲学に衝撃を与え続けている。デカルトの衝撃が近現代哲学の初心だったのであり、「論駁と答弁」は、試みとして、その初心に立ち返らせてくれるはずものである。そしてその初心から、われわれは今日の哲学について新たに別様に考えて行く力をまた得てくることができるであろう。

本書第Ⅰ部「哲学史編」では一七世紀から二〇世紀の主要な七人の哲学者の見地から反論者がデカルト主義に対して論戦を挑み、小林氏がそれに応えていく。取り上げられる哲学者は、一七世紀からは、『パンセ』において「自我は憎むべし」と書いたパスカル（担当 塩川徹也）、デカルトと同様に理性主義の立場に立ちながらその自由意志説に反論したスピノザ（担当 松田克進）、デカルト的機械論を克服するものとしてモナドロジーを構想したライプニッツ（担当 松田毅）である。一八世紀からは、経験論の立場からデカルトの理性主義に対抗したヒューム（担当 中釜浩一）とデカルト主義を独断論と評価したカント（担当 山本道雄）が、さらに一九・二〇世紀からは、反デカルト主義的認識論としてプラグマティズムを提唱したパース（担当 伊藤邦武）と反知性の生命主義を唱えたベルクソン（担当 安孫子信）が取り上げられる。第Ⅱ部「現代哲学編」では、最初のトピック「心の哲学」（担当 美濃正）において、デカルトの心身二元論に対する批判が展開される。次に「科学的実在論」（担当 出口康夫）で、デカルトの物理実在論の説得力が問題視され、最後に「自然主義」（担当 戸田山和久）において、人間精神に関する反自然主義という性格をもつデカルト主義の再検討・再評価が試みられる。以上に概観した「反論」の後には、小林氏による「答弁」が記載され、全体としてきわめて多面的な「デカルトをめぐる論争」が展開されていく。

こうして、本書刊行の目的は、デカルト主義をめぐる「論駁と答弁」を新たに展開することで、まさに近現代の哲学の原点を再確認しつつ、今日における哲学的議論を再活性化させることである。各反論者と小林氏との間で展開されている活発な論争から、新たな哲学思想、あるいは新たな哲学史解釈の萌芽を生みだしていくことができればと考えている。

第一部

哲学史編

第一章　「〈私〉とは何か」——パスカルの〈私〉とデカルトの〈私〉

塩川　徹也

「デカルト、無用で不確実」（S 445；B 78）

『パンセ』のなかに残されているこのパスカルの評言はあまりにも有名であり、パスカルがデカルトの思索と理論体系について下した決定的判断として、しばしば一人歩きしている。しかし事態がそれほど単純でないことは、パスカルのテクストを少し仔細に覗いてみれば容易に推察できる。

まず「無用で不確実」というのは、いかなる観点から、いかなる領域について言われているのか。同じ表現は、やはりデカルトを論じた次の断章に登場する。

デカルト

大まかになら、「それは形と運動からなる」と言わなければならない。それは本当だからだ。しかし、どのようなものかについて立ち入って語り、機械を組み立てるのは滑稽だ。なぜならそれは無用にして不確実、そして骨の折れることだからだ。第一、それが本当だとしても、哲学全体にたとえ一時間でも時間を費やす価値があるとは思えない。[1]（S 118；B 79）

ここで問題になっているのは明らかに自然学、物心の実在的区別を基礎とする機械論的な自然学である。[2]その理論的前提と枠組みをパスカルはまず大筋として認める。その上で、そこから出発したデカルトの探求の成果には否定的な評価を下す。自然学あるいは自然科学という領域が物心二元論によって成立したことは受け入れた上で、デカルトの案出した理論では自然現象の解明とその技術的応用を展開することは困難だと主張している。これは自然科学という土俵の上で行われる批判であり、近代科学とりわけ力学・天文学の発展の歴史に照らしていえば、口調は頭ごなしだとしても正しい批判である。デカルトの自然学は「不確実」である。

それでは「無用」はどうか。不確実だから無用だと考えることはもちろん可能だが、物心二元論の切り開いた地平で、物体的存在の領域に焦点を定めて確実な学問の形成を目指したのが近代自然科学だとすれば、理念としてのデカルト自然学は有用なのではないか。それこそ、デカルト自身が『哲学原理』の仏訳者に宛てた書簡において、哲学を一本の木にたとえることを通じて強調していたことである。しかしパスカルは、たとえデカルトの理論が正しいとしても、「哲学に一時間でも時間を費やす価値があるとは思えない」と述べているのであるから、デカルトの哲学、いやそもそも哲学という営みが無用だと主張していることになる。じっさい結論を先取りしていえば、敬虔なキリスト教徒として救済を人生の究極の問題と確信していた彼にとって、形而上学を根、自然学を幹として、医学・機械学・道徳のような諸学に展開していくデカルトの哲学が結局無意味に見えていたことは想像に難くない。しかしそのような結論、正しいけれど平板な結論に行き着く前に、パスカルはデカルトの思索に注意深く寄り添い、その意味と価値と射程に深く思いを凝らしていた。そのいくつかの局面を検討することを通じて、二人が共通して提起した「〈私〉とは何か」という問いを考えることが、本稿の課題である。

一　〈コギト〉をめぐって

パスカルが、デカルトの哲学とりわけ自然学に厳しい目を向けていたことはいま見たとおりであるが、その彼が〈コギト〉――「私は考える、だから私は存在する」――の思想とその独創性を高く評価していたことを忘れてはならない。未完の小品『幾何学的精神』は、パスカルの論理学と方法論、そしてレトリックの根本原理を雄大な展望の下に粗描しているが、その第二部「説得術」の終わり近くに次のような一節がある。

私は公正な方々に問うてみたい。次の二つの原理、すなわち「物質は本性的に考える能力を絶対に持つことがない」と「私は考える、だから私は存在する」は、デカルトの考えと聖アウグスティヌスの考えにおいて本当に同じことであるのかどうか。後者は前者に先立つこと千二百年前に同じことを述べたのであるが。

本当のところ、デカルトがその真の発案者でないなどというつもりは私にはまったくない。たとえ彼がこの偉大な聖人の著作を読んではじめてその原理を学んだとしてもそうだ。というのも、ある言葉を深く広い反省もなしにたまたま書きつけることと、この言葉のうちに、物質的存在と精神的存在の区別を証明する一連の驚嘆すべき帰結を見てとり、それを全自然学の確固として首尾一貫した原理として据えつけることとの間にどれほどの隔たりがあるかを私は知っているからだ。デカルトがその企図をじっさいに実現させたかどうかを吟味する必要はない。彼が成功したと想定して、その想定に立って言うのだが、この言葉が彼の著作において有している意味と、それがたんに付随的に触れられているに過ぎない著作において有している意味の間には、命と力に満ちた生者が死者と異なるほどの隔たりがある。[3]

素直に読めばすぐ分かることだが、問題の中心は〈コギト〉をめぐるデカルトの独創性の有無にある。〈コギト〉に類似した文言そして思想がすでにアウグスティヌスの著作に見出されるという指摘は、彼の最初期の読者であるメルセンヌやアルノーによってなされていた。それに対してパスカルはデカルトの独創性を断固として擁護する。人はあるアイディア、ある真理、ある正論を深い考えなしに、行きずりに口にすることがある。しかしそれは口にした思想を隅から隅まで把握し、その帰結と射程を見通すことからはほど遠い。そこでは思想は真の意味で考案されていないし、所有もされていない。そのような状態では、思想に関する独創性や優先権や所有権を云々することに意味はない。それに対してデカルトが〈コギト〉の発見者だと言えるのは、彼が〈コギト〉のうちに、「物質的存在」——本性を物質とする存在——と「精神的存在」——本性を精神とする存在——の区別を証明する一連の驚嘆すべき帰結を見てとり、それが「全自然学の確固として首尾一貫した原理」となることを明らかにしたからである。思想上のライヴァルに対する美しい賛辞であるが、その背後には、思想とその主体である人間つまり〈私〉との間には埋められない距離があるという信念が控えている。[4]〈コギト〉の核心にあるのは、考え（cogitatio, pensée）がけっして私から引き離すことができないという事態であるが、具体的な局面において、〈私〉のうちに生起する考えを〈私〉は必ずしも所有しておらず、それを完全に制御してもいない。もちろんこの問題はデカルトにとっても無縁ではない。それどころか、エリーザベトとの往復書簡や『情念論』の中心的課題である。ただそれは、心身合一体としての人間に関わり、「考えるもの」（res cogitans）としての〈私〉[6]には関わらない、あるいは少なくとも問題としては浮上していないように思われる。それに対して、パスカルにおいては思考とその主体との乖離は心身合一とは別の局面で考えられている。これこそ、両者を分かつ重要な相違であり、それが後に見るように、自我論の相違につながると思われる。

パスカルは〈コギト〉の独創性を全面的に承認していたが、〈コギト〉の哲学それ自体も高く評価している。〈コギト〉から導出される形而上学的二元論を「物質的存在と精神的存在の区別を証明する一連の驚嘆すべき帰結」と形容し、さらにそれを出発点として「全自然学」が構築される可能性を認めているのだから。しかしその直後につけられた留保は意味深長である。デカルトが企図した自然学が実現したものと想定して、というのは、先ほどの「無用にして不確実」の一句を考え合わせれば、デカルトの自然学の挫折を強く示唆する。「哲学の木」の幹として他の諸学の共通の基盤となるはずの自然学は未完成であり、また完成の目処は立っていない。パスカルにおいて、デカルトの自然学への否定的評価は一貫している。

だがそれは、その根拠となる二元論の否定にはつながらない。それどころか、パスカルは物心（身心）二元論を強く支持している。人間を無限大と無限小の二種の無限あいだを寄辺なく漂う中間的存在として活写する有名な断章（S 230；B 72）は、存在を物質と精神に二分し、心身合一体である人間が事物を認識することの困難を強調する。

そして物事の認識に関する私たちの無力に止めを刺すのは、物事はそれ自体として単純なのに、私たちは対立して類を異にする二つの本性、つまり魂と身体から構成されていることだ。じっさい私たちのうちにあって思考する部分が、精神的なものでないことはありえない。そしてかりに、私たちが単純に物体的なものだとすれば、私たちは一層事物の認識から排除されることになる。物質がおのれ自身を知ると言うことほど、人知を絶することはないのだから。物質がどのようにしておのれを知るかを理解するのは、私たちには不可能だ。

こうして、もし私たちが単純に物質だとすれば、私たちはまったく何も知ることができない。そしてもし精神と物質から構成されているとすれば、精神的なものだろうと、物体的なものだろうと、単純な事物を完全に知ることはできない。〔……〕

こういうわけで、ほとんどすべての哲学者が事物の観念を混同し、物体的な事物を精神的に、精神的な事物を物体的に語っている。じっさい彼らの大胆な語り口によれば、物体は下方を目指し、自らの中心にあこがれ、破壊から逃れ、真空を恐れる。また好意、共感、反感を抱くというが、これらはすべて精神にしか所属しない事柄だ。そして精神について語る段になると、彼らはそれがある場所を占めるかのように見なし、ある場所から他の場所への運動を付与する。しかしこれらは、物体にしか所属しない事柄だ。

物体と精神の峻別は正しい認識に到達するための必須の条件であるが、「ほとんどすべての哲学者」は両者を混同して誤謬に陥る。パスカルは、すでに真空論争において「自然は真空を嫌悪する」というスコラ自然学の原理にアニミズム的な自然観を見てとり、同様の批判を加えていた。そのような混同を徹底的に排除したのがデカルトの二元論、〈コギト〉を出発点とする二元論だとすれば、「ほとんど」という留保がデカルトを念頭においているのは疑う余地がない。パスカルはデカルトとともに〈コギト〉と二元論を共有している。

その上でパスカルは、すでに見たように、デカルトの自然学、いやすべての自然学に猜疑の目を向ける。それは彼自身、第一級の自然科学者であったにも関わらず、彼の関心が救済の問題、死後の〈私〉の運命に集中しているからである。たとえばコペルニクスの太陽中心説について彼は次のような言葉を残している。

コペルニクスの見解を掘り下げて考えなくても、それは構わない。だが、このことは……魂が不滅かどうかを知るのは、人生の一大事だ。(S 196 ; B 218)。

魂の不死性、そしてその条件と考えられた非物質性、すなわち身体と精神の実在的区別が、死後の生を可能にする要件だという確信が背後にあるのは明らかである。そうだとすれば、デカルトが『省察』において遂行した証明、すなわち「神の存在及び人間の魂と身体の区別」の証明、さらには初版のタイトルに示された「神の存在と魂の不死性」の証明にパスカルが強い関心を寄せ、深く共鳴していたことが予想される。デカルトの〈コギト〉から導き出される魂（精神的存在）の非物質性、そしてその延長線上にあると見なされた魂の不死性は、パスカルの信仰に強固な哲学的基盤を提供したとひとまずは言えるだろう。

しかしそれは、魂の永生と至福がパスカルの信仰の目標であり、その目標との適合性の観点から二元論が選び取られ、そこから一方では、魂と同一視される精神的実体への関心と配慮、他方では、救済とは無縁と見なされた物体的本性の探求（自然学）の軽視が帰結するということなのだろうか。別の言い方をすれば、パスカルにとって救済の対象は、デカルトの〈コギト〉によって析出された精神的実体なのだろうか。彼は信仰を二元論の一方の極に結びつけ、信仰の基礎として働く一種の主観性の哲学を構想していたのだろうか。そうではない。パスカルは、〈私〉とは何かという問いを導きの糸として、別の道に踏み込んでいく。しかもその歩みには、デカルトの姿が見え隠れしている。まさに「〈私〉とは何か」と題された『パンセ』の断章を読んでみよう。

二　〈私〉への問い

〈私〉とは何か

ある人が窓辺に身を寄せて、道行く人を眺めている。もし私がそこを通りかかったとして、彼は私を見るためにそこにいる、といえるか。否、彼は取り立てて私のことを考えているわけではないのだから。しかし、誰かをその美貌のために愛する人は、その人を愛しているのか。否、天然痘にかかれば、命は失わなくても、美貌は失われる。そうなれば、彼はもはやその人を愛さないだろう。

そしてもし私が、判断力や記憶力が優れているという理由で愛されるとして、私はたしかに愛されているのか。否、私は自分を失うことなしに、これらの性質を失うことができるのだから。それでは、この私はどこにあるのか。体のうちにも、魂のうちにもないとしたら。そして体にせよ魂にせよ、その性質のためでなしに、どうしてそれを愛することができるのか。しかるにその性質は滅びゆくものである以上、〈私〉を形作るものではない。一体、ある人の魂の実体を抽象的に、そこにどんな性質があろうと愛するなどということがあるだろうか。それは不可能だし、第一、不正だろう。だから人が愛されることは決してない、愛されるのは性質だけだ。［……］（S 567；B 323）

「私」が窓辺にたたずむ人から眺められているという冒頭の状況設定は、しばしば指摘されることだが、デカルトが『省察』第二で展開する蜜蝋の知覚の分析の末尾の部分に、逆向きに呼応している。デカルトは認識が感覚によって行われるのではなく、精神の洞察によって行われることを示すために、蜜蝋の知覚を例として取り上げる。われわれは、蜜蝋の姿かたちを眼で捉え、そのにおいを鼻でかぎ、指で触感を確かめ、舌で味わい、指で弾かれたときに発する音を耳で聞くことを通じて、蜜蝋を認識すると思っている。しかしそれを火に近づければ、その姿かたちは溶けさり、においも味も揮発し、質感を失い、叩いても音を出さない。それでも同じ蜜蝋であると認識されるとしたら、それは感覚を離れた精神の判断によるほかない。ここまで分析を進めたデカルトは、しかしながら、それがなかなかわれわれを納得させないことに思いいたり、その理由を日常言語が思索を欺くことのうちに見出す。蜜蝋を目の前にしたわれわれは、蜜蝋そのものを見るといって、色あるいは形から推して蜜蝋がそこにあると判断するとはいわない。そして彼自身よほどの注意を払わなければ同じ危険にさらされていることを次のように述べる。

そこから私も、蜜蝋は視覚によって認識されるのであって、精神のみの洞察によって認識されるのではない、とただちに結論しかねない。じっさい、たまたま私が窓から通りを眺めて、そこを行く人々が目に入ると、私は、人が見えると言ってしまう。蜜蝋を見るというのと同じことだ。しかし私に見えるのは、帽子と外套だけであり、その下には自動機械が隠れているかもしれないではないか。それでも私は、それが人間だと判断する。こうして私は、目で見ていると思っていたものを、私の精神のうちにある判断の能力のみによって把握しているのだ。(AT VII: 32)

蜜蝋を前にして知覚の分析に没頭していたデカルトは、精神の緊張を解きほぐすために窓辺に立ち寄り、道行く人々、もしかしたらロボットかもしれない人影に何気なく目をやる。そこにパスカルが、いやパスカルのいう「私」が通りかかるのである。当然のことながらデカルトはそれが誰であるかを詮索することはない。そもそもそれが人間であるかどうかさえ分からないのだから。だからもしもパスカルが、デカルトが窓辺にいるのは自分を見るためだと考えたらそれは自意識過剰にほかならないし、彼自身、相手が「取り立てて私のことを考えているわけではない」ことは十分に承知している。にもかかわらず、パスカルの発した「〈私〉とは何か」という問いが、誰かに見られる、さらには愛されるという状況で発せられていることは、いくら強調しても強調しすぎることはない。

デカルトの〈私〉

状況設定の逆対応は興味深いが、それだけでは細部の暗合にすぎない。両者の間にそれ以上の接点、問題設定と問題意識において通底するものはないのだろうか。神の存在及び人間の魂ないし精神と身体の実在的区別の証明に取り組む『省察』、とりわけ「人間精神の本性」を論じ、それが「身体よりも容易に知られる」ことを論証する『省察』第二、さらに神の存在証明に向けられた『省察』第三が、「〈私〉とは何か」という問いに出会うことはないのだろうか。そのように考えてみると、デカルトが方法的懐疑の遂行を通じて〈コギト〉に到達する「第二省察」において、「私は何ものか」あるいは「〈私〉とは何か」という問いがさまざまな形で執拗に繰り返されていることに気づく。懐疑が私の名と責任において遂行され、その果てに発見されるのが「私の存在」(«Ego sum, ego existo», AT VII：25)であることを思えば、これはある意味では当然である。こうして誇張的懐疑によってすべての性質を剥奪され、ただその存在だけが確認された「私」について、「その私」(ego ille)が何であるか、あるいはむしろ何でないかが、立て続けに問われていく(7)。

まずデカルトは、かつての自分、懐疑を実行する前の自分が、「私」について抱いていた「古い意見」を吟味することから始める(8)。私は自分が、人間であり、身体であり、また魂であり、それによって生体として活動し、さらには理性的動物として思考すると考えていた。しかしその大部分は否定される。「私は人間である」という規定は、「人間」についての適切な定義がないかぎり命題として意味をなさない。つまりナンセンスである。身体については、「私」の経験に密着しているかぎりにおいて、問いとしては有意味であるが、物体の存在を疑問視する懐疑に抵抗することはできない。それでは魂(anima)はどうか。伝統的な霊魂観におけるように、それが生命原理——栄養摂取にかかわる植物霊魂、運動にかかわる運動霊魂、感覚にかかわる感覚霊魂——であり、身体の機能に関わるとすれば、やはり懐疑によって斥けられる。残るは、思考すなわち考えることであるが、これぱかりは「私」から切り離すことができないことを「私」は発見する。私は考えるものなのである。したがって魂の観念を精錬して、思考原理に限定すれば、「私」はたしかに魂、より正確には精神（mens）である。(9)

しかしそれは「私」が精神でしかなく、身体でも、身体と結びついてそれを機能させる魂でもないということなのだろうか。懐疑によって無であると想定されたそれらは、もしかしたら事の実相においては、「私が知るにいたったこの私から（ab *eo me* quod novi）異なっていない」(10)のではないか。それは分からない、それについていま議論をするつもりはない、とデカルトは述べて問題を回避する。それは『省察』の問題構成、とりわけ懐疑を通じて精神としての「私」の存在の確証を目指すこの段階では当然のことだ。物心二元論、とりわけ精神と身体の実在的区別を論証する『省察』において心身合一としての人間あるいは〈私〉が考察されることはない。しかしながら周知のように、後年のデカルトはエリーザベト宛の手紙（一六四三年五月二一日付け）において、「心身合一」が、物体にとっての延長及び魂にとっての思考と並んで、第三の原始的観念であることを主張し、その観点から合一体としての人間が、いかにすればよく生きることができるかを、医学と道徳の両面から探求していく。それが〈私〉の観点から、〈私〉について行われているかどうかについては慎重な検討が必要であるが、事態として「人間、いかに生きるべきか」の問いが、「私はいかに生きるべきか」ひいては「〈私〉とは何か」の問いに折り重なることはいうまでもない。デカルトにとっても「〈私〉とは何か」の問いは、心身分離と心身合一の両方の観点から大きな課題だったのである。

とはいえやはり問題は、『省察』第二における「私」あるいは「この私」である。しかしそこでは、心身合一はおろか心身分離さえ問われることはない。神の存在がまだ証明されていないこの段階では、物体（身体）の存在さえ保証されていないのだから。「私」が「考えるもの」、すなわち「精神（mens）、ないし心（animus)、ないし知性(intellectus)、ないし理性(ratio)」(AT VII: 27)といわれているのは、このようないわば独我論的な状況、「この私」の存在しか確定されていない状況においてである。だが、「私」が「考えるものである」のは確かめられたとしても、その逆、すなわち「考えるものは私である」、あるいは「精神は私である」という命題は正しいだろうか。論理的にそれが成立しないのは明らかである。またこの時点で、「私」以外の「考えるもの」の存在が確認されないのは当然であるが、懐疑以前の「古い意見」に照らしても、あるいは神の存在証明を通じて回復される外界の考察を先取りして考えてみても、天使、動物、そしてとりわけ「私の同類である人間」(AT VII: 43)の存在、少なくとも可能的存在を否定することはできない。いやそれ以前に、神こそは「考えるもの」の至高の原型ではないか。そうだとすれば、「この私」はたしかに「精神」ではあるが、精神の全体でも精神自体でもなく、「ある精神」、「ある考えるもの」、つまり個体としての精神であり、しかもその個体化にこの時点では物体(身体)は関与しない。問題は精神一般ではなく、「私の精神」(AT VII: 29)あるいは「まさにこの精神、すなわち私自身」(AT VII: 32-33)である。しかし精神である「私」が、精神に付加する「私の」という所有形容詞、そして「この」という指示形容詞は、いかなる意味、いかなる弁別機能を担っているのか。「私の精神」というからには、私のものではない精神の存在も暗黙のうちに想定されているように思われるが、私と非─私、あるいは私の内と外[11]とを分かつ指標は何か、そもそもそのような指標を考えることはできるのか。

この問題が『省察』で正面から取り上げられることはない。〈コギト〉において「私」と「考えること」があまりにも緊密に結びついているために、「私」ではない誰かあるいは何かが考えるという事態を考察する道が閉ざされているような印象を受ける。しかし少なくとも『省察』第三は神の存在証明の遂行の過程で、それに不完全とはいえ、ある見通しを与えている。そこで神の存在は二通りの仕方で証明されていた。一つは、私のうちにある神の観念、私の思惟の様態でありながら神を表象する観念の起源ないしは原因としての神であり、もう一つは、端的に私の存在の起源としての神である。いずれも私、あるいは私のある考え――神の観念――の起源に神が存在すること、逆に、神が存在しなければ、私も神についての私の観念も存立しないことを証明することを通じて、「私」に限界を設けているのである。私の存在の起源は、私自身でも両親でも、あるいは何かそのほかの神より不完全なものでもなく、神自身である。私は神によって創造され、その存在は各瞬間において神によって保存されている。というより、時間の本性に注意して考えれば、創造と保存は同一の事柄である。要するには、「私」は神によって個体として創造され保存される精神的存在である（AT VII：48–49）。これが、〈コギト〉の発見の直後に発せられた不気味な問い、私が存在するのは確実だとして、「だが、どれだけの間か」に呼応しているのはいうまでもない（AT VII：27）。もちろんそれは、私が考えている間であるが、そうだとしたら、「私があらゆる思考を停止してしまうならば、もしかしたら、その瞬間に私全体が存在することをやめてしまうことになるかもしれない」（ibid.）。私は精神であるが、精神だからといって、必ずしも自存するものではない(12)。「私」の起源を探ることを通じて確証された神の存在は、同時に「私」の被造性、そしてそれに付随する偶然性と有限性を明るみに出す。ちなみに、次の文章が示唆しているように、パスカルは『省察』第二及び第三を注意深く読んだ上で、この点について基本的にデカルトに同意していたと思われる。

私は、自分が存在しなかったかもしれないと感ずる。なぜなら〈私〉は、考えることによって成立しているのだから。したがって考える私は、私に魂が吹き込まれる前に、母が殺されていたとしたら、存在しなかったはずだ。したがって私は必然的な存在ではない。同様に永遠でも無限でもない。しかし自然の中には、必然的で永遠かつ無限の存在があることが、私にはよく見える。（S 167；B 469）

いずれにせよ、「私」が有限な被造物であるとすれば、神は「私の同類である人間」を創造することができるし、そうして創造された人間は、やはり「考える私」としてものを考え、その志向対象のなかには「この私」も含まれるはずであるが、デカルトはそのような受動的状況で「私」を問うことはない。もちろん「私（と）は何ものか」と問う以上、「私」は私の考察対象でもある。「いまや私が存在することは知っている。そこで私が知るにいたったその私が何ものであるかを探求しよう」（AT VII：27）という文章に典型的に示されているように、私が考えることを通じて確認した私の存在から、「私が知るにいたったその私」（ego ille quem novi）を考察の対象として、デカルトの省察は進行していく。しかしそれは私が私を振り返るという反省的ないし再帰的な事態であり、「この私」とは別の「私」の思考の対象となることとは異なる。もちろんこれは、『省察』の主題と目標との関連でいえば、的外れでないものねだりの指摘である。しかし彼が後年構想した哲学の木の頂点をなす道徳、知恵の最後の段階をなす「最も高い最も完全な道徳」においても、他者の思考の標的となる「私」、さらに他者の思考と評価の対象となることを意識する「私」が重要な論点になっているようには見えない。パスカルが『省察』を熟読し、〈コギト〉と神の存在証明の筋道を忠実に辿った末に、誰かに見られる〈私〉、誰かに愛される〈私〉に焦点を絞って、「〈私〉とは何か」と問いかけたことの意味は注意深く問いなおす必要がある。

いよいよパスカルに立ち戻る潮時であるが、その前に一つ確認しておくべきことがある。それは、「私」という用語とその表記である。それは第一には、話し手自身を指す語であり、フランス語（moi, je）やラテン語（ego）であれば、一人称代名詞である。ところで発話者を指す「私」について、「それは何か」と問うことは、「私」という語について言語学的反省を行うのでなければ、それが指示する「もの」についての問いとなる。こうして私はいわば概念化され、名詞としての実質を備えるにいたる。パスカルの問い、「〈私〉とは何か」の原文は、Qu'est-ce que le moi ? であり、定冠詞 le が moi に付与されて明らかに名詞の扱いを受けている。[13] フランス語において、一人称代名詞としての moi を名詞化して、その〈私〉について始めて問いを発したのがパスカルであるかどうかは議論の余地があるけれど、[14] 彼の用語法が革新的であり、当時の読者に衝撃を与えたことは事実である。〈私〉を論ずるもう一つの有名な断章、「〈私〉は憎むべきものである」で始まる断章（S 494 ; B 455）の直前に『パンセ』初版、いわゆるポール・ロワイヤル版は、次のような注記を付している。「次の断章で著者が用いている〈私〉という語は自己愛を意味するにすぎない。これは、著者が何人かの友人とともに、口癖のように使っていた用語である」。この解釈の当否はさておき、パスカルの言葉遣いが『パンセ』の最初の編纂者たちにとっても異様であったことを証しする注釈である。しかしそれを言うなら、デカルトの言葉遣いもそれに劣らず大胆である。彼は〈コギト〉によって見出された私 ego に指示形容詞 ille ――ラテン語に冠詞は存在しない――を付与して、それが何ものであるか（quisnam sim ego ille）を問うていたのだから。[15]

ヴァンサン・カローは近著『〈私〉の発明』において、二人のこのような言葉遣いに着目して、〈私〉という概念、「主観、精神、魂、知性、個人、人格、［……］自己」[16] といった概念のいずれにも還元できない独自の概念としての〈私〉をパスカルが創出した、それも『省察』に登場する«ego ille»という表現を踏まえ、いわばそれに触発されて創出したという主張を打ち出している。自我とそれに関連する諸概念――上記の主観、精神、魂、あるいは意識、人間等――が近代哲学において再検討・再構築されたのは、〈私〉の発明が切り開いた地平においてであり、それらの概念によって〈私〉を説明しようとするのは、むしろ〈私〉の隠蔽、あるいは〈私〉の本源性の隠蔽に由来する逆転した事態だというのである。[17] きわめて雄大で魅力的な主張であるが、その当否を検討することは私の能力を超える。しかしパスカルに限っていえば、彼が〈私〉に強烈な関心を寄せ、デカルトの〈コギト〉との対比において、執拗な思索をめぐらしていたことは事実である。ふたたび「〈私〉とは何か」の断章に立ち戻って、問題を考え直して見なければならない。

パスカルの〈私〉

これまで何度も強調したように、パスカルは〈私〉を受動的な状況で考察する。他者によって認識され、評価され、愛憎の対象となる〈私〉を問題にする[18]。その上で、〈私〉について、それは愛されているのか、愛される価値を備えているのかという問いを発し、翻って、愛は何を志向するのか、そもそも愛とは何かという問いに向かう。問題の断章のテーマは、突きつめれば、〈私〉は愛の志向対象として成立するかどうか、あるいは〈私〉を志向対象とする愛はあるのか、あるとしたらいかなる愛かという問いに帰着する。

しかし〈私〉を概念として措定し、それに問いかける前に、テクストはまず発話者あるいは書き手としての私を、やはり受動的な状況で登場させる。誰かに見られ、愛されるのは、とりあえず生身の人間であると考えられるから、それは当然である。

> そして、もし私が判断力や記憶力が優れているという理由で愛されるとして、私はたしかに愛されているのか。否、私は自分を失うことなしに、これらの性質を失うことができるのだから。それでは、この私はどこにあるのか。体のうちにも、魂のうちにもないとしたら。(S 567 ; B 323)

稀有の知性に恵まれながら、生涯病気に悩まされたパスカル自身を髣髴とさせる文章であるが、これはもちろん発話者が「私」の名において行う思考実験である。発話者は自らを振り返って、それを「この私」(ce moi)と名指し、それが「どこにあるのか」と問う。「この私」は発話者自身であると同時に、反省によって思考の対象として析出された「もの」でもあるという二重性を帯びており、概念化の途上にある「私」、ほぼデカルトの ego ille に相当する。[19] しかしその在り処は、「体のうちにも、魂のうちにも」見当たらない。そうだとしたら、愛は一体何を志向するのか。

そして体にせよ魂にせよ、その性質のためでなしに、どうしてそれを愛することができるのか。しかるにその性質は滅びゆくものである以上、〈私〉を形作るものではない。

愛の志向対象は体でも魂でもなく、美しさ、賢さ、優しさといった心身の美質でしかない。それならそれらの性質、あるいはその束が私なのか。いや、それは「〈私〉を形作るものではない」というところで、やっと個別の私から離れた、概念としての〈私〉が登場するが、それは成立したかに見えた瞬間に雲散霧消する。「私が愛される」あるいは「私を愛してもらう」という事態が正当な内実を備えるための条件を満たす〈私〉を見出すことができないからである。

一体、ある人の魂の実体を抽象的に、そこにどんな性質があろうと愛するなどということがあるだろうか。それは不可能だし、第一、不正だろう。だから人が愛されることは決してない、愛されるのは性質だけだ。

〈私〉は心身の性質の束でないのはもとより、魂に実体があるとして、その実体でもない。実体はその属性と様態によってしか認識されないが、〈私〉という実体[20]は生の諸段階においてさまざまの姿かたちを取り、ありとあらゆる行為をなす。醜い姿、おろかな姿をさらすこともあれば、悪事醜行の現場を取り押さえられることもあるかもしれない。そのとき、〈私〉は愛してもらえないだろう。愛してもらう資格がないのだから。それでもなお愛されるとしたら、いや、それ以上に、愛されることを望むとしたら、それは公正の原理に反する。

愛の対象となる〈私〉は存在せず、愛が〈私〉あるいは人すなわち人格(personne)を目指すことはない。本断章は一読、そう主張しているように思われる。しかしそれなら、わざわざ〈私〉について考察をめぐらし、とりわけ「〈私〉は憎むべきものである」などと言いつのる必要があるだろうか。また愛についていえば、キリスト教徒パスカルは、律法の中の最大の掟である神への愛と隣人愛、さらにはイエスが弟子たちに与えた言葉、「私があなたがたを愛したように、互いに愛し合いなさい[21]」を忘れているのだろうか。

じつは本断章で展開されているのは一種の帰謬法であり、愛と〈私〉について一般的な通念に従って推論を進めると、奇妙な結果が出来することを示すのが、パスカルの目標であったように思われる。彼は『説得術』の冒頭で納得のメカニズムを論じて、人間が意見を受け入れる窓口には、「知性」(entendement)と「意志」(volonté)――あるいは「精神」(esprit)と「心」(cœur)――の二つがあることを指摘する[22]。そのうちより自然で正当なのは、真理の認識に関わる知性であり、好悪の感情に左右される意志は、知性に従わなければならない。じっさい「誰もが、それだけの価値があるものしか信じない、さらには愛さないと公言している」。そして「物事を愛する前に、それを知らなければならない」という言い回しはことわざにもなっている。愛が振り向けられるべきは、精神によって肯定的な価値――せんじつめれば真善美――があると承認されているものだという考えは、世の常識なのである。そうだとすれば、変幻きわまりない性質のもとに姿を現す〈私〉それ自体を愛することを不正だとする判断は、常識から導き出される帰結である。また逆に、愛される〈私〉の視点に立ってみれば、〈私〉はどのような変化を遂げようとも、愛してもらいたいという欲望だけは一貫している。〈私〉を〈私〉たらしめるものがあるとすれば、それはこの愛されたいという欲望である。〈私〉は自分が何であろうと、どのような状況にあろうと、人格として愛してもらいたい。これまた常識の支持する公正の観念からすれば、法外な欲望である。そんな〈私〉に愛される資格はない。あるとすれば、憎まれる資格だけだ。だから「〈私〉は憎むべきもの」なのである。したがってこれは、「〈私〉を憎め」という命令ではなく、愛の根拠についての通念に立脚した事実認定である。

ところがこの通念に、『説得術』は明確な限定を設ける。それは、人間的な事柄にのみ妥当することであって、神の領域に関わる事柄つまり神的真理には当てはまらない、というのである。「物事を愛する前に、それを知らなければならない」というのも、じつは前者だけに通用する格率であり、「反対に聖人たちは、神に関わる事柄について、それを知るためには愛さなければならないし、人は愛（charité）を通じてはじめて真理に参入すると述べて、それを自分たちにもっとも有益な格言の一つに数えた」[23]。人間的な愛においては、知性の認識と評価が先行し、愛はそれに対応して生まれる、いや生まれるべきである。それに反して、神の愛は対象の認識と評価に先行し、その価値を生み出す。受難を控えたイエスは最後の晩餐で弟子たちに愛の掟を与えるが、それが可能になるのは、神が最初に彼らを愛した、しかも「友のために自分の命を捨てる」[24]ほどの愛をもって愛したからである。神は、この私、罪びとであり、いかなる永続的な価値も奪われているこの私を愛することを通じて、私を愛に誘っている。神の愛は、価値の評価に応じて注がれるのではなく、逆に注がれることによって価値を創出する。しかしそのような神の愛――いわゆるアガペーあるいはカリタス――に目覚めないかぎり、価値評価に捕われた人間的な愛は、憎むべき〈私〉を前にして挫折するほかない。これが帰謬法を用いてパスカルが伝えようとしていたメッセージではないだろうか。

＊＊＊

パスカルの〈私〉は愛の相関概念、しかも人間的な愛との関係では不可能な概念として構想されている。それは現象的には、ひたすら「自分をすべての中心に据えて」（S 494；B 455）、愛されたいという一貫した欲望（つまりは意志）によって自己同一性に到達しようとする存在である。しかし信仰あるいは神学の観点から見れば、それは神によって創造された精神的存在でありながら、被造物の分際を忘れて自らを万物の中心だと思いこみ、神からの独立を図ることによって、かえって他の被造物に対する支配権を失い、自らを制御できなくなった存在、それにもかかわらず神の子イエスの無償の愛を受けることを通じて自己を回復し、他者への愛に誘われる可能性に開かれた存在である。神の愛、そしてその背景にある人間の神に対する反逆すなわち原罪を介在させることなしに〈私〉を正しく考えることはできない。

デカルトはこのような見方を必ずしも斥けはしなかっただろう。すでに見たように、彼自身、〈私〉が神の被造物であることは認めていた。「神の存在」と「人間の精神と身体の区別」は理性の圏内にある問題であり、その証明の過程で〈私〉の被造性はいわば補注《スコリア》の役割を果たしていた。しかし原罪、言《ロゴス》の受肉としてのイエスの到来、イエスの受難による贖罪といった秘儀は、理性を超えた信仰に属する事柄である。信仰を脇において、人間理性のみに依拠して哲学を構築しようとするデカルトがそこに立ち入ろうとしないのはもっともである。彼にしてみれば、パスカルの主張は、哲学の領域を超えてそれに付加ないし接続される信仰の見方であり、その当否が哲学の真理と妥当性に影響を及ぼすことはない。しかしパスカルの観点からすれば、コギトによって発見され、「哲学者の神」によって根拠と限界を与えられる〈私〉は、概念としても存在としても本質的な欠落を抱えている。人間の自己愛と神の愛が織りなすドラマであるアダムの原罪とイエスのもたらした贖罪、これが救いと滅びの対象でもあれば主体でもある〈私〉を成立させるのであり、そのことを教えるキリスト教信仰を通じてはじめて〈私〉は理解され、道徳もその延長線上に構想される。パスカルは、「〈私〉とは何か」という問いを発することによって、哲学と神学、理性と信仰を分かつ境界線を攪乱し、道徳を哲学の木の頂点に位置づけることを拒絶する。これにデカルトはどう答えるのだろうか。

文献

『パンセ』の引用は、現在広く通用しているセリエ版（略号 S）に依拠して、その断章番号をアラビア数字で示す。さらに読者の便宜のために、多くの日本語訳の底本となったブランシュヴィック版（略号 B）の断章番号を添える。セリエ版は一九七六年に最初の版（Pascal, *Pensées*, nouvelle édition établie pour la première fois d'après la copie de référence de Gilberte Périer par Philippe Sellier, Paris, Mercure de France）が公刊されたが、その後、数種類の改訂版（Bordas «Classiques Garnier», 1991 ; Le Livre de poche classique, 2000 ; La Pochothèque, 2004 ; Éditions Classiques Garnier, 2010）が出版されている。ただし断章番号に変更はない。

Carraud, V. 2010, *L'invention du moi*, Paris, PUF.

＊

注

（1）パスカルのデカルト評としては、このほかに二つの発言が伝えられている。一つは、小林氏が答弁で引いておられるブランシュヴィック版断章七七であり、もう一つは、パスカルが晩年に知り合ったプロテスタントの医師マンジョの伝える以下の発言である。「故パスカル氏は、デカルト哲学を自然の小説、ドンキホーテの物語と同工異曲の小説と呼んでいた」。最初の発言は、パスカルの姪マルグリッド・ペリエの手になる『パスカルとその家族に関する覚書』の一節であるが、彼の書き残した文章の中に見出されるわけではない。要するに、二つともパスカルの談話の聞き書きである。その信憑性を必ずしも否定する必要はないが、彼の思想・信念の確たる表現として論評することには危険がある。二つの発言の出所と来歴については、以下を参照されたい。Pascal, *Œuvres complètes*, établi, présenté et annoté par Jean Mesnard, Desclée de Brouwer, t. I, 1964, p.831, 1090 et 1105.

（2）近世の学校教育において、哲学は、論理学・倫理学・自然学・形而上学の四つの部門から構成されていた。つまり、自然学は哲学の一部門であった。パスカルはたしかに神の存在証明、彼自身の表現によれば、「神の形而上学的証明」（S 222；B 543）に批判的であったが、それは、この証明法が、「あまりにも推論からかけ離れており、あまりにもこみ入っているので、訴えかける力が弱い」（同所）からであり、それが間違っているかどうかを議論しているわけではない。また彼は、「森羅万象」による神の存在証明（S 644；B 242）——神の宇宙論的証明——も同様に退けているが、それは原罪に由来する人間本性の堕落状態では、心に自然の驚異が感じられないからであり、論証の正否はやはり問われていない。よかれあしかれパスカルには、「第一哲学」（prima philosophia）あるいは存在神学（onto-théologie）の内部に立ち入って議論する姿勢は見られない。

（3）*De l'art de persuader*, in Pascal, *Œuvres complètes*, texte établi, présenté et annoté par Jean Mesnard, Desclée de Brouwer, t. III, 1991, p. 424.

（4）この点について詳しくは、拙稿「パスカルにとって〈パンセ〉とは何であったか」〈『発見術としての学問』岩波書店、二〇一〇年所収）を参照されたい。

（5）「では、考えることはどうか。ここで私は発見する。考えることがそうなのだ。それだけが私から切り離すことができないのだ」『省察』第二（AT VII：27）。

（6）「それでは私とは何か？　考えるものだ」（AT VII：28）。

（7）「しかし私は、いまや必然的に存在するところのその私が何ものであるかは、まだ十分に理解していない」（AT VII：25）。

（8）「私は、私が何ものであると思っていたか」（AT VII：25）。

（9）タイトルに現れる「魂」の語は、巻頭の「パリ大学神学部の学部長ならびに博士の方々」に宛てた手紙、及び「概要」で、宗教的含意とりわけ「魂の不死」に関わる文脈で登場する。それに対して本文では、「第二省察」で自らの「古い意見」を振り返る場面で現れるだけである。「魂」は方法的懐疑の吟味に耐えられない曖昧な用語・観念のはずである。それにもかかわらずタイトルで「魂」の語が維持されていることの意味は、慎重に考え直す必要がある。

(10) AT VII : 27.（傍点とイタリックは筆者による。）

(11) 「私が感覚あるいは想像するものが、私の外においてはもしかしたら無であるとしても、私が感覚あるいは想像と呼ぶあの思惟様態は、たんにそれらがある種の思惟様態であるかぎり、私のうちに存在している。私はそう確信している」（AT VII : 34-35）。傍点は筆者による。

(12) すでに述べたように、『省察』初版のタイトルでは、「魂の不死性」の証明が約束されていたが、第二版では、証明の対象は「人間の魂と身体の区別」に後退している。デカルト自身は本文に先立つ「以下の六つの省察の概要」で、魂の不死性について厳密な証明ができないことを認めたうえで、精神（mens）の不可分性に依拠して魂ないし精神——両者はここでは無造作に同一視されている——の不死性を結論づけようとしている。しかし精神の不可分性は心身合一体については理解できないことはないが、この〈私〉と別の〈私〉を考えれば、それぞれの精神は個体化され、別のものとして存在することにならないだろうか。そもそも魂と精神、そして「考えるもの」としての〈私〉は同じものなのだろうか。不死という属性は、肯定するにせよ否定するにせよ、それらに同じ仕方と意味で帰属するのだろうか。要するに不死性において問われる基体は何か。それが、不死論の真の問題であると思われる。

(13) 本稿で〈 〉（山カッコ）で囲んだ私は、概念化され名詞となった「私」、限定詞（冠詞、指示形容詞、所有形容詞等）を付与された「私」を意味し、「 」（かぎカッコ）で囲んだ「私」は、引用された「私」、すなわちメタ言語の観点から言及される「私」を指示する。とはいえ、発話者自身を指示する私と「私」および〈私〉を明確に区別することは困難であり、その困難自体が〈私〉とは何かという問いに関わっているが、この問題の考察は別の機会に譲らなければならない。

(14) ヴァンサン・カローは、〈私〉を発明したのはパスカルであると主張している。注15参照。

(15) AT VII : 25. ただしそこでは、le moi の場合とは異なり、動詞は単数一人称の形(sim)を取っている。デカルトのego

illeは、いわば名詞化、概念化への途上にある「私」である。

(16) Carraud 2010 : 11.

(17) Carraud 2010 : 11-13.「隠蔽」という表現は、裏表紙の解説文による。

(18) それに対してデカルトは、『省察』第三の冒頭で、私を徹底的に能動的な存在として定義している。「私は考えるもの、すなわち疑い、肯定し、否定し、わずかのことを理解し、多くのことを知らず、意志し、意志せず、さらには想像し感覚するものでもある」(AT VII : 34)。ここに登場する動詞はすべて能動的な意味を持つ現在分詞形で用いられている。なおフランス語訳は、「意志し」のまえに、「愛し、憎み」(AT IX : 27) という表現を付加している。愛や憎しみのような情念は、『省察』においては考察の埒外であるが、想像力や感覚と同じく思考の様態でもあるから、この追加はデカルトの意に背くものではない。デカルトの〈私〉が愛し、憎むものだとすれば、パスカルの〈私〉は、愛されることを切望し、憎まれる資格しかないものである。

(19) もっとも「この私はどこにあるのか」(Où est donc ce moi?) という文章で動詞 (est) は、デカルトの場合と異なって、三人称単数形に置かれている。

(20) デカルトは『省察』第三で、「私は実体である」(AT VII : 44, 45) と規定している。また「概要」では、人間精神について、それは「純粋な実体」であり、もしもその偶有性が変化して、理解、意志、感覚などの対象と内容が別ものになっても、「そのために精神自体が別ものになることはない」(AT VII : 14) と述べている。〈私〉ないしは人間精神が考える主体として保持する自己同一性にパスカルは疑義を唱えているのである。

(21)『ヨハネによる福音書』一五、一二。

(22) *De l'art de persuader*, in Pascal, *Œuvres complètes*, t. III : 413-414.

(23) *De l'art de persuader*, in Pascal, *Œuvres complètes*, t. III : 414.

(24)『ヨハネによる福音書』一五、一三。

第二章　スピノザによる〈経験的〉なデカルト批判

松田克進

本章におけるデカルト論駁は、私がこれまで主に係わってきたスピノザの立場からのものである。デカルトとスピノザの主要な哲学的対立点は、やはり心身関係論と自由意志論に自ずと集約されるだろう。以下における私の論駁もこれらの論点を中心としたものになる。

論点を少し肉付けしておく。第一に、なるほど哲学史の〈常識〉においてはしばしば、デカルトは心身（物心）二元論者、スピノザは心身（物心）一元論者として粗っぽく規定される。しかしながら、スピノザは思惟と延長の実在的区別を認めており、この点においては実は両者に相違はない。両者の相違は、実在的に区別される精神と身体との間に因果関係を認めるか否か、とりわけ、精神から身体への因果関係（心的因果）を認めるか否か、という点で明確化するのである。本章前半ではここに焦点を当てる。第二に、これら精神と身体のうち前者に考察を特化するとき、精神において登場するさまざまな心的状態のうちに、先行状態によって因果的に束縛されることなく精神の意志作用によって創出されるものが存在するか否か、という問題がある。そのような心的状態の存在を認めるのは自由意志を肯定することであり、そのような心的状態の存在を認めないのは自由意志を否定することである。もちろん前者がデカルト、後者がスピノザの立場である。本章後半ではこの問題における両者の対立点を根本的な地点まで追って行きたい。

「スピノザの立場から」デカルト論駁を試みるにあたっての方針についても一言しておく。スピノザもデカルト同様に非常に体系的な思想家であり、周知の通りスピノザの主著『エチカ』は演繹体系の形式をとっている。そこで「スピノザの立場から」論駁する一つのやり方としては、彼の哲学体系の枠組み（基本原理）をデカルト主義と対比するという方法が考えられるだろうが、これはあまり実り豊かな哲学的議論をもたらさないであろう。なぜならば、議論は結局、それぞれの体系を支える哲学的直観の相違に帰着するだろうからである。そうなってしまえば、議論が建設的な方向に動くことは考えにくい。そこで私は、スピノザの哲学体系の枠組みそのものではなく、彼が心身関係や自由意志という問題に関して自らの意識経験をどのように分析したか、という観点からデカルト主義への論駁を考えてみたい。すなわち、議論の土俵をできるだけ、原理設定ではなく経験分析の位相に置きたいのである。このことは、取りも直さず『エチカ』の諸定理ではなく、諸備考を重視することにつながるであろう。

なお、本書の趣旨は小林氏をデカルトに見立てて論駁と答弁を展開するというものである。小林氏のきわめて整合的かつ包括的なデカルト解釈とデカルト主義を前にして、何らかの批判ないし反論を繰り出すというのは正直申し上げて至難のわざであるが、勇を鼓していくつかの点をお尋ねする次第である。

一　心身関係論――原始的概念のテーゼをめぐって

原始的概念としての心身合一

小林氏のデカルト解釈の重要な特徴の一つは、心身問題に対するデカルトの回答をどう理解するかに現れている。氏は、いわゆる心身の交互作用説（松果腺仮説）はデカルトの最終的な回答ではないと見る。氏のしばしば強調されるところによると、交互作用説はあくまでも脳科学・生理学レベルにおけるデカルトの「外からの説明」（小林 2006 c：182）を表明したものにすぎず、心身問題に対する「デカルトの究極の回答」（小林 2009：102）ないし「究極の説明」（小林 2006 c：182）は、心身合一は「日常の生と交わりを行使することによって」体得されるしかない原始的概念であるというものである[1]。

このデカルト解釈そのものに対して私はまったく異議がない。それどころか、これは従来の一般的なデカルト解釈（とりわけ英語圏におけるそれ）の水準をはっきりと超えた、哲学史研究においてきわめて重要なステップであると考えている。しかしながら、デカルトの心身関係論に関しては、小林氏からご説明をお聞きしたい疑問――副次的なものと本質的なものと――がある。まずは副次的なものからお尋ねする。これは思想の本質ではなく思想表明の経緯に係わるものである。

心身合一は原始的概念である、というデカルト心身関係論の重要テーゼは「一六四三年五月二一日付エリーザベト宛書簡」において表明されている。しかしなぜデカルトは、かくも重要なテーゼを自らの著作において表明しなかったのだろうか。『哲学の原理』は当該書簡よりも後の一六四四年に、『情念論』は一六四九年に発表されているのである。それらの著作においてはなぜ「原始的概念」という概念が登場しないのであろうか。確かに、エリーザベト宛書簡以外に「一六四八年七月二九日付アルノー宛書簡[2]」にも同様の思想は言及されている（ここでは「原始的概念」という表現は登場していない趣旨は同じであると考えられる）。しかし、これもやはり書簡なのである。ちなみに、当該のエリーザベト宛書簡およびアルノー宛書簡が一般に公表されたのはクレルスリエによって編集された『デカルト書簡集』第一巻（一六五七年）および第二巻（一六五九年）によってである（エリーザベトがデカルトに心身問題を提示した「一六四三年五月一六日付書簡」が公表されたのはやっと一八七九年のことである）。デカルトは生前、自らの著作の中では「心身合一は原始的概念である」と表明しなかったと思われるのである。

なぜ『省察』に現れないのか

特に不思議なのは、デカルトの哲学的主著である『省察』——とりわけ心身関係を扱った「第六省察」——に「心身合一は原始的概念である」というテーゼが登場しないことである。確かに「心身がある種の一者（unum quid）を構成する」というテーゼは登場する。これは、『省察』「論駁と答弁」の表現を用いれば「実体的合一」のテーゼであり、これもまたデカルトの心身関係論の一つの柱を構成している。その内容は、デカルト自身の言葉を用いれば、魂と身体との関係は水夫と船との関係と類比的ではなく言わば混ざりあった一者を成している、というものであり、小林氏の表現を用いれば「心は身体と一体化して環境世界に向かう」（小林 2009：165）というものである。そして、この事態をとりわけ明瞭に示すのは飢えや渇きといった内感（自然的欲求）であるとされる。実体的合一のテーゼが「第六省察」で明確に主張されていることは明らかであり、これについてはデカルト自身が、「第四答弁」において次のように駄目押し的に確認している。

精神と身体の〔実在的〕区別を論じた同じその第六省察で、同時にまた私は、精神が身体に実体的に合一していることをも証明したのであり、そして、これを証明するために私は、それ以上に強力な論拠を他に見た覚えがない、というくらいに強力な論拠を用いたのである。(AT VII: 227-228)

しかしながら他方、「一六四三年五月一六日付書簡」においてエリーザベトがデカルトに提示することになる〈心身はいかにして交互作用しうるのか〉という問いは、一六四一年の『省察』においては主題化されていない。このことは、その問いに対するデカルトの次の言葉から裏付けられる(傍点は引用者による)。

〔心身合一に関する〕王女様の御質問は、私の著作を読めば疑問に思って然るべき問題です。なぜならば、人間の魂には二つの事柄が存しており、魂の本性について我々が抱きうる認識のいっさいは、それら二点に掛かっており、その一つは、魂が思惟するということ、また他方は、魂が身体と合一しているため身体に対して作用したり身体から作用を受けたりするということなのですが、私は、この後者の事柄〔=心身合一〕については、ほとんど何も語らなかったからです。(AT III: 664)

ちなみに、「私は〔心身合一については〕ほとんど何も語らなかった」というこの言葉をエリーザベト個人に対する一種の外交辞令と解することはできない。というのもデカルトは同趣旨の言葉を、一六四七年のフランス語訳『省察』「第五論駁および第五答弁への補遺」中の「一六四六年一月一二日付クレルスリエ宛書簡」でも次のように記しているからである(傍点は引用者による)。

『再抗論』の著者〔=ガッサンディ〕は、不公正にも、私の見解に反対するという口実のもとで、私の著作の主張内容を証明するためには返答するに及ばないような多くの問いを私に投げつけました。……それらの問いは、とりわけ、魂と身体との合一の説明を前提としていますが、そのような合一について私は、これまでのと

> ころまったく論じてはいないのです。しかし、とにかくあなたのために言っておこうと思いますが、そのような問いに含まれている問題全体は、次のような誤った、けっして証明され得ない前提に由来しています。すなわちそれは、もしも魂と身体とが、本性を異にする二つの実体であるならば、それらは相互に作用することができない、という前提です。（AT IX-1 : 213）

ここでデカルトが「これまでのところまったく論じてはいない」と言っているのは『省察』も『哲学の原理』もすでに出版された後の時点においてである。

小林氏が繰り返して強調する通り、原始的概念のテーゼはデカルトの心身関係論を理解するうえできわめて重要であると納得はしている。しかし、納得すればするほど、このテーゼがなぜ彼の著作――とりわけ哲学的主著『省察』――において表明されなかったのかが謎に思われる。思想内容に本質的に係わる謎ではないが、これについてご教示いただければ幸いである。

二　心身関係論――心的因果性をめぐって

スピノザによるエリーザベトへの「回答」

デカルトの心身関係論についての本質的な疑問に移る。それはまさに、心身合一（心身間の相互作用）は「日常の生と交わりを行使することによって」体得されるしかない原始的概念なのだろうか、という疑問である。あるいは、そもそも精神の決意が身体の運動を引き起こしていると言えるのだろうか、という疑問である。

まず、これらの疑問の前提となる心身の実在的区別について、デカルトのみならずスピノザもこのテーゼを肯定しているということを確認しておきたい。しばしばスピノザは一元論者と称され、彼の心身関係論は「人間の精神と身体とは同一物の二側面である」と要約されることも一般的である。確かにスピノザ自身が『エチカ』において心身を「同一物」として書いているところもある（すぐ後で取り上げる『エチカ』第三部定理二にも同表現が登場する）。しかしながら、彼の形而上学体系の全体を睨みつつ精神と身体の同一性・非同一性についての彼の公式見解を要約するならば、スピノザは延長属性と思惟属性を実在的に別個なものとして捉えており、延長様態としての人間身体と思惟様態としての人間精神もやはり実在的に別個なものとして捉えている、ということになる。(3) そして、この論点に言葉の意味を限定する限りでは、スピノザもデカルトと同様に「二元論的（dualistic）」なのである。小林氏は、「スピノザは、デカルトから「思惟」と「延長」の二元論は受けついでいる（小林 2009：150）と表現しているが、それはまったくその通りなのである。

そうすると、実在的に区別される精神と身体とがいかにして相互作用しうるのか、というエリーザベトのデカルトに対する問いは、スピノザに対する問いでもあり得たわけである。そして、この問題に関する立場表明であるスピノザの『エチカ』第3部定理2は、それゆえ、スピノザのエリーザベトに対する間接的回答であると解釈することもできる（『エチカ』がスピノザ遺稿集の中で発表された一六七七年末においてエリーザベトはまだ存命中であった）。もっとも、スピノザは同定理において、問題の大前提となる心身の交互作用という常識そのものを否定する。ゴルディオスの結び目を切り捨てるのである。同定理は「身体が精神を思惟するように決定することはできないし、また精神が身体を運動ないし静止に、あるいは他のあること（もしそうしたものがあるならば）をするように決定することもできない」という文言である。心身の相互作用そのものの端的な否定である。もちろんスピノザは、心的状態が因果的に無力だと言いたいのでもない（彼は随伴現象論を採らず、心的状態が因果的効力を持つことを判然と認めている）。また、心的因果性と物理的因果性とが無関係だと言いたいのでもない（無関係どころか、両者が同型的に完全に対応するものであること、すなわち心身並行論を彼は主張している）。

ここでのスピノザのポイントはあくまでも、思惟および延長という属性を越境するような因果的作用はない、という点に存する。

心的因果性に対するスピノザの「経験的」批判

『エチカ』第3部定理2は、同書第1部・第2部において展開されているスピノザ独自の形而上学体系の帰結である。より正確には、異なる属性間の因果作用は『エチカ』のほぼ冒頭部分ですでに天下り式に否定されており、身体（延長様態）と精神（思惟様態）との因果的没交渉はそこから直ちに帰結する。ゆえに当該定理におけるスピノザの言い分が単に彼独自の形而上学体系に依拠しているだけならば、デカルトとスピノザとは単に平行線を描くだけで、両者の間には哲学的対話が成立しそうにない。デカルトとしては「基本的なスタンスがまったく異なる」と言ってスピノザの土俵に上がらなければ済むからである。しかしながら、興味深いことにスピノザは『エチカ』第3部定理の備考において、体系的演繹とは別個に、さまざまな経験を論拠として、心的因果性（精神から身体に対する因果性）に対する否定論を展開している。スピノザは言う。「このこと（＝心的因果性の否定）を私が経験（experientia）によって確証しない限りは、人々にこれを冷静に熟慮するようにさせることはまずできない相談であろう。それほどまでに根強く彼らはこう思いこんでいる――身体は精神の命令だけであるいは運動あるいは静止し、そして彼らの行動の多くは単に精神の意志と思考の技能のみに依存している、と」。スピノザの非常に多岐にわたる議論のポイントを四点に絞り込んでみよう。

①われわれは、心的因果性および身体運動のメカニズムについて無知である。それゆえ、身体が、われわれの曖昧な想定を超えて、「精神の導き（Mentis directio）」なしに――つまり自律的に――動いているという

可能性を否定することはできない。芸術や建築に係わる複雑な行為でさえ、夢遊病者の行為と同様に、身体の自律的行為なのかもしれない。

②われわれは、発語行為をはじめとする多くの身体行為について、その行為の時点では精神の「自由決意（liberum decretum）」によって行っていると信じたとしても、その後の時点ではそうではなかったと自覚することがしばしばある。「経験は、人間にとって舌ほど抑えがたいものはなく、また自分の衝動を制御するほど困難なことはないことを充分以上に教えている」。

③随意運動に先行する意志とその運動を引き起こす生理的準備とは同時である。スピノザの表現では、「精神の決意ないし衝動（Mentis tam decretum, quam appetitum）と身体の決定（Corporis determinatio）とは本性上同時（simul）である」。ゆえに、意志は身体運動に対して寄与していない。

④われわれは、発語行為等を行っている自分を「夢見る（somniare）」ことがある。このとき、身体を動かそうという意志は身体に対して因果的に空回りしている。身体に対して因果的に空回りしているこのような意志と、いわゆる随意運動に先行する意志とを、現象面から区別することはできない。それゆえ、後者の意志についても、前者の意志についてと同様に、因果的には思惟属性の内部に閉ざされている（それゆえ身体へと因果作用していない）と考えるべきである。

スピノザの議論の有効性

以上、四つの議論は心的因果性に対する反論として有効性にばらつきがある。以下、それを査定してみたい。

まず①においてスピノザは、〈自由意志は、因果関係の無知ゆえの幻想である〉という得意の自由意志否定論とほぼ同様の論法を心的因果にも適用している。〈心的因果性は、因果関係の無知ゆえの幻想でありうる〉という揺さ振りである。芸術や建築をさえ身体の自律的行為に帰属させるというのは驚くべき見解であるが、もしもかりに絵画を描く任意の一筆において心的因果性が認められないとするならば、一筆を積分したものである絵画全体において心的因果性が認められないというのは道理である。しかし、これに対してデカルトは、人間の創造的で臨機応変な行為（それはとりわけ言語行為であるが、芸術や建築も含まれよう）は身体メカニズムに帰属させることはできず、それゆえその背後に「精神の導き」を想定しなければならない、というタイプの他我証明を対置するにちがいない。[4] ①に関してはデカルトとスピノザは水掛け論に終わるだろう。

次に②であるが、ここでスピノザは、意図的にか非意図的にか、問題を心的因果性から自由意志へとスライドさせている。もともとの問題は、人間の心的状態ψから物理的状態ϕに対する因果作用だったのに、文字通りに解釈すると、ここでスピノザは、ψが強制されたものか否か（ψの因果的由来）という問題を扱っているように思われ、その分議論が的外れになっている感がある。

③は、脳神経科学者ベンジャミン・リベット（Benjamin Libet）の実験を連想させる実に興味深い議論である。リベットは随意運動に関して、身体を動かそうという決意（の意識）よりも約350ミリ秒前に準備電位（当該の運動を引き起こす脳内事象）が生起することを実験で示した。この実験結果を素朴に解釈すれば、身体を動かそうという決意が当該の身体運動を起動しているのではない（つまり心的因果性は認められない）ということになる。スピノザの言う「身体の決定」は準備電位に相当する。もっともスピノザは「身体の決定」が決意よりも時間的に先行するとまでは言わず「同時」であると言う。しかし、リベット実験の素朴解釈とスピノザの議論③は、以下の論点では共通している。すなわち、身体を動かそうという決意が引き金となって身体運動の生理的準備が生起するのではないという理由で心的因果性が疑問に付される、という論点である。

しかしながら、小林氏も強調しているように（小林 2009：164）、リベット自身は自らの実験にも係わらず自由意志も心的因果性をも認めた。というのも、彼自身が実験から結論するところでは、決意が意識されてから身体運動が生起するまでの約二〇〇ミリ秒の間に精神は決意を撤回し身体運動を拒否できるからである。この拒否権仮説が正しければ、少なくとも行為の拒否という形では心的因果性は確保されることになるのである。この拒否権仮説が正しいならば、スピノザの議論③も結局はほぼ不発に終わることになる。ただし、スピノザに肩入れするならば、先ほど「議論が的外れになっている感がある」と評した議論②は、まさにこの拒否権仮説に対して先手を打っておくための予防線だったのかもしれない。すなわち議論②の肝は、多くの身体行為においてわれわれの精神は実際のところ拒否権など発動できていない、という主張として解釈できるのかもしれない。この解釈に立つならば、議論②と議論③は言わば合わせ技として心的因果性に抗するものだということになる。

スピノザの四つの議論のうち④が最もナイーヴなものに一見思われるが、経験分析の位相においては、おそらくこれが最も強力ではなかろうか。デカルトは、心身合一は「日常の生と交わりを行使することによって」体得されるしかない原始的概念なのだ、と主張する。このことは、たとえば「私の決意が私の腕を動かしている」という心的因果性の論拠は「私の決意が私の腕を動かしている」という意識の実感的直接性に存する、ということであろう。そして実際小林氏も次のように言う。「心は、身体が適切に作動する仕組みを、必ずしも認知し得ないものの、心が意志を働かせて能動的に身体を動かす「因果作用（因果的効力）」は、直接に意識している。このように、デカルトにおいては、「心の因果性」とは、心が意志を働かせて能動的に自分の身体を直接動かしうることであり、それは実践的に直知されるものなのである」（小林 2009：106）。また、「心的因果は、あくまで「行為者」が行為において内的に実感するものであり、これは「物理的世界」に登場しない」

（2009：174-175）。そして、まさにスピノザの議論④は、心的因果性の論拠をそのような実感的直接性という砦に求めることに対する批判なのである。彼に言わせれば、夢の中でもそのような実感的直接性は経験される。そして、夢の中で経験される実感的直接性が心的因果性を担保しないのであれば、覚醒時における実感的直接性も心的因果性を担保しないはずだ、というわけである。もっとも、スピノザがここで、夢の中でも心的因果性についての実感的直接性が経験されることに基づいていっさいの心的因果性を否定しているのは論理的には勇み足である（なぜならば心的因果性について他の論拠が見つかる可能性は捨てきれないから）。しかしながら、心的因果性の唯一の論拠を意識の実感的直接性に求めるならば——そしてデカルトの言う「原始的」概念という表現はまさにこのことを強く示唆していると思われる——、スピノザの議論④は心的因果性に対する重要な反論と見なされるべきではなかろうか。

以上に見たスピノザの議論、とりわけ議論④について小林氏のご意見をご教示いただきたい。なお、蛇足ながら敢えて補足すれば、スピノザの議論④のポイントは、夢と覚醒とが区別できないというところに存するのではない。夢と覚醒とが結局は区別されうるという前提に立ちつつ、しかしそれでも、心的因果に関する実感的直接性の印象は、夢の場合と覚醒の場合とを比較して何ら実質的な差異はない、というのが議論④の核心である。小林氏は「否、実質的な差異がある」と答えるであろうか。そう答えるならば、その実質的な差異とは何であろうか。

三　自由意志論

自由意志の論拠

前節で扱ったのは、人間の心的状態ψと物理的状態ϕとの間の因果関係であった。本節では心的状態ψの因果的由来を問題にする。すなわち自由意志の問題である。いうまでもなくデカルトは、普遍的懐疑を典型とする人間の意志作用が人間精神によって無差別に創出されるものであること、すなわち自由意志が存在することを主張し、他方スピノザは、あらゆる心的状態が他の心的状態によって決定されていること、すなわち心的決定論が成立することを主張した。この問題について小林氏は自由意志を明確に認める立場に立っている。小林氏は言う。「私は、デカルトの心の哲学をベースにして、「意志」の「選択の自由」を積極的に認める」（小林 2009：173）。小林氏は三つの論拠を挙げている。

Ａ「われわれは、ある事柄を肯定するとき、ほかのことも肯定できるが、その事柄を肯定するという「選択決定」の意識をもつ。行為の決定においても同様である。……その場合、自由意志をわれわれの判断や行為決定の「原理」にしているのであるから、自由意志は幻想ではない。……われわれは、自分の「選択」において判断し、行為決定を行うときには、自由を「現実的なこと」として体現しているのである」（小林 2009：173-174）。

Ｂ「自由意志に基づいて、判断や行為決定を行い、身体行為を因果的に引き起こす場合には、その「主体」、つまり「行為者」という存在が前面に出る。……「行為者」という「主体」の存在の意識なしに、意志的行為が遂行されるというのは直観に反したことである」（小林 2009：174）。

Ｃ「「心的因果性」と「物理的因果性」とは根本的に異質なものである……。……心的因果性と物理的因果性とはレベルの異なる事柄であり、それをわきまえ、混同しないかぎり、それらは両立するのである」（小林 2009：174-175）。

論拠Cは、心的状態ψから物理的状態φへの因果性と物理世界内部の因果性の両立可能性というきわめて重要な問題に関わるが、本節では心的状態ψの因果的由来という局面に議論を限定したいので、論拠AとBに集中することにする。

まず論拠Bについて。「「行為者」という「主体」の存在の意識なしに、意志的行為が遂行されるというのは直観に反したことである」という点にまったく異議はない。しかしながら、このことは自由意志を証明するであろうか。スピノザは『エチカ』第3部定理9で言う。「精神は明晰判明な観念を有する限りにおいても、混乱した観念を有する限りにおいても、……自己の有に固執しようと努め、かつこの自己の努力を意識している」。この「自己の努力の意識」をスピノザは無意識的な「衝動」から区別して「欲望」と表現する。そして、この欲望こそが、決定論者スピノザにとっての「行為者という主体」の意識に他ならない。実際のところ、判断や行為決定という心的状態ψが因果的に決定されていても、そのψをモニタリングする別の心的状態ψ′が存在しさえすれば「行為者という主体」の意識は担保されるのではなかろうか。小林氏は、「私がここで言っている「行為者という主体の意識」というのは、スピノザの言う観念の観念のようなものではない。それは、心的状態ψが精神の創出によることを含意するものである」と言うかもしれないが、しかしながらその場合、論拠Bは論点先取になってしまう。すなわち、論拠Bは自由意志という概念の再確認に過ぎず、自由意志の存在証明としての効力を何ら持たないであろう。

小林氏の自由意志擁護の軸は論拠Aに存する、と私は考える。そしてデカルト自身も、その『哲学の原理』

等のテクストからすると、ここでの小林氏と同様に、方法的懐疑において典型的に経験される「選択決定」の意識の明証性をもって自由意志の論拠としている。すなわち、明証的な数学的真理についてさえ意のままに懐疑（判断保留）できるという意識経験が幻想であるはずがない、というわけである。この論拠に対しては、スピノザならばもちろん、差し当たり、〈自由意志は、因果関係の無知ゆえの幻想である〉という得意の論法を繰り出すであろう。すなわち、『エチカ』第1部付録の表現を用いれば、人間は「自分の意欲および衝動を意識しているが自分たちを衝動ないし意欲に駆る原因は知らないのでそれについては夢にも考えない」からこそ「自分を自由であると思う」という論法である。しかしながら、スピノザがこの論法を一般的・抽象的に繰り出したところで、それだけでは、デカルトに対してはあまり有効ではなかろう。デカルトは次のような趣旨を繰り返すにちがいない。「数学的真理をも疑っているとき、私は、その懐疑が何かによって強制されたものではなく、私自身による無差別な創出であるということを、数学的真理が有する以上の明証性でもってありありと経験している。このこと以上に自明なことはない」。ここで議論は打ち止めとなろう。スピノザの側に〈因果的無知ゆえの幻想〉論に代わる「二の矢」がなければ、議論は水掛け論に陥ってしまうだけであろう。

スピノザによる「懐疑の心理学」

しかし、実はスピノザには「二の矢」がある。それは『エチカ』第2部定理49系に付された長い備考、および『知性改善論』七八―七九節の中に見出される。それらの箇所でスピノザは、デカルトが自由意志を主張するさいの根拠としている「懐疑（判断保留）」という心的状態が、精神による無差別な創出ではなく先行する心的状態の必然的結果であることを、まさにその原因を経験に基づいて指摘することで描き出そうとしているのである。すなわち、〈因果的無知ゆえの幻想〉論を単に一般的・抽象的に繰り出すだけではなく、「懐疑（判断保留）」という心的状態ψの心的原因ψ′を経験的に特定する――言わば「懐疑の心理学（Psychology of Doubt）」を展開する――ことによってデカルトに更なる揺さ振りを掛けているのである。『エチカ』第2部定理49系備考でスピノザは言う。

私は、判断を保留する自由な力が我々にあることを否定する……。なぜなら、「ある人が判断を保留する」と我々が言うとき、それは「彼が事物を妥当に知覚しないことに自ら気付いている」と言うのに他ならないからである。ゆえに判断保留は実は知覚であって自由意志ではない（Est igitur judicii suspensio revera perceptio, & non libera voluntas）。このことを明瞭に理解するため、我々は、ここに翼ある馬を表象してその他何ものも知覚しない一人の小児を考えよう。この表象は馬の存在を含んでいるし……、また小児は馬の存在を排除する何ものも知覚しないのであるから、彼は必然的にその馬を現在するものとして観想するであろう。そして彼は、その馬の存在について確実でないにしてもそれについて疑うことができないであろう。こうしたことを我々は日常夢の中で経験する。しかし、夢見ている間自分の夢見ているものについて判断を保留したり自分が夢見ているものを夢見ていないようにしたりする自由な力が自分にあると思う人はないであろうと私は信ずる。もっとも、夢の中でも我々が判断を保留することは起こる。それはすなわち我々が夢見ていることを夢見る場合である。

このように経験の示すところでは、命題p（たとえば「翼ある馬が存在する」）を懐疑（判断保留）するという心的状態ψは、自分が事物を妥当に知覚しないことを気付かせるような（pとは異なる）命題q（たとえば「自分は夢を見ている」）について気付いているという心的状態ψ′が必然的に引き起こすものである。すなわち、懐疑（判断保留）は思惟属性内の必然的結果であって、何ら自由意志の存在を証していない。そしてスピノザは、『知性改善論』七八―七九節では、同様の仕方で懐疑のメカニズムを論じた後に、デカルトの方法的懐疑の頂点をなす数学的真理への懐疑を取り上げる。スピノザは言う。

ここからして、このうえなく確実なことについてすらわれわれを誤らせるようなある欺く神(Deus deceptor)が存在しているかもしれない、という理由で、われわれが真の観念〔=明証的な観念〕をも疑いのうちに呼び入れうるのは、明晰判明な観念をわれわれが神について持っていない限りでのことにすぎない、ということが帰結する。……もしわれわれが三角形について持つような認識を神について持つならば、そのときにはすべての懐疑が除去(tollere)されるのである。

すなわち、デカルトの方法的懐疑の極点をなす数学的真理への懐疑ψも、他の懐疑と同様に、「欺く神が存在しているかもしれない」という命題についての気付きψ′から必然的に生じる結果に他ならないのであって、もしもこの命題が「神は最高完全者であり、それゆえ欺瞞者ではない」という別の命題に換わるならば、数学的真理への懐疑はやはり必然的に停止するのである。要するにスピノザによると、一般に懐疑という心的状態ψはそれに見合った何らかの懐疑理由に対する気付きという心的状態ψ′による必然的結果であり、それゆえ、懐疑という心的状態を持ち出して自由意志の論拠とすることはできないのである。

以上のようなスピノザの「二の矢」に対してデカルトはどのように応えるだろうか。

デカルトによる仮想的回答

デカルトの可能な反応の一つは、心的状態相互については厳密な意味での因果関係を認めないというものである。厳密な意味での(すなわち非対称的で強制的な)因果関係というものは、物体から物体へ(物理的近接作用の場合）、精神から物体へ（神・天使・人間精神による心的因果性の場合）、人間身体から人間精神へ（感覚や情念の場合）は成立するが、精神の心的状態から心的状態へは成立しない、というものである。この主張は非常に強いものであり、スピノザの「二の矢」に対するまったくの門前払いにほかならない。スピノザの「二の矢」とは心的状態間の心理学によって懐疑の成立過程を説明しようとするものであるが、心的状態間の因果関係が否定されるならば、そのような心理学は最初から挫折を余儀なくされるからである。そして、このような立場からすると、自由意志の存在はほとんどア・プリオリに証明される。なぜならば、感覚や情念とは見なされない任意の心的状態ψについて、もしもその因果的由来を他の心的状態ψ'に求めることが原理的にできないならば、また、神を除くあらゆるものに作出原因があると仮定するならば（デカルトは明らかにこの仮定に立っている）、ψは精神実体たる人間精神が創出したものであると考えざるを得ないからである。かくして自由意志が「論証」されるのである。自由意志がこのようにほとんどア・プリオリに証明されうるとデカルトが考えていたとは想定しにくい。

デカルトに可能なもう一つの選択肢は、数学的真理に対するラディカルな懐疑ψが「欺く神」という極端な懐疑理由への気付きψ'の必然的結果であることを認めながらも、このψ'そのものが他の心的状態の必然的結果ではないこと、そしてψ'が人間精神の無差別な創出によることを主張する、というものである。確かに、このことが認められるならば、数学的真理に対するラディカルな懐疑は自由意志の存在の（直接的ではないが）間接的な証拠と見なされうるであろう。しかしながら、スピノザの立場からは、この選択肢に対しては次のように反論することができる。すなわち、「欺く神」という懐疑理由に注意を凝らすという心的状態ψ'それ自体も、これまで受け入れてきたあらゆる信念を懐疑に付そうという意図、言い換えれば普遍的懐疑の遂行意図という心的状態ψ''が必然的に引き起こした結果なのであり、それゆえに、ψ'は人間精神の無差別な創出によるものではなく、したがってψも自由意志の存在の間接的証拠と見なされ得ない、と。そしてさらに、普遍的懐疑の遂行意図という心的状態ψ''は、絶対確実な哲学の第一原理を見出したいという願望ψ'''によって引き起こされたものであり、このようにして、最初の心的状態ψを惹起する必然的因果性の系列は$\psi \to \psi' \to \psi'' \to \psi''' \to$……と無限遡行しうるのであり、この系列には人間精神の無差別な創出が入り込みうる隙間（ギャップ）は存在しない、と主張することであろう。

先行する心的状態によって引き起こされるのではなく、人間精神の無差別な創出によって生起する心的状態を「ψ^*」と表記することにしよう。すなわち、ψ^*とは人間精神が意のままに産み出すことも産み出さないこともできる心的状態である。スピノザが繰り出すさまざまな反論に抗して自由意志の存在を積極的に主張するためには、ψ^*の説得的な実例を具体的に提示する必要があると思われる。もちろんデカルト自身は、普遍的懐疑、とりわけその極点に位置する数学的真理に対する懐疑こそが、間違いなくψ^*であると主張したわけだが、スピノザに言わせれば（そして私もその通りであると考えるのであるが）、懐疑という心的状態は懐疑理由についての気付きという心的状態によって引き起こされるものであって、けっして人間精神の意のままに産み出すことも産み出さないこともできるような心的状態ではない。実際のところ、「欺く神」ないしそれに代わる何らかの懐疑理由に注意を凝らさずに「2＋3＝5」を真に疑うことができるとは到底思われない。また、「夢の仮説」ないしそれに代わる懐疑理由に注意を凝らさずに「私はいまパソコンのキーを打っている」ということを真に疑うことができるとは到底思われない。

スピノザは、『エチカ』という演繹体系において（具体的にはその第1部定理28において）ψ^*が存在しない、ということを主張している[5]。しかし、彼は単に体系的必然性によってψ^*の非存在を主張しているだけなのではない。『エチカ』は演繹体系という形式で書かれてはいるが、そのさまざまな備考にはスピノザ自身の具体的かつ鋭敏な経験分析が盛り込まれている。前節で取り上げた第3部定理2備考と同様に、本節で取り上げた第2部定理49備考もまさに彼自身の意識経験をめぐる分析の結果である。そして、その結果の一つが、ψ^*は存在せず、デカルトのラディカルな懐疑でさえψ^*としては認められない、というものなのである。

青年期のアインシュタインを感動させたとされるショーペンハウアーの言葉として次のようなものがある。「人間は意志する通りなしうるが、意志する通り意志しえない」。これをもじって表現するならば、スピノザの立場は、「人間は意志する通り意志しうる。しかし、前者の意志はさらに別の意志の結果であり、その意志はまた別の意志の結果であり、このようにして無限に続く」となろう。デカルトが実践して見せた懐疑もそのような連鎖のなかの一項に他ならない。本章の最後に小林氏にご教示願いたいのは、まさしく、以上のようなスピノザの議論にもかかわらず、それでも懐疑という心的状態が、自由意志の存在を証明しうるのはなぜなのか、また、証明しうるとするならば、それが懐疑理由に対する気付きを必要とするのはなぜなのか、である。

文献

スピノザのテクストは以下に拠る。*Spinoza Opera*, herausgegeben von Carl Gebhardt（Heidelberg: Carl Winter, 1925), Bd. 2. なお、『エチカ』から引用する場合は岩波文庫の邦訳（畠中尚志訳）を参照し、引用者の判断によって適宜訳文を調整する。『知性改善論』からの翻訳は引用者自身によるものである。

*

松田克進 2009『スピノザの形而上学』、昭和堂。
松田克進 2011『近世哲学史点描――デカルトからスピノザへ』、行路社。

注

（1）小林氏のこの解釈は、もちろん小林 1995においてすでに打ち出されているが、それが最も判然とした形で提示されているのは、デカルトの「心の哲学」をとりわけ現代英語圏の自然主義的な「心の哲学」との対比のもとで論じている小林 2009の後半においてである。

（2）このアルノー宛書簡は小林 2009：102-103で取り上げられ一部引用されている。

（3）スピノザ形而上学において身体と精神が実在的に区別されていること、より一般的には、スピノザ形而上学において様態の貫属性的な数的同一性が成り立たないことを、私は松田 2009：80-84で詳しく論じた。

（4）デカルトのこのような他我証明について私は、松田 2011：11-28で詳しく論じた。

（5）この定理は以下のような文言である。「あらゆる個物、すなわち有限で定まった存在を有するおのおのの事物は、同様に有限で定まった存在を有する他の原因から存在または作用に決定されるのでなくては存在することも作用に決定されることもできない。そして、この原因たるものもまた、同様に有限で定まった存在を有する他の原因から存在または作用に決定されるのでなくては存在することも作用に決定されることもできない。このようにして無限に進む」。言うまでもなく、人間精神の任意の心的状態ψは、この定理の「あらゆる個物」に含まれている。それゆえ、『エチカ』の演繹体系においては、ψ^*の非存在はすでにこの定理によって含意されている。

第三章　懐疑の役割——デカルトとヒューム

中釜浩一

序

デカルトの形而上学が「懐疑の方法」に貫かれていることは、周知のとおりである。デカルトの最終目標は、伝統的・アリストテレス的な経験論的自然学に代わる革新的な数学的自然学を確立し、それを幹として医学や技術をも含めた諸学を体系づけることにあった。そしてそのためには、数学的自然学の可能性を形而上学的に根拠づけることが必要であるとデカルトは考え、その根拠づけのための不可欠の装置として「懐疑の方法」が採用されたのである。小林氏も詳しく指摘しておられる通り、「懐疑」は単に、デカルトの探究の出発点において、われわれの常識的信念を覆し形而上学的探究の道を用意するという、予備的・否定的役割を与えられているだけではない。それは、「考えるもの」としての「我」の確立、心身の「実在的区別」、神の存在証明等、デカルトの積極的な主張の根幹となるものを論証する際に必須の役割をも果たすのであり、そうした仕方で、まさにデカルト形而上学全体を貫く「方法」としての役割を果たすのである。ここで、自明ではあるが確認しておくべき一つの重要な点は、デカルト自身はいかなる意味でも「懐疑論者」ではなく、「懐疑」はあくまでも確実な認識にいたるための道具である、ということである。

一方、イギリス古典経験論の哲学者ヒュームもまた、「懐疑」を自らの哲学の重要な柱としている。ヒューム哲学における懐疑論の位置づけには解釈上さまざまな困難な問題があり、論者の意見は必ずしも一致していない。また、ヒュームの二つの主著である「人間本性論」と「人間知性探究」とでは、懐疑論に対する考え方に重要な違いが見られる。だが、ヒュームの中にデカルトよりはるかに強い懐疑論的傾向を見てとれることは間違いない。ヒュームは「人間本性論」の「梗概」Abstractで、自らの哲学を「懐疑論的」と規定する（Hume 2000：413）。また「人間知性探究」では、「極端な懐疑論」を退ける一方で、「穏健な懐疑論」を推奨する（Hume 1985：161）。いずれの場合も、ヒュームは「確実な知識」と称されるものに対して一定の懐疑的な態度を保持することが、より知的に合理的な姿勢であると考えている。だがヒュームの懐疑には、ヒュームの懐疑の中には、「性急になされがちな主張に対する穏健なブレーキ」という消極的な役割以上のものがある。ヒュームの懐疑には、自らの積極的主張を支えるための装置としての役割、すなわち「方法的懐疑」と見なされうるような一面も確かに存在するのである。「人間本性論」におけるヒュームの理論哲学の最終的目標は、諸学の混乱と終わりのない論争を終結させるような、実験と観察に基づいた確たる基礎としての「人間の学」Science of Manを打ち立てることであり（Hume 2000：4）、懐疑論的議論はそのための一つの道具として用いられる。この面から見るなら、デカルトとは異なった意味ではあるが、ヒュームもまた諸学の一種の基礎づけを意図していたのであり、そのための「方法」として懐疑が用いられているのである。(1)

そこで、デカルトとヒュームそれぞれの「方法的懐疑」がどのような性格の違いを持っているのか、ということが問題となってくる。実際、両者が用いる懐疑論の論法の多くは、けっして彼らの独創ではなく、伝統的な議論、特に古代の懐疑論的哲学――ピュロニズム――の論法を用いていることはよく知られている。彼らの独創性は主に、新たな懐疑論的議論を構成したことではなく、従来からある懐疑論の論法にどのような新たな意味と役割を与えたのか、という点にある。そして、彼らが懐疑に対して与えた役割の違いは、彼らの最終目標――数学的自然学と「人間の学」――の性格の違いを反映しているだろう。さらに言えば、そうした目標の違いは、「合理論」と「経験論」という哲学の伝統的な二つのあり方が持つ考え方の根本的な違い――「断絶」の深さ――を垣間見させるものとなるだろう。これらの点を念頭に置きながら、デカルトとヒュームの懐疑論に関する議論を辿り直した上で、最後にデカルトをその典型とする「合理論」と「実在論」に対して、ヒュームを代表の一人とする「経験論」と「実証主義」の立場から、どのような根本的な問題が提起されうるのかを考えてみたい。以下では、対比をできるだけ鮮明にするために、両者の哲学に関する解釈上の細かな問題には立ち入らず、彼らの議論が基本的に指し示すと思われるものを抽出することに努める。

一　デカルトの懐疑

デカルトが「第一省察」の中で展開している懐疑については、小林氏の著書の中でも縷々解説されているが、ここではB. Williamsの「純粋な探究者」Pure Enquirerというイメージを借りて、図式的な仕方で要約してみることとしよう(2)。探究の出発点は、すでにさまざまな仕方で獲得されたさまざまな信念――常識的信念、そして「学校」で教え込まれた信念――を持っている「我」である。「我」とは、世間的配慮やそれまでの教育で教え込まれたことを離れて、これからただ「確実な真理」のみを独力で追い求めようとする「純粋な探究者」である。「我」はまず、「確実であること」を「疑いえないこと」と同一視したうえで、自らの持つ信念のうちで疑いえないものは何か、を問う。「疑いえないもの」は「我」の持つ信念の中から、「疑いうるもの」を消去していくという作業を極限まで推し進めていくことによって確保されると考えられる。ここに「懐疑」の第一の役割がある。

次に、「信念が疑いうるとはどういうことか」が以下のように定められる。ある信念を疑いうるとは、その信念の内容である命題Pが以下のような性質を持つ場合である。[3]

(1)信念Pが疑いうるのは、いまだ偽であることが証明されていない別の命題Qが存在して、PとQが矛盾する場合である。

定式(1)によって、「我」の持つ個別的具体的知覚信念(たとえば、遠くに見える棟の屋根は丸い、など)の多くは「確実な知識」としての資格を剥奪されることになる。異なった知覚条件のもとでなされ、かつPと矛盾するような判断Qが可能である(偽であることがいまだ証明されていない)からである。

しかしながら、(1)によって確実性(知識としての身分)を剥奪されるのは、「好適な知覚条件」を満たさない環境下で獲得された知覚信念に限られる。さらに、個別の具体的信念に一つ一つあたることで疑いえない命題を見つけ出そうという試みは、「探究者」に無限の課題を科すことであり、有限の能力しかもたない「我」には不可能なことである。そこで(1)は次のように一般化されることで、さらに強力な懐疑をもたらしうる。

(2)信念Pが疑いうるのは、Pが命題Rを含意し、かついまだ偽であることが証明されていない命題Qが存在して、Rの否定とQが両立可能である場合である。

（2）によって、好適な知覚条件でなされた知覚判断はどれも、それが夢の中でなされたのではないことを含意するから、「いまが夢である」といういまだ偽であることが証明されていない命題によって、一般的に疑いうるものとされる。これがいわゆる「夢論法」である。

しかし「夢論法」においては、懐疑は各知覚信念に「分配的」に及ぶにすぎない。すなわち、任意の知覚信念はどれも疑いうる（どれも偽でありうる）が、すべての知覚信念が全体として疑いうる（すべてが同時に偽でありうる）ことは示されない。実際、夢の素材は現実からとられていると考えられるから、「いまが夢である」という命題Qは、好適な知覚条件のもとでなされたと見なされている信念すべての選言（P 1 vP 2 v……）、およびその選言が含意する一般命題S（外部世界が存在する）の否定とは両立不可能である（すなわち、外部世界が存在せず、通常の知覚判断の少なくとも一つが真でなければ、「いまが夢である」という判断も真とはなりえない）。それに加えて、夢論法においては、幾何学や数学の単純な一般命題も懐疑の対象とはならない。

そこで、デカルトは最終的に「全能の欺く神」によってイメージされるいわゆる「誇張懐疑」の論法を用いて、上記のSや単純な幾何学命題をも含む一般命題をも「疑いうるもの」に含める。「欺く神が「我」を完全に欺いている」といういまだ偽であることが証明されていない命題は、Sの否定と両立可能であり、したがって定式（2）によって、Sを含意する知覚命題の選言（P 1 vP 2……）を疑わしいものとし、最終的にP 1, P 2……すべてが同時に（全体的に）疑わしいものとなる。

このような懐疑を経たうえで、デカルトは「我思う」と「我あり」の確実性の発見にいたり、反転して自然学の基礎づけへの道へと向かう。「我思う」は「誇張懐疑」を含む懐疑の過程全体から含意されているゆえに、可能な最大の懐疑である「誇張懐疑」と「我思う」の否定とは両立可能ではなく、疑いえないことが示される。それに続いて、「疑う我」が不完全な存在であること、したがってそのような「我」が完全な存在

（神）の観念を持つこと、神の観念の持つ「表現的実在性」の原因は実在する神でしかありえず神が実在すること、完全な神が誠実であり欺かないこと、懐疑において身体を含む外部世界の存在が疑われるが我の思考の存在が疑われえないことから、「我」の本質は思考にあり心身が実在的に区別されること、外部世界の物体の本質が感覚知覚や想像力によって与えられる感覚的性質（二次性質）ではなく、知性によって把握される延長（一次性質）にあること、最後に、神の誠実を介して、延長を本質とする外部世界についての観念の原因である外部世界が存在すること、が次々と論証される。

以上の論証の中で、新たな自然学の形而上学的基礎づけという目的との関連で特に重要なのは、外部世界の存在と本質の証明だろう。それによってデカルトは、数学的語彙によって記述され説明される外部世界のありかたについてのわれわれの新たな思考こそが、まさに「実在に関する知識」を構成しうることを示したのである。「実在に関する知識」とは、「ものがそれ自体として何であるのかに関する知識」である。それは「神の視点」からの知識であり、われわれの側の偶然的な認識的諸条件から独立に成立しているものについての知識である。「純粋な探究者」の探究とは、われわれがそうした「神の視点」に与れること、そしてそうした視点から描き出される世界が数学的な表現のみからなる世界であることを証明する試みであり、その意味で、「数学的自然学の可能性の基礎づけ」としての意義を持つと考えられるのである。

このような図式から、翻ってデカルトの懐疑を再度見直してみれば、それらの懐疑がわれわれの認識の持つ偶然的な諸条件へと向けられており、そうした偶然的諸条件によって獲得された信念が、「知識」の名に値しないことを示す試みであったことに気づかされる。個別的具体的誤謬の可能性から「夢論法」への懐疑の深化は、感覚経験に基づく信念がしばしば個人の偶然的知覚条件に左右されるものであるゆえに信頼できないばかりでなく、最も好適な経験的条件すらも偶然性に支配されていることを明確にする。また、「夢論法」から

「誇張懐疑」への移行は、個々の人間の知覚条件の偶然性に基づく懐疑から、人間一般の持つ偶然的認識条件(すなわち、われわれが身体を持つ存在であり、身体を通じて外界を認識するという条件)への懐疑へと、懐疑を拡張するための方策と見なすこともできる。しばしば指摘されるように、「夢論法」が古代以来周知の論法であったのに対して、「誇張懐疑」はデカルト独自のものである。また、中世の「神の全能」に関わる論争は、中世の神学者をして誇張懐疑へと導くことはなかった、と言われる。(4) デカルトが誇張懐疑にまで進む動機となったものは、デカルト自身の革新的な自然学であり、特にその中に含まれる心身の実在的区別(それによって心から独立な世界の存在が思考可能になる)と一次性質と二次性質との区別(人間の身体を通じた感覚という認識条件から独立な「ものそれ自体」に関わる知識の可能性)であった。二次性質が実在的性質であることへの懐疑は、夢論法ではなく誇張懐疑においてはじめて意味を持ちうるだろう。こうした人間的な認識の偶然的諸条件の総体を「人間的パースペクティヴ」と呼ぶとすれば、デカルトの懐疑とは、「人間的パースペクティヴ」から、「神の視点」への移行を可能にするための装置であった、と要約できよう。

二　ヒュームの懐疑

ヒュームの懐疑論的議論は、『人間本性論』では第1巻第4部において集中的に扱われている。(5) 第1節以下の各節で理性、感覚、「実体」や「偶有性」といった古代哲学の主要概念、一次性質と二次性質という近代哲学のもたらした区別、魂の非物質性、人格の同一性、に関する懐疑が順次論じられる。ヒュームが標的としたのはデカルトだけではないが、各節のテーマから明らかなように、論じられるこれらの点はすべて、デカルトが徹底した懐疑の果てに確立したと主張した「知識」の内容に直接間接に関わっており、そのような「知識」

の可能性を否定しようとするものである。

これらの懐疑が「方法論的」側面を持つと言うのは、それらがヒュームの目指す「人間の学」を正当化するための一つの論拠と見なされうるからである。「人間の学」とは、非常に大雑把にいえば、「われわれがさまざまな意見を形成し、信念を獲得する際の心理的メカニズムに関する、実験・観察に基づく因果的研究」とまとめられるだろう。「人間の学」が諸学の基礎を与えうるというのは、われわれの信念がいかに形成されるかに関して正しく理解することは、われわれが有意味にまた合理的に主張できることの限界を確定することであり、それによって諸学のおかれている終わりない無益な論争を終結させられる、とヒュームが考えたからである。一方、デカルトの場合とは異なり、「懐疑」は著作の冒頭ではなく、第1巻の結論間近のところにおかれている。このことは、ともに「方法的」側面を持つとはいえ、デカルトとヒュームの場合には懐疑の役割が根本的に異なることを示唆するだろう。

ヒュームの信念形成メカニズムの説明において、何よりも強調されるのは「想像力」の役割である。観念内容のみに依存する数学的知識以外の、われわれの事実的信念のすべては経験と習慣とから、想像力が形成したものである。想像力とは、観念を任意に思い浮かべ、また自由に結合・分離する能力である。しかし想像力は観念を新たに創造することはできない。単純観念には常に単純印象が先立ち、それらの印象は感覚か反省かによってのみ心に与えられる。印象は根源的に心に与えられるものであり、それについての説明は不可能である。観念は印象のコピーであり、対応する印象と観念は内容的には完全に同一であるが、印象は観念より強い「勢いと活気」を持って抱かれるという点で異なる。「勢いと活気」という心的内容のもつ現象的性質は、それらを抱く心の内部において、それらの因果的影響力に違いをもたらす。より強い「勢いと活気」のある心的内容は、後続する思考の流れや情念の生起、最終的には意志や行動の決定において、より重要な因果的役割を果たすのである。

想像力は任意に観念を結合・分離することができるが、二つの観念の間に類似・隣接・因果の関係があるとき、それらの観念は自然に連合する傾向を持ち、それによって、想像力は一方の観念から他方の観念へと注意を自然に移行させることになる。「信念」とは、観念A、B間にこうした自然な関係が存在するという条件下で、一方の観念Aに対応する印象が生じたとき、その印象の持つ「勢いと活気」が、Aに関係する観念Bに流れ込むことによって、単に思い浮かべる場合よりもより強い因果的効力をBが心に対して持つようになる、という心理的現象である。

上記のような観念の間の連合をもたらす自然な関係のうち、類似と隣接はその関係にある観念を知覚することで推理の必要なく直ちに知られるが、因果関係は単純な観念の知覚によっては知られえず、それがいかにして想像力に与えられるかが問題となる。ヒュームの答えは、ある観念が別の観念と隣接しかつ一方が他方に時間的に先行するという経験が恒常的に繰り返されること（恒常的随伴の経験）によって、想像力の中に「習慣」が形成され、その習慣によって観念間に生ずる強い連合が因果関係の正体である、というものである。ある印象が現前に生じたとき、習慣によって、当の印象に対応する観念と結びついた観念へと想像力の注視が移行し、同時に後者の観念をより強い「勢いと活気」で抱くようになる。これが因果推理であり、後者の観念の現実性への信念が生ずるメカニズムである。さらに、因果推理において「現前する印象から結合した観念へと移行するように決定されている」という想像力の感じる内的反省的印象が、原因と結果との間の「必然的結合の観念」を生じさせるのである。

以上のような「人間の学」の主要部分が構成された後に、懐疑論的議論が展開される。ヒュームの懐疑は二段構えである。第一の「理性に対する懐疑」は他の懐疑とやや性格が異なるが、まずはヒュームの一般的な懐疑のパターンを確かめておこう。ヒュームの主要な武器は、「いかなる観念にも、それと対応し、かつそれに先立つ印象が存在する」という経験論のテーゼである。デカルトと同様にヒュームも、われわれの思考は観念を素材とする、という「観念の理論」を前提としている。そしてヒュームによれば、観念には印象が先行していなければならないから、対応する印象を見つけられない場合には、実際には観念は存在せず、われわれはあたかも思考をしているような「錯覚」を持つだけである。これによって「実体」や「外部存在」や「人格の同一性」等は、それらに対応する印象が見いだせないゆえに、そうした観念をわれわれが持つことが否定され、その結果、それらに関して有意味な主張がなされえないことが示される。

ヒュームの懐疑論的議論の第二の部分は、そうした観念を持たないにもかかわらずそれに関して有意味な主張ができるかのような「想像力の錯覚」が生ずる心的因果のメカニズムを、自らの信念形成の理論によって説明することである。たとえば、外部的独立的な対象に関する「信念」(6)は、元来非恒常的で中断した仕方でしか与えられない「知覚」に対して、それらの現れ方の類似性や整合性によって、想像力が誤って「同一性」を帰属させることから生じてくる「想像力の錯覚」である。想像力は、それに対する「働き方」が、類似した内的印象を与える二つの異なる知覚を取り違える傾向があり、さらに内的な知覚を、外的対象の性質へと押し広げる傾向がある。こうした想像力の内的メカニズムが、実際には「観念」がないところに「信念」を生じさせるという、想像力の錯覚を生じさせるのである。

このヒュームの議論の第二の部分の目的は、(1)第一の部分の議論で与えられた懐疑を、誤謬の原因を暴きだすことによって、より深化させることであるとともに、(2)第一の部分の議論が与える懐疑にも関わらず、われわれがそうした「信念」を抱いてしまう不可避的な心理的メカニズムを持っていることを示すことによって、「理性的な議論」がわれわれの信念形成や意志決定に対して持つ役割がどれほど小さいか、を示すことでもある。[7] この目的の（2）の側面は、第一節の「理性に対する懐疑」においてより明確にあらわれている。そこでは、われわれがはじめにどれほど強固な信念を持つとしても、その信念の形成・保持の仕方に関する反省をくりかえすにつれて、「もともとの信念Aの正しさに対する信念B」、「Bの正しさに対する信念C」等々はますます弱まり、これによって最終的にはもとの信念Aは完全に消滅してしまう、と論じられる。この論法の妥当性は別として、重要な点は、こうした理性の懐疑にもかかわらず、上のような議論が想像力に与える影響はほとんどなく、心はその本性的な不注意によって、もとの信念Aを依然として抱き続けるだろう、とヒュームが論じている点である。こうして懐疑は、われわれの信念形成と保持において、「理性」の果たす役割はきわめて小さく、それに対して人間本性のメカニズムがいかに強力であるかを示すための「方法」として用いられているのである。

以上のようなヒュームの懐疑をデカルトの懐疑の性格と対比してみれば、ヒュームの議論の特質がより明確になる。デカルトの懐疑は、信念形成におけるさまざまな偶然的条件を克服して、われわれが普遍的必然的知識にいたるための手段を提供する。前述の言い方では、デカルトの懐疑は、われわれが「人間的パースペクティブ」を離れて「神の視点」に与るための通路を与える。一方ヒュームの懐疑は、信念形成のメカニズムの検討を通じて、われわれの信念がさまざまな主観的・偶然的な条件（人間本性）に支配され、けっしてそれを超えた客観性・普遍妥当性に達しえないことを示すばかりでなく、形成された「信念」に対して何かより以上の正当化を求めて懐疑を続けるという活動自体が、心的に無効力であることを明らかにするための装置としての役割を果たすのである。すなわち、われわれの持ちうる概念の源が感覚や反省の印象という「経験」によって限られているばかりでなく、その限界を乗り越えようとする努力が不可避的に論理的な矛盾と実践的な無意味さへと導かれざるを得ないことを、「人間の学」は示すのである。われわれは、われわれ自身の本性と経験の与えられ方（習慣の形成）という偶然的条件に支配された「人間的パースペクティヴ」をけっして離れることができず、それを超えた自然に関する客観的・必然的認識と称されるものはすべて、「想像力の錯覚」にすぎない。ヒュームの考えに従う限り、「純粋な探究」という試みは、失敗を運命づけられているのである。

三　デカルトへの問

これまでデカルトの懐疑とヒュームの懐疑を図式的に対比させることによって、「知識」とは何であり、何であるべきかに対する両者の見解の違いを浮かび上がらせようとしてきた。「合理論」や「実在論」と「経験論」や「実証主義」との対立という現代まで続く哲学的論争のポイントの一つが、両者に代表されるような知識観の違いに基づいていることは、間違いないと思われる。こうした観点に立って、ヒューム的な立場からデカルト的な立場へどのような根本的疑問が呈せられうるかを最後に論ずるが、その前に、上のようなヒューム的な考え方に対して向けられるだろう一つの批判に簡単に触れておきたい。

ヒュームは想像力という非知性的な原理が信念形成を支配するという自らの立場が、「危険なディレンマ」を帰結しうることを指摘する（Hume 2000：174）。一方で、想像力のあらゆる「気まぐれ」を同列に軽信することは、相互に矛盾した内容を思い抱くように心を導くばかりでなく、妥当な理論と単なる空想とを区別することを不可能にし、確固たる学問の可能性を閉ざす結果となる。他方で、想像力の役割を無視して知性的原理にのみ従おうとすることは、いかなる信念も生み出しえないばかりでなく、「理性に対する懐疑」が示したように、知性的原理の一貫した使用は必然的に全面的懐疑論へと導く結果になり、これもまた学問の基礎づけの妨げ以外のものではない。これに対してヒュームは、過度に洗練された反省が心的に無効力であることを指摘したうえで、常識的実践の道に従う以外にないと述べる。だが、こうした立場が「諸学の確たる基礎づけ」という「人間の学」の元来の目的を果たしうるものであるのかは、当然疑問となりうるだろう。想像力の実践の単なる記述的分析から、いかにして知識の正当性の論拠が与えられうるのかが問われうるのである。

このような問に対しては、Goodman が「帰納の新たな謎」で与えているヒュームに関する議論が、一つの答えになりうると思う(8)。Goodman によれば、ヒューム的な帰納の問題が帰納法の論理的正当化の問題と見なされる限り、問題の解決はあり得ない。帰納法はいかなる仕方でも論理的に正当化されえないからである。一方帰納の問題が、妥当な帰納の規則を見つけだすということなら、それはヒューム的な記述主義(われわれが実際に行っている帰納推理の記述的分析)によって解決することが可能である。「(一般)規則は、われわれに受けいれがたい(個別的)推理を与えるなら修正され、(個別的)推理は、われわれに修正しがたい(一般的)規則に反するなら拒絶される」(Goodman 1984: 64)。ここにあるのは循環した手続きではなく相互的な修正手続きであり、Goodman によれば、こうした仕方でヒュームは「記述」がいかにして「正当化」を与えうるのかを例示しているのである。

さてそれでは、ヒュームのような経験論的また記述主義的・実証主義的な立場から、デカルト的な実在論的・合理論的立場へのどのような根本的疑問がありうるだろうか。最も基本的な点は、「人間的パースペクティヴ」から「神の視点」へと移行するために、デカルトが「誠実な神の存在」を証明しなければならなかった、という点にあるだろう。小林氏も強調されているように、デカルトの懐疑はそれ自体でとどまっていれば、主観的観念論への道しか示さない。デカルトが「外部への通路」を見出し得たのは、そしてそれによって最終的に数学的自然学と「物理実在論」を確立しえたのは、懐疑し探求する「我」が神の存在とその誠実性を、懐疑し探究する「我」の存在そのものから導き出せたとデカルトが考えたからである。しかし、誰もが主張するように、この部分のデカルトの「証明」はデカルトの論証の中で最大の弱点を含むものである。もしもデカルトによる「神の存在証明」が失敗しているのなら、そして、神の存在証明が「外部世界の存在と本性」の証明の要であるのなら、デカルトによる「知識の可能性の基礎づけ」もまた失敗に終わったと見なされざるを得ない。

だが、これまでの議論との関連で、デカルトの神の存在の証明が成功しているかいないか以上に大きな意味を持つ事実は、デカルトの論証に根本的な問題点があるように見えるにもかかわらず、デカルトの目指した数学的自然学がそれ自体の持つ「推進力」によって、その後の圧倒的成功を勝ち取ったということにあると思われる。このことは結局、「自然学の形而上学的正当化」という試みの全体が、実際には現実の科学の発展と密接なかかわりを持ってはいなかった、ということを示しているのではないだろうか。端的にいえば、知識全体のグローバルな正当化という試み、そしてそこで正当化される「知識」の概念と対になる、実在論的な「実在性」「客観性」「必然性」等の概念は、科学の発展にとって現実には無用な試みであり無用な概念であると言えるのではないのか、という問題である。

もちろん、科学が合理的な活動であり、単なる想像や疑似科学と区別されるべきものであることは言うまでもない。しかし、そのような区別のためには「絶対的で客観的な神の視点」に立つ必要はなく、あくまでも「人間的なパースペクティヴ」の内部からするローカルな正当化で十分ではないのか。ここで「ローカルな正当化」と言うのは、たとえば上でGoodmanの議論を検討した際に見たような、個別的な探究の実践において事実妥当とされている手続きから一般的規則を導き、逆にその一般的規則から個別的な探究の実践の正当性を判定する、という方法のことである。これはヒュームが論じていたような、安定して普遍的な想像力の働きに基づいて、妥当な「信念」を見つけだすという手続きと、本質的に異なるものではない(9)。むしろ、ヒュームの考えるように、「客観的実在に関する知識」と称されるものが「想像力の捏造」であるとするなら、「知識のグローバルな正当化」という過剰な課題は、「信念のローカルな正当化」の試みをねじ曲げてしまうことになるだろう。

われわれが直観的に持つ「知識」の概念は、確かに実在論的なものである。真の知識とは、「ものそのもの」(実在)とそのあり方に関する客観的な(すなわち、われわれの側の偶然的な認識条件から独立な)知でなければならない、とわれわれは直観的に考える。そして、そのような知識を与えるのはまさに数学的自然科学である、というのが現代のわれわれの常識であるだろう。その限り、デカルトの目指した「アリストテレス的自然観から機械論的自然観への転換」は成功した、と見なしてよい。逆にこうした自然観の転換こそが、その後の科学の発展をもたらし進歩を導いたことも認められるだろう。現在においても、現役の科学者の圧倒的多数は「実在論者」であり、「相対論」や「量子論」のもたらす結果が時折「客観性」の概念にある種の(哲学的)疑いを引き起こすことがあるとしても、自らの探究が「実在に関する知識」をもたらすものであることを信じて疑わないだろう。しかし、そのような「知識」は哲学的正当化(グローバルな正当化)を経て得られたものではなく、その意味で、デカルトからすれば本来の意味の「知識」とは言えないはずである。[10] 現代の自然科学者達は、神か、あるいは神に代わって「実在に関する知識」を一般的に保証してくれる何物かの存在を証明したうえで、何かを主張するのではない。ヒューム的見方からすれば、科学者たちの「知識」の主張は、実際にはローカルな正当化にのみ基づく「信念」の表明に他ならず、またそれ以上のものである必要はない。そして、そうした「信念」の表明を「知識」の主張と取り違えるわれわれの中の根強い傾向もまた、ヒュームがその「人間の学」の中で暴きだそうとしたものの一つであった。

こうして、ヒューム的経験論者はデカルト的実在論者に対して、「危険なディレンマ」を仕掛けることになる。もしも哲学が実在論的な知識概念に基づいて知識の「グローバルな正当化」を目指すなら、哲学は現実の科学との接点を失うだろう。もしも知識を「人間的パースペクティヴ」に相対化して「ローカルな正当化」以上のものを求めないとするなら、われわれは実在論的な実在概念を手放さなければならなくなるだろう。「神」に頼ることのできない現代のデカルト主義者は、このディレンマの角をいかにしてすり抜けられるのだろうか。

文献

デカルトに関する論述は、Descartes R., *Meditations on First Philosophy*, translated by John Cottingham, Cambridge University Press, 2007. デカルト「省察」（井上庄七訳、中公クラシクス『デカルト』所収）、による。「省察」に関する解釈は、おおむね小林道夫『デカルト哲学の体系』（勁草書房、1995）と Williams, B., *Descartes*, Pelican Books, 1986に従っている。

ヒュームに関する論述は、David Hume, *Treatise on Human Nature*, edited by Norton, D. F. & M. J. Norton, Oxford University Press, 2000, *An Enquiry concerning Human Understanding and Concerning the Principles of Morals*, edited by Nidditch, P.H., Clarendon Press, 1985、デイヴィッド・ヒューム『人間本性論』第1巻（木曾好能訳、法政大学出版会、二〇一一年）による。

＊

Bermudez, J. L. 2008, *Cartesian Skepticism*, in *The Oxford Handbook of Skepticism*, Oxford University Press.

Fogelin, R. T. 2008, *Hume's Skepticism*, in *The Cambridge Companions to David Hume*, The Cambridge University Press.

Goodman, N. 1984, *New Riddle of Induction*, in *Fact, Fiction, and Forcast*, Cambridge.

Williams, M. 2008, *Hume's Skepticism*, in *The Oxford Handbook of Skepticism*, Oxford University Press.

注

（1）もちろんこのことはヒュームの懐疑のあり方がデカルトのように単に「方法的」なものでしかなかったということではない。すでに指摘したように、ヒュームには真正の懐疑論者としての側面も確かに認められる。

（2）「純粋な探究者」とはB. Williamsがデカルトの探究を特徴づけるために導入した概念である。B. Williamsの論述はデカルトを単に歴史的存在としてではなく、現在にまで通ずる哲学的課題を担う存在としてイメージするために有効であると考える。以下の定式化はB. WilliamsとJ. L. Bermudesに多くを負っている。またB. Williamsのデカルト解釈の基本的方向は、小林氏の解釈と大きく異なるものではないと思う。

（3）以下では命題Pを内容とする信念を単に「信念P」とする。

（4）Bermudez, 2008.

（5）序で触れたように、「人間本性論」と「人間知性探究」においては「懐疑論」の扱いはやや異なるが、前者においてヒュームの懐疑の「方法的」側面がより明確にあらわれると思われるので、デカルトと対比させるため、ここではもっぱら「人間本性論」の議論を見ていくことにする。

（6）ヒューム自身、想像力の「錯覚」「捏造」したものに対する心的態度を「信念」と呼んでいるが、ヒュームの用語法に厳密に従うならば、それらを信念と正しく呼ぶことはできないと思う。なぜなら、信念が強い仕方で抱かれた観念に他ならないとすれば、上述の想像力の捏造した「信念」には、実際にはその内容となるべき「観念」は存在していないからである。これに対して、「因果的必然的結合」は「内的被決定感」という印象に対応する真正の観念であり、それに関して真正の信念が生じうる。

（7）Fogelin 2008, Williams, M. 2008. 前者は（1）の側面を強調し、後者は（2）の側面を強調している。

（8）Goodman 1984.

（9） ヒューム自身、ある対象が他の対象といつ実際に因果関係にあるのかを決めるための一般的規則を与えている（Hume 2000：116）。想像力の安定し普遍的な原理と弱く不規則な原理の区別については、Hume 2000：148.

（10） デカルトが無神論者に「知識」を認めなかったのは、無神論者が神の存在証明を受け入れず、そのためにたとえ「明晰判明な知覚」を持つとしてもそれが客観的に妥当するという保証をまったく持っていない（すなわち、「明証性の規則」を受けいれる根拠を持っていない）と見なしたからであった。

第四章　ライプニッツとデカルト
——科学の形而上学的基礎づけと無限小をめぐって

松田　毅

一　始めに——デカルトとライプニッツ

最初に、『ライプニッツ　デカルトの批判』を著したベラヴァルが、ライプニッツは、デカルトの偉大さを認め、「ユマニテの英雄」として敬意を払ったと述べたことを想起することから始めたい。多くの哲学者から学び、対決したライプニッツにとって、さまざまな対立を抱えながらも、デカルトは「新時代の最高の哲学者」であった[1]。同様に、ライプニッツ哲学研究に携わる筆者にとって、小林氏のデカルト研究そしてライプニッツ論は、思索の里程標であり続けている。

小林氏の業績の内、筆者が最も重要な意味をもつと考えるのは、それが、デカルト哲学を一貫して科学の形而上学的基礎づけとして把握したこと、特に神による「永遠真理創造説」の観点からその哲学体系を解明したことである[2]。小林氏も述べるように、ライプニッツも数学・科学の開拓者であると同時に、デカルトの後を追い、科学の基礎づけを行おうとしたからである。実際、ライプニッツが、デカルトの強靱な思索と正面から向きあうことを通して、彼独自の哲学航路を描くことができたことは紛れもない真実である。

本章では二人の哲学者の「論戦」を考察するにあたり、ベラヴァルが採用した、デカルトの「直観主義」対ライプニッツの「形式主義」を手引きとする。[3] 二〇世紀の数学基礎論で用いられる、これら二つの名称は、両者の哲学の特徴を細大漏らさずに覆い尽くすものではないが、この対比は、少なくとも小林氏のデカルトおよびライプニッツ解釈の基本線であり[4]、今日も問題に接近する糸口としての有効性を失ってはいないからである。

ブラウアーが代表する「直観主義」は、二重否定除去規則について、P⊃～～P（式Pが真ならば、Pの二重否定も真である）を公理として認めるが、～～P⊃P（Pの二重否定が真であるならば、Pは真である）は認めない。このタイプの背理法の使用を制限する。つまり、Pを仮定して矛盾が出るとき、～Pを導出する否定導入規則は認めるが、～Pを仮定して矛盾が出るとき、Pを導出すること、たとえば、ある数学的存在を主張することは認めない。この背景には、証明は有限の範囲でなされるべきであるという要求があり、直観主義者は、「無限小」も確定量として構成されるべきだと考える――これが後述の論戦の争点となる。ただし、一般的にデカルト哲学を「直観主義」と呼ぶ場合、それは、数学にとどまらず、デカルトが批判した古典的三段論法の事例のように、形式的規則に従い導く推論よりも、真理の直観的洞察を優先する、立場を言い表している。

一方、ベラヴァルは、ライプニッツにヒルベルト流の「形式主義」を見て取る。これは数学の命題を論理学の定理として、公理や推論規則等から矛盾なく導出することを目指す立場である。実際、ライプニッツは、通常一般的には、矛盾律と排中律とを切り離さず、背理法を用いたし、直観が伴わない場合でも、証明が無矛盾であれば、推論の結果を認識内容として認めたのである。

このような観点から本章で筆者は、デカルトに対するライプニッツの批判を取り上げ、その批判にデカルトはいかに応酬しえただろうかと、問う形にする。なぜなら、ライプニッツ哲学も、デカルト哲学との対抗関係に置くとき、明瞭な輪郭を示し、真価を発揮すると考えられるからである（2節）。また、「無限小」の問題を取り上げる。この問題は、近年でもライプニッツ研究で議論され続けており、小林氏自身のライプニッツ論の中でも答えが留保されていたからである（3節）。

二　明証性の規則・永遠真理創造説・誇張懐疑をめぐる論戦

第一の問題は「明証性の規則」である。デカルトはこの規則を『方法序説』で表明し、「われわれが明晰判明に認識うるものはすべて真である」と主張したが、ライプニッツは、それを批判した。この点は、小林氏自身が「ライプニッツにおける数理と自然の概念と形而上学」で、ライプニッツ青年期の『智慧について』[5]にすでに見られる、デカルトの影響とライプニッツによる方法論上の批判とを取り上げている[6]。小林氏は、そこでデカルトの数学思想と自然哲学そして『省察』の形而上学の骨格を叙述し、規則の位置を明快に説いているので、まずその要点を確認する。また、「無限」に関するデカルトの「直観主義」への言及も含まれるので、論点を提示しておきたい。

小林氏は、『幾何学』のデカルトが、有限量間の比例関係によって代数的に表現できない、螺線や円積線等の「超越曲線」では、「それらが精確に測りうるいかなる関係もそのうちに持たない二つの別々の運動によって描かれる」ので、それを幾何学に含めない、と述べた点にまず注目する。たとえば、螺線を構成する、直線と曲線の間には通約可能な量的関係が存在しない、というのが、理由であった。その直線と曲線の関係からは

「精確で確かなものは何一つ帰結しえない」とデカルトは言う。これらの線分の関係に関する観念は、デカルトにとって「明証性」を持たないものであった。

明証性に関するこの態度から、デカルトの方法のモデルが、代数方程式に対応する図形の計量関係および秩序を対象とする明晰判明な直観にあると考えてよいだろう。自然数列やその比例関係は、この意味で各項が互いに区別され、かつ一定の順序で判然と規則的に続く、判明な認識対象の典型・規範である。およそ本来、認識の対象はすべてそのような関係を充たすべきである、とデカルトは考える。事実、明証性に関連する、四つの規則、「明晰判明」「分析」「総合」「枚挙」を含む、『方法序説』の叙述もそのように読める。しかし、小林氏が直ちに指摘するように、デカルトの形而上学をこの意味での「明証性」で尽くすことはできない[7]。それはデカルト哲学の入り口にすぎない。そこでは、われわれは、いわば観念あるいは直観の系列の表面を水平に移動しているだけなのである。

確かにライプニッツは、超越曲線も代数的に扱える、無限小幾何学を開発したが、それは、数学内部の「明証性」規則の限界の一部を突破したに過ぎず、その思索は、まだ徹底的懐疑と永遠真理創造説を核とする、デカルト哲学の最深部に到達したとは、言えない。デカルトの「直観の連鎖」とライプニッツの「命題の連鎖」[8]とを対比し、認識論上の相違を性格づけることで、論戦を終えることはできないのである。

しかし、その最深部へと進む前に、「明証性の規則」とデカルトの「直観主義」の関係について小林氏が述べる重要な点を確認しておこう。それは、デカルトが一般に数学と自然科学において「極限移行」の操作を許容しなかったこと。また、有限者である人間が無限について数学的に議論することに反対したことである。デカルトは、人間が「有限なものである以上、無限そのものについて何ごとか規定しようと努め、しかもそのために、その無限なものをいわば（有限なものと想定して〔仏訳〕）限定して把握しようとすることは不合理である」と述べる。無限な線分の部分の大きさや、無限大の数が偶数か奇数か、という類の問題に答える気にはならないとデカルトは言う[9]。そして、小林氏は、無限大の数に対する「排中律」の適用を認めない、この主張を「明証的構成」を規範とする「直観主義」として理解する。この問題には3節で戻ることにする。

さて、「明証性の規則」を支える役割を担う、永遠真理創造説と懐疑主義の問題から、デカルトとライプニッツの間に横たわる、より奥深い認識論上の論戦が立ち現れてくる点に移ろう。永遠真理創造説に関する小林氏の叙述によれば、神は、他の被造物と同様、数学的真理も創造したが、「それを一方で人間知性のうちに刻印し、他方それによって、物理的自然の自然法則を構成した[10]」。この思弁こそが、人間精神に生得的に与えられた明証的な数学的観念が、物理的自然のうちに原理的に対応物をもつ、と考えることを正当化するものである。もちろん、この主張だけを切り出せば、それは独断的にも見えるが、ここにデカルトによる、科学の形而上学的基礎づけの核心がある。あるいはこの主張を「精神も自然もその根底においては数学的である」と言い換えてもよいだろう。

この主張に対するライプニッツの態度は両価的である。ライプニッツにも「精神も自然も数学的である」という信念が認められる反面、個体の存在に拘泥するライプニッツには、質料形相の存在論から生命的・質的自然を基礎的実在と見なし、数学的関係を「抽象」ないし「観念的」と把握する傾向があるからである。この点でライプニッツは、デカルトと異なり、アリストテレス主義の伝統につながっている。ところが自然のこの側面は、「延長」を物体の本質とした、デカルトが決然と捨てたものに他ならない。両者の論戦ではこの深刻な相違は無視できない。

さらに、小林氏は、永遠真理創造説の形而上学が、人間精神に課す諸条件を挙げている。その一つは、神が数学的真理を創造した結果、数学的真理の存在する「神の知性のイデアの世界」が消え失せることである。この決定が、デカルトの「主意主義」的神概念と裏表一体をなすことは言うまでもないが、注目しなくてはならないのは、永遠真理創造説の帰結として、「数学的真理の必然性の根拠は、もはや神の知性にではなく、人間による直観的構成に求められるしかなくなる」と小林氏が述べる点である。

この点についてはより立ち入った説明が必要であると筆者は考える。なぜなら、ライプニッツの神も人間精神に永遠真理を刻み込むが、そのことで「神の知性のイデアの世界」が無くなることはないからである。ライプニッツの場合、神の知性が人間の認識の真理を保証するが、小林氏の解釈を強調すれば、デカルトの場合、その保証が神にはなくなるようにも思われる。つまり、第一の問いは、「永遠真理を人間精神に刻み込むが、自身はもはやイデアの世界を持たない、神が科学の基礎を担保すると、われわれはなぜ安んじて言いうるのだろうか」というものである[11]。

また、永遠真理創造説の帰結と関連するもう一つの問題として、小林氏は、「数学的真理が神の無差別な自由意志による創造である」ことを理由に、その種の真理から絶対的必然性が剥奪される点に言及している。数学的真理にも実は「そうでない可能性」が、つまり「偶然性」が帰属させられるのである。小林氏は、これを二重の様相で表現し、デカルトは「命題Pが必然である」から「命題Pが必然であることは必然である」が帰結することを拒否した、と言う[12]。必然真理自体の様相に関するこの主張もライプニッツとデカルト、二人の形而上学を隔てるものである。永遠真理創造説自体は、明証性の規則や「直観主義」から独立でありうると思われるが、デカルトは、「必然真理の偶然性」の洞察により一七世紀の形而上学者の中で確かに抜きんでてラディカルな位置を占めている。

他方、ライプニッツは「可能世界」意味論の先駆者と見なされてきた[13]。それを考えれば、ライプニッツが、たとえば、非ユークリッド幾何学を許したとしても不思議ではなく、ライプニッツは、デカルトと同様に必然的真理自体に偶然性を帰属させてもよいだろう、立場にはあった。しかし、ライプニッツは、デカルトの神を、臣下である人間に対し、あまりに強大な意志をもつ「暴君」に譬え、永遠真理創造説を拒否する。小林氏も、デカルトが、永遠真理創造説の根底に、矛盾律のような、永遠真理も別様に創造しえた、神の意志の力の無限の大きさを認めたことを指摘する。この無限性は、第一の問いと認識論的には通底しているが、そこには論理学の哲学以上の問題がある。言い換えれば、二人の哲学者の間には、神と世界に対する信頼感に違いがあるというのが、筆者の感触である。この点について、デカルトと対比した場合の「ライプニッツにおける必然的真理の必然性と神概念との関係について」小林氏からコメントをいただきたい。これが第二の問いである。

以上、二つの問いは、デカルトが、幾何学や自然学の比較的表層に位置する、明証性の規則の土台を求め、比喩的に言えば、「哲学の木」の根の位置する地中深くに入り込んだことに対応する。永遠真理創造説が、自然に対する判明な数学的認識の妥当性を原理的に保証する一方で、その種の必然真理を形而上学的には偶然とする点には、デカルトの徹底した懐疑あるいは用心深さが垣間見える。ライプニッツはこのように感じたにちがいない。筆者にもまた、その疑り深さは、むしろ科学の土台に対する形而上学的な不安を喚起し、かえって、その基礎を揺るがしかねないように思える。

次に、『省察』の認識論的考察の根本をなす、夢論証と悪霊仮説を含む懐疑と「コギト」の形而上学について小林氏が述べる点を確認し、デカルトとライプニッツの間の主要な論戦へと進んでいこう。小林氏は、「ライプニッツにおける数理と自然の概念と形而上学」で、『省察』の方法的懐疑からアルキメデスの点としての「コギト」が発見され、認識論上の生得説と「物心二元論」が確立される点に触れた後、デカルトの『真理の探究』に関連し、「必然真理としてのコギト」と論理法則としての「矛盾律」の優先順序について述べる。つまり、方法的懐疑によって獲得されることがらは、「矛盾律」に基づくことがらよりも、「より確実で有益である」こと[14]。また、コギトは、方法的手続きによって得られる知識であり、「いわば直観主義的に根拠づけられる事態である」と言う。この箇所のデカルトの発言は、確かに「直観主義」対「形式主義」の構図の正しさを裏づけている。

ただし、小林氏自身は、認識論的考察の後、デカルト哲学は、（カントの超越論哲学、フィヒテの自我哲学やフッサール現象学に道を開く）「コギトの直観主義あるいは観念論的立場に集約されるものではなく」、神の存在証明による存在論的転回を経て、論述される神の形而上学こそが、その核であると付け加える。小林氏が『デカルト哲学の体系』で綿密に論じたように、「現実無限の神」の誠実性は、明証性の規則を正当化し、無際限の宇宙に適用可能な、数学的自然科学の原理的な実在的妥当性を担保するはずだからである。

確かに、この思索の道筋は認識論的構成とは呼べない。また、上述の意味では、「直観主義的」と特徴づけることもできないだろう。だが、ここでは、その論証の論理構造は、デカルトと小林氏の読者には周知のものとして、それを繰り返すことは諦め、この思弁には、すでに述べたように、形而上学的不安が隠されていると思われる点を指摘するにとどめる。「神の誠実」の議論は、その種の議論を行うこと自体が、デカルトの疑り深さを映し出し、科学の基礎の底なし状態をむしろ象徴するように感じられてしまうのである。

皮肉な言い方をすれば、神は、数学と自然を別様に創造し得たが、それでも必然真理の必然性は信じてよい、とデカルトが述べて以来、実は本当はそうではないかもしれない、という疑念が生じてしまったのである。もっともこの点では、ライプニッツの神にもそれに代わる堅固なものがあるとは言えない。この疑念は、公共性を持ちうる論証を営もうとする限り、神――「最も完全な存在者」であれ、「事物の究極根拠」であれ――概念を基礎におく、形而上学とどう付きあうべきかという、西洋哲学史研究にとっては、いささか素朴ではあるが、深刻な問題を突きつけている。この点について――これが第三の問いである――小林氏のご意見をうかがいたい。

　認識論上の論戦の最後に、デカルト哲学を動機づける、根深い懐疑に関するライプニッツの側からの問題提起を取り上げたい。一般に一七世紀には、『省察』ではなく、『哲学原理』がよく読まれたと言われるが、ライプニッツも『デカルトの原理の一般的部分への注解』（一六九二年）を残している。そしてその第一部では、方法的懐疑から始め、物心二元論や神の存在証明の主要論点を扱い、延長等の単純性質に関する議論までを論じている。ここでは、その中から二点を指摘するに止めたい。

　その一つは、ライプニッツにとって、デカルトの懐疑は不自然な誇張懐疑であること。特に懐疑の矛先が論理の根本原則である矛盾律に向けられると、古代ピュロニズムの場合と同様に、不可避的に自己論駁が生じることである。[16] またもう一つの争点は、「考える自我の存在」を主張する、デカルトのコギト命題は、ライプニッツから見れば、必然真理ではなく、あくまで偶然（事実）真理の第一のものであること。しかもその定式は、「感覚する自我だけでなく、感覚される多様なものが存在する」と言い直されるべきことである。[17] 以上の指摘は、ライプニッツからすれば、前者は論理原則の必然的妥当性を擁護し、後者は知覚世界の存在に関する誇張懐疑を退けるためのものである。しかし、もしデカルトがこれらの反論も退けるならば、ライプニッツの側は、狭義の論理的必然性を超える、コギト命題の「必然性」および「必然真理の偶然性」の主張が前提とする「必然性」の意味とは何かの説明を求めることになるだろう。

　筆者は、ライプニッツの反懐疑主義の論証を認識論的に解釈してきたが、前者について言えば、排中律の場合、デカルトがそう主張し、またライプニッツも「最大の自然数が偶数か奇数か」が決定できないことを認めるように、無限に関わる問題については、背理法使用に制限を加える以上、直観主義の主張にも一理あると言わざるをえない。とはいえ、矛盾律も同様に考えることは、ライプニッツには受け入れがたい。デカルトの神が、現実にはそうしないとしても、矛盾律の妥当しない世界を創造しうるならば[18]、ライプニッツはその主張に異を唱えるしかない。

　そもそも悪霊仮説が内包する、誇張懐疑を論理や数学の根本原則の正当化問題と見なすとき、矛盾律の論理的必然性をいささかでも否認することは、論証行為の土台を揺るがすことにならないだろうか。ライプニッツは、永遠真理創造説をデカルトの主意主義の表明として拒否する[19]が、同じことは悪霊仮説にも妥当するだろう。普遍学と普遍記号学の探究者として、ライプニッツは、あらゆる学問的知識と論証行為に通じる、可能な限り一元的な方法論を求めたが、その方法の土台として、そこにこそ確実性を求めるべき数学と論理の根本原則の必然的妥当性を疑うことは、不合理あるいは混乱以外のなにものでもない[20]。このようなライプニッツのデカルト批判に対して、デカルトはどう応酬することになるだろうか。

　また、コギト命題について言えば、ライプニッツによるその偶然真理としての位置づけと内容の修正も、「夢論証」に見られるような、知覚されるものの存在に関するデカルトの誇張懐疑から、経験に与えられる「現象を救う」ことを意図したものであることを強調しておきたい。デカルトは「考えられるもの」の存在も第一の偶然真理として言明すべきであった、とライプニッツは指摘する。ライプニッツも、永遠真理を認識できる、理性を重要視するが、理性を思惟だけで存在しうる実体とは見なさない。『モナドロジー』六三節等が語るように、「私」は、感覚する身体と不可分であり、身体を通して時には無意識（微小表象）的にではあれ、つねに世界を表象する。

　実際、表象を全体として俯瞰すれば、明晰判明さには大きな幅がある[21]。懐疑主義者も用いる、「遠くからは丸く見えるが、近くでは四角い塔」の事例や第二性質——同じ温度の水が状況次第で温かくも冷たくも感じられる——の場合のように、両立しない属性が帰属させられることもあるが、それを理由に、デカルトがそうしたように、それらの存在を疑い、物体の存在を、判明ではあるが、観念的な「延長」に切り詰めるべきではない、とライプニッツは考える。ライプニッツからすれば、知覚者の状況や能力に応じ、同じ事物に多様な表象が生じる事実は、実在とのつながりを維持した「パースペクティヴィズム」[22]として理解可能なのである。また、物、特に身体も幾何学的なもの以上の存在、実在する「力」として、知性により把握されると言うべきなのである。

確かにライプニッツの場合も、数学的観念は能力として精神に刻み込まれている。また、ライプニッツの神――偉大な幾何学者であり、建築家でもある――も自然を数学的に創造する。ただ、強調点は、神が「最も単純なものから最大の多様性」を表現できる点にある[23]。こう述べるとき、ライプニッツは、「最大の多様性」のなかに、デカルトの形而上学と認識論が見捨てる、質的なものや生命的なものを回収し、ある点では質料と形相の自然観、あるいは（微小表象も含む）知覚を通して現れる「生活世界」を多様な知の土台として復権させようとしたのである。

事実、ライプニッツが開発した数学も、その普遍数学的射程においては、必ずしも判明ではない、多様なタイプの「質」を所与とし、それを何らかの仕方で「計算する」ことを標榜した。ライプニッツの構想では、力や確率的事象もそこに位置する。表象が「不確実」であるがゆえに、その存在を否定するより、その種の表象にも含まれる諸関係を可能なかぎり判明にしようと努めることが、「真の論理学」を「発見法」[24]として、伝統論理学と区別するライプニッツの本領なのである。しかし、このデカルトとライプニッツの違いはどこから生じたのだろうか。この点に関して小林氏から示唆をいただきたい。最初の論戦を総括すれば、ライプニッツの場合、科学について、知覚的世界と論理・数学の二基軸から「人間の知と神の知の収斂を目指す」という言説が可能であるが、デカルト哲学は、その根元においては、そうした「楽観」を許さない、というのが筆者の見方である。

三　ライプニッツの無限小をめぐる論戦

デカルトの「直観主義」対ライプニッツの「形式主義」という構図と小林氏のデカルト研究を手引きとした考察は、二人の哲学者の認識論と形而上学の論戦の源が、一言で言えば、判明でない表象に対する態度の違いにある点を浮き彫りにする。それは、知覚を通して知られ、行為がそこでなされる、不確実性に充ちた世界に対する認識的評価に顕著に現れる。デカルトも、心身の合一をそこでは「事実」と認めざるをえない、情念に彩られた日常の現実を否定しはしないが、そこに数学や自然学と同じ価値をもつ対象があるとは考えない(25)。他方、大学で法律を学んだライプニッツは、当初から、不確実性の内に数学的に扱いうる関係を発見しようと努め、必要な論理や数学の道具を磨いたのであった。

最後に、このような発見法的動機を念頭に、「無限小」の哲学的問題に触れておきたい。小林氏は「無限小の性格と身分」を「ライプニッツにおける数理と自然の概念と形而上学」の四節で論じている。筆者は、ライプニッツが無限小に関してはむしろ、「直観主義」に親和的であった面があることを指摘したいと思うが、それを述べる前に、小林氏の論述を見ておこう。

その叙述は、まずライプニッツが、一般に無限小を「観念的なものとして、あるいはよく基礎づけられた虚構」と見なした点(26)、つまり、無限小を「有用な虚構」として微積分学と動力学のために使用した点を確認し、それを「想像力の科学としての普遍数学」に属するものとして位置づける。これはライプニッツ研究者の誰もが認める点である。しかし、小林氏は、ライプニッツがそれを単に「有用な虚構」と見なしたのではないこと、つまり、「基礎づけられたものである」点を強調し、無限小が「真の量」、「独自の量」であると主張しうる、文献上の証拠として、二つの箇所を挙げる。

すなわち、一七〇二年のヴァリニョン宛書簡では、ライプニッツは、虚根の存在を引き合いに出し、無限や無限小が、「非常に根拠づけられているので、幾何学において、自然においてさえ、あらゆるものはあたかもそれらが完全な実在であるかのようになされる[27]」と書いていること。また、ライプニッツの微分法には「厳密さ」が欠けている、と批判する、ニューウェンティトとの論争では、ライプニッツが、無限に小さい線分、dx, dy だけでなく、$dxdx$, $dydy$, $dxdy$ 等の高階の無限小量も、一つの類として「真の量」であると認めている点に言及している[28]。

したがって、この種の無限小記号が表現する「実在性」や「量」を、他の記号が表現する数の実在性や量と比較したとき、どのような帰結が生じるかを考察することが、一つの課題となる。筆者が特に注目するのは、ライプニッツが人間に可能な十全な認識として、数の記号的認識を例に挙げた点である。たとえば、ライプニッツ自身の明晰判明の認識的基準を適用すれば、無限小の記号的認識は自然数の等差数列のような十全性をもつのか、と問うことができる。この点でライプニッツは、むしろデカルトと同様に、十全な認識の対象は、あくまで他の対象から画然と区別される存在、数であれば、確定値をもたなくてはならない、と考えた[29]。ところが、無限小はこの点に問題がある。無限小は十全な認識対象とは言えないのではないだろうか。これが筆者の最後の疑問である。

小林氏は、無限小が計算上、果たす役割も同じヴァリニョン宛書簡をもとに説明している。つまり、ライプニッツによれば、超越曲線や超越数についての計算は、「無限により小さなものを措定しうるところで、その代わりに、一挙に比較不可能なほど小さいものを採用することによって、まさに消え入らんとする差を用いるということなしには、確立されえないであろう[30]」。ライプニッツは、無限小量を「同質の法則（次数一致の法則）」に基づき、有限量に対しては「比較不可能なもの」として措定するが、その場合、無限小量は、有限量に対して相対的に無視されうるものであり、事実、その結果、多くの計算が可能となった。とはいえ、無限小量は端的な無ではなく、「相対的な無」である。以上が小林氏の記述である。

しかし、小林氏も示唆しているように、そこから無限小をめぐる論戦の火ぶたが切られる。小林氏は、最終決定を保留しているが、ライプニッツが「無限小そのものに数学的対象として独自の身分を与えたのは、確かであると思われる[31]」として、ライプニッツの見方と「超準解析」との関連を示唆する。つまり、ライプニッツは、それをラグランジェのように、明晰判明でないとして排除しなかったし、無限小をコーシー以来の「ε—δ」——有限量だけを用い、「極限」を定義する方法——とは異なるものとして位置づけたと考えるのである。ところが、この点については、石黒のように、ライプニッツ研究者の中には、無限小を「ε—δ」法から理解する者も多い[32]。

小林氏がこのようにライプニッツの無限小解析を超準解析に近づける根拠は、超準解析の整合的体系を証明した、ロビンソンも、その著作で引用したド・ロピタル宛書簡に求められる[33]。つまり、ライプニッツは、そこで無限小について「その差が比較不可能である量は等しい」と考え、「比較不可能な大きさ」とは「その一方がいかなる有限数によって乗じられても、他方を越えることがない大きさ」を意味すると述べるからである。この種の数の量は「非アルキメデス的量」と呼ばれる。そして、ロビンソンは、この非アルキメデス的量として実数順序体のモデル R*を構成し、超準解析の整合性を示したのである[34]。確かに、この部分だけを取れば、ライプニッツの無限小の概念には超準解析の「萌芽」が認められると言えるだろう。

しかし、当然ながら、ライプニッツがそのモデルにあたるものを証明したとは言えない。また、状況証拠から言えば、ライプニッツが無限小を極限概念との関連で導入したと見る方が自然に思われる点もいくつかある。第一に、ライプニッツにとって、確かに無限小そのものは、有限量ではないが、それは、あくまで有限な線分や図形の量に関する計算の脈絡のなかでしか意味を持たない。無限小量は、有限量と同時に計算で扱われてはじめて意味をもつ。言い換えれば、それが独立単独に有限量と同じ実在性や身分をもつとは考えにくいのである。

また、第二に、極限移行の概念がライプニッツにとっては、重要な発見法的機能をもつことが挙げられる。たとえば、『真理と概念の解析に関する一般的探究』（一六八六年）では、有限回の手続きでは終わらない、概念の解析が極限移行との類比で把握されている。つまり、真なる偶然命題を構成する、主語と述語、各々の部分概念の同一性を示すために、ライプニッツは、概念に関する無限の解析を必要とする還元の手続きを、円の求積法に見られる、超越数 $\pi/4$ の分数の無限数列への展開や双曲線の漸近線（座標軸）への無限近似に譬えている[35]。この場合、極限移行は、偶然命題もア・プリオリな分析命題と見なすことを動機づけるが、無限小概念の導入も、同趣の発見法的着想に基づくのではないだろうか。あくまで極限移行の概念が、無限に分割される有限量の極限として無限小量を措定させるように促すのではないだろうか。

しかし、偶然命題の分析的な還元を語る際も、ライプニッツは、主語と述語、各々の分析された概念の完全な一致は人間の直観には与えられない点を明言している[36]。同様に、無限小自体が、確定値をもたない「不定のもの」である限り、ライプニッツの基準からすれば、われわれがその存在に関する十全な直観をもつことはない。たかだか優れた意味の「盲目的認識」[37]、すなわち記号的認識があるにすぎない。しかも、無限小には、「同時に0であり、0でない変量である」という「矛盾」が含まれているのではないか、という論理的難点すら指摘されていた。この点に眼をつぶることができたとしても、無限小自体は、特定可能な量としては、構成できない。

実際、ライプニッツもその難点を自覚し、この存在論的局面ではデカルトと変わらず、不確定な存在を主張することには慎重にならざるをえなかったにちがいない。だからこそ、ライプニッツは、無限小を「有用な虚構」としたし、それを「共義語」と見なし、文脈的に定義されうるものと位置づけることになったのではないだろうか[38]。小林氏の叙述にもあるように、「比較不可能な大きさ」をもつ無限小を含む計算は、確定値を持ちうる有限量と共に行われるからである[39]。以上のような解釈に対し、「無限小」数学の哲学について、小林氏が現在、どのようにお考えか、教示していただけるとありがたい。

文献

ライプニッツに関する典拠は文献表の略号を用いる。

LEIBNIZ, Gottfried Wilhelm 1965, *Die Philosophische Schriften*. GERHARDT, Carl.Immanuel.（eds.）Olms（GP）.

LEIBNIZ, Gottfried Wilhelm 1971, *Leibnizens mathematische Schriften*. GERHARDT, Carl. Immanuel（eds.）Olms（GM）.

LEIBNIZ, Gottfried Wilhelm 1966, *Opscules et fragments inédits, Extraits des manuscrits de la Bibliothéque royale de Hannover*. COUTURAT, Louis（eds.）Olms（C）.

LEIBNIZ, Gottfried Wilhelm 1993, *De quadratura arithmetica circuli ellipseos et hyperbolae cujus corollarium est trigonometria sine tabulis*. KONOBOLCH, Eberhard（eds.）Vandenhoeck & Ruprecht.（2004年に Parmentier による仏訳が Vrin から出版されている。）

*

Arthur, R. 2008, Leery Bedfellows： Newton and Leibniz on the Status of Infinitesimals, in *Infinitesimal Differences Controversies between Leibniz and Contemporaries*. Goldenbaum, U. and D. Jesseph（eds.）, De Gruyter : 7–30.

Belaval, Y. 1960, *Leibniz Critique de Descartes*, Gallimard.（岡部英男・伊豆藏好美訳 2011『ライプニッツのデカルト批判』（上）、法政大学出版局。）

Breger, H. 1986, Leibniz, Weyl und das Kontinuum, in *Studia Leibnitiana.Supplementa*.26： 316–330.

Couturat, L. 1982, *La Logique de Leibniz*,Olms.

Ebbinghaus, H.–D. et al 1988, *Zahlen*, Springer.（成木勇夫訳 2004『数』（上、下）、シュプリンガー―フェアラーク、東京。）

林知宏 2003『ライプニッツ 普遍数学の夢』、東京大学出版会。

池田真治 2006「ライプニッツの無限小概念――最近の議論を中心に」、『哲学論叢』33 : 138–149。

石黒ひで 1996「デカルトにおける必然性と不可能性の根拠について」、『現代デカルト論集Ⅲ』デカルト研究会編、勁草書房 : 39–57。

石黒ひで 2003『増補改訂版　ライプニッツの哲学』、岩波書店。

Levey, S. 2008, Archimedes, Infinitesimals and the Law of Continuity： On Leibniz's Fictionalism, in *Infinitesimal Differences Controversies between Leibniz and Contemporaries*. : 107–133.

松田毅 1998「デカルトとライプニッツ――直観か論理か」、『デカルト読本』、湯川佳一郎・小林道夫（編）、法政大学出版局：181–191。

松田毅 2003『ライプニッツの認識論』、創文社。

松田毅 2009「二つの個体概念――ライプニッツとスピノザ」、『神戸大学文学部紀要』36 : 1–28。

Matsuda, T. 2011, A Leibnizian Mereological Consideration about Monads, Body and Geometrical Beings, *Proceedings of IX. Internationaler Leibniz Kongress*. *Natur und Subjekt*, Breger, H Herbst, J and Erdner, S (eds.), Hannover. 652–659.

松田毅 2012「現代形而上学とライプニッツ」、『ライプニッツ読本』酒井潔・佐々木能章（編）法政大学出版局：323–334。

Rescher, N. 2006, Alternative Possible Worlds, in *Studies in Leibniz's Cosmology*, Ontos : 1-25.

Robinson, A. 1996, *Non-Standard Analysis*. Rev. ed. Princeton.

注

（1） Belaval : 537, 松田 2003 : 164.

（2） 筆者は、フッサールの『デカルト的省察』から研究を出発させたが、現象学による科学の基礎づけに対する小林氏の批判（小林 1973）を大学院在学中に読み、強く印象づけられたことを記憶している。

（3） Belaval : 221 ff, 小林 1995 : 172（注22）。 本章は、松田 2003の第9節「直観と論理」（初出は松田 1998）の続編にあたる。なお小林氏の「直観主義」はヴイユマンの哲学と関連する。

（4） 小林 2006 a : 4.

（5） GP VII, 35. Cf. 松田 2003 : 168, GP IV : 331.

（6） 小林 2006 a : 9.

（7） ライプニッツの「述語概念の主語概念への内属の原理」（GP II : 52）——命題の真理根拠に関する原則——を『省察』以後の初期近世の真理論の展開として跡づけることで、ライプニッツの「形式主義」を幾何学的直観から、コギト命題や神の存在論的証明も含む、形而上学に拡張されたデカルトの方法の論理化として位置づけうる面がある（松田 2003 : 75 ff）。

（8） Belaval.ibid : 52.

（9） 小林 2006 a : 4, Descartes, *Principia philosohiae*, AT VII : 245.

（10） 小林 2006 a : 5.

（11） この点は、科学の基礎づけを志す二人の哲学者の間にある、ねじれを示唆している。ライプニッツから見れば、デカルト形而上学は、根元的には科学の基礎を危うくしかねず、逆にデカルトからすれば、ライプニッツ形而上学は、独断的で確実性を欠くだろう。この背景には「存在の一義性」に関する神学の差異も潜んでいる（松田 2003：160, 177. Cf. GP V：378）。

（12）小林 2006 a : 5. 同じことは自然法則にも認められる。

（13）レッシャーも、ライプニッツが非ユークリッド幾何学の発見に驚くことはなかっただろうと述べる（Rescher : 19）。

（14）小林 2006 a : 6, Descartes, *La recherche de la vérité*, AT X：522.

（15）第三の問いに対して、小林氏は、全体論的な「マッハ原理」や、デカルトの「空虚」を認めない「物質即空間」説と「一般相対性理論」の類似性に関するアインシュタインの言及に触れ、デカルト自然哲学の歴史的意義を示唆している（小林 2006 a : 7）。

（16）小林 2000：60. ライプニッツは、一七一一年執筆と推定される、遺稿『ピュロニズムの概要第一巻の概観が与えられた、セクストス・エンペイリコスへの注解の範例』で懐疑主義批判を行い、矛盾律否定が引き起こす自己論駁も指摘している（松田 2003：255）

（17）『デカルトの原理の一般的部分への注解』では、cogito et varia me cogitatur（GP IV：357）と表現されるが、ライプニッツは、cogito をしばしば sento（感覚する）に言い換えている（松田 2003：255）。

（18）この精妙な問題は、小林 2000：60 ff., 小林 1995：138で論じられている。Cf. 石黒 1996：40 ff.

（19）松田 2003：168, GP IV：361.

（20）両者のすれ違いの背景には、人間が犯す「誤謬」に関する見解の相違がある。ライプニッツが誤謬を、規則適用の失敗、一種の計算間違いと見なしたことはよく知られている。形而上学の議論にも共有された規則がなければ、真偽の判定ができない、とライプニッツは考えるだろう。

（21）表象の明晰さに度合いがあることは「連続律」にも対応する。『認識、真理、観念に関する省察』（一六八四年）で真理認識の基準として明晰・判明を再定義し細分化する中で、ライプニッツは、十全な認識を記号的認識と直観的認識に分け、直観的認識は人間には不可能である、と言う（GP IV：423）。

(22) この点は、『モナドロジー』五七節（GP VI：616）や注（16）で触れた、ピュロニズム反駁等で論じられる（松田 2003：257）。

(23) この「信念」については『形而上学叙説』五節を参照（GP IV：430）。それは認識論的には「最適」を意味する（松田 2003：229）。

(24) 正確には「真の形而上学」、「真の論理学」、「発見法」が同一視される（GP IV：292, cf. 松田 2003：199 ff.）。

(25) それがいわゆる「世間の旅」に関するデカルトの総括であった。また、『情念論』が述べるように、デカルトにとっては、情念は外なる事物について何かを教えると言うより、身体について何を求め、避けるべきかを教えるものであった。

(26) 小林 2006 a：22, GM IV：110.

(27) 小林 2006 a：23, GM IV：93.

(28) 小林 2006 a：23, GM V：322.

(29) 松田 2003：45, 171. Cf. Breger：327.

(30) 小林 2006 a：23, GM V：92.

(31) 小林 2006 a：24.

(32) 石黒 2003：第5章 108.

(33) GM I：288. ライプニッツの無限小に関する哲学的問題の全体像は、近年では池田が明快に論じている（池田：141, Robinson：chapter 12.）。また、数学史の研究では林のモノグラフがある。その後出版された、Goldenbaum & Jesseph 編集の論文集からは、関連する研究の現状を知ることができる。

(34) 「アルキメデス的量」は、「任意の正の実数 a, b に対して、$n \times a > b$ を満たすある自然数 n が存在する」とする「アルキメデスの公理」を満たすような実数がもつ量である。平たく言えば、この a, b はその大小関係が必ず確定できる実数である。なお、実数順序体のモデル R* の構成は、たとえば、エビングハウス他の『数』12章に見られる。

(35) C.：376. ライプニッツによるパリ時代初期の『算術的求積法』以後の無限小をめぐる、ライプニッツとニューウェンティトとの論争までの数学史的理解については林が詳しい。

（36）ライプニッツは、一般に、概念を原始的概念の連言が構成する内包的積として捉えて、それを論理計算することを試みた（松田 2003：88 ff.）。

（37）松田 2003：171, GP V：171.

（38）Arthur：27.

（39）無限小に関するライプニッツの数学と哲学の変遷は、この問題と「連続体合成の迷宮」の解決の模索と関わる。ライプニッツは、幾何学的存在、物体、モナドの三者の存在論的な差異を部分——全体関係の構造から説明し、迷宮からの脱出を図った。幾何学的存在は、観念的な連続体として「全体が部分に先行する」と見なされる。この見方は、遡れば、ゼノンの逆理を回避するための、アリストテレスの解決策に由来する（松田 2003：21. Cf. Matsuda 2011）。それは、全体を分割し、極限にいたる「ε—δ」法の発想が、ライプニッツに親しいことを裏づけている。他方、ライプニッツは、数学の問題として、部分から全体を合成することも課題としたが、それが「比較不可能な大きさ」をもつ無限小を「部分」として全体を「厳密に構成する」ものと見なすのはむずかしいと思われる。以上の論点について、たとえば、リーヴィは、いわゆる『算術的求積法』（Leibniz 1993）の書かれた、一六七六年四月頃、ライプニッツに転機が訪れ、無限小に関する実在論が「虚構論」に転じ、その後、ライプニッツは、神やモナドに関する無限の問題と異なり、無限小の存在論に関心をもたなくなった、という解釈を呈示している（Levey：112 ff.）。リーヴィは、微積分の基礎についても、数学史的研究を踏まえ、ライプニッツが「アルキメデスの公理」を解釈し直し、量の同一性の新しい概念を提示し、リーマン積分にあたる技術を開発したこと、また、関連する証明に際して、有限量だけを用いるアルキメデスの取り尽くし法を併用した点なども指摘する。問題を詳論する余裕はなく、論証は他の機会に譲らざるをえないが、ライプニッツが、同年二月ごろに、スピノザが「連続体合成」も含む、「無限」に関する諸問題を論じた、マイエル宛の第一二書簡に関して書いた詳細なメモ（GPI：130 ff.）や「延長には部分がなく、部分があるとしても、独立性のない、様態である」と述べる、同年四月の遺稿に、ライプニッツの転回を理解する一つのヒントがあるのではないか、と筆者は考えている（松田 2009 参照）。

第五章　カントの「経験的実在論」について
――小林道夫氏のカント解釈に寄せて

山本道雄

一　カントの経験的実在論

カントが「経験的実在論」を唱えるとき、それはいかなる意味においてか。[1] それは、そこにおいては経験の「対象」が問われている、という一点においてであろう。たしかにカントはときに「表象」のみが認識されるという言い方をする。しかしこの言い方に惑わされてはならない。ここで「表象」とはカテゴリーによって構成された対象というほどの意味にとられるべきである。そして構成されるものは感覚によって与えられるデータである。このデータは文字通り与件として認識主体に対して外から与えられる他ない。この点が経験的実在論の実在論たる所以である。もの自体の存在を認めることがすでに実在論であるという意見のあることも紹介しておきたい。[2]

ちなみにカントは事物の存在を疑うことなど「私にはけっして思いもよらないこと」だと言い切っている

（『プロレゴメナ』全集第6巻243頁、久呉高之訳、Ak. IV 293）。これは次のヒュームの周知の言に通底する。曰く、「われわれは、「いかなる諸原因がわれわれに物体の存在を信じさせるのか」と問うてもよいが、「物体が存在するか否か」と問うのは無益である。物体が存在するということは、われわれのあらゆる論究において、当然のこととしなければならない点なのである」（『人間本性論』219頁、木曾訳）。

もちろん以上の主張に対して、カテゴリーによる構成という点に観念論の観念論たる所以があると反論することはできる。これはもっともな指摘である。理論負荷性のテーゼがときに観念論的とされるのもこの点に連関する。しかしながらわれわれの認識はおしなべて何らかの負荷のもとに成立するといえるのではないか。そもそもあらゆる知覚は過去の経験に負荷された推論の産物だといえなくもない。空間知覚がこの種の推論を含むことはすでにバークリーの指摘したところであって、カントもこれを承知していた(3)。これらの点を強く捉えれば、すべての認識は多かれ少なかれ観念論的あるいは構成的だといえなくもない。これをカントの術語で言い直せば、「経験的実在論」はすなわち「超越論的観念論」なのである。

この負荷は種々のレベルで、たとえば文化的あるいは心理的レベルで課せられている(4)。のみならず人間にかぎらず生物はすべて何らかの生物学的負荷のもとにある。カントが「直観一般」に対して「われわれの感性的直観」（『純粋理性批判』B 148）、あるいは「われわれの（つまり人間的）直観」（B 150）という言い方をしているのを、この文脈で理解したい（山本 2010 a：165）。類比的なことはカテゴリーについても妥当する。カントによれば、「カテゴリーを介してのみ、またカテゴリーのまさしくこの様式と数を通じてのみ」認識が可能になるという「われわれの悟性の特有性」については、「根拠」は示されえない（B 146）。直観の時空的性格にしろ、カテゴリーの「様式と数」にしろ、これらは進化の所産であるわれわれの種としての存在の根源的制約である。われわれはこの根源的制約を背負って世界において生きているのである。

もちろんカントの場合、その特殊なア・プリオリ概念のゆえに理論負荷性も特殊な性格を備えているとはいえる。(5)とくにその「時空の観念性」のテーゼは現代的観点からすればきわめて厄介な難点を抱え込んでいる。しかしこの時空論もこれまで登場した、またこれからも登場するであろう、さまざまな時空論のひとつとして捉えることは可能である。かりに時空が実在の形式であるとしても、その現れ方は生物種によってそれぞれ異なるであろう。われわれはこれらの時空論に負荷されてこれまで世界を解釈してきたのである。カントにおいて時空形式は（カテゴリーも）、世界の理解の形式であって、存在の形式ではない。これはヴォルフの世界理解からカントの世界理解を決定的に分かつ点である。

つまりいま問題にしているのは時空論の妥当性ではなく、それぞれの時空論が帯びている理論負荷的性格である。げんに時代によって文化によってさまざまな時空論が可能であろう。そして特定の負荷のもとに対象を認識するからといって、その対象がその理論的負荷から独立に存在することが否定されるわけではない（Hacking 1983：154）。いわんやそれが人間精神から独立に存在することが否定されるわけではない。事物の存在を疑うことなど思いもよらないことだというカントの主張は、すでに紹介したところである。かくて認識の構成的性格と「経験的実在論」は両立する。

二　経験的実在論の射程

それではカントの「経験的実在論」では認識はどの範囲にまで及ぶのか。それはカントのいう「可能的経験」概念の内実をどのように理解するかによる。カントは可能的経験の領域とこれを超えた領域を区別する。後者についてはただちに「弁証論」での議論が思いつかれるが、ここで取りあげられるべきはこれではない。

「超越論的弁証論への付録」（以下「付録」）でカントが論じている事柄をここでは問題にしたい。「付録」では悟性の構成的用法に「理性の統制的用法」が対置される。あるいはカテゴリーの演繹ではなく「理念の演繹」の可能性が新たに問われた。

それでは理性の統制的用法が可能的経験を越えるとして、ここではどのようなことが主題になるのか。この領域のテーマが可能的経験を越える所以は、ここでは感覚的データが与えられないという一点に求められるであろう。この点を端的に示すのが「純粋の水」という概念である。カントによれば「純粋の土、純粋の水、純粋の空気等々」を見いだすのは困難であり、これらの概念は「その完全な純粋性に関していえば、理性のうちにのみその起源を持っている」（B 674）。この概念は認識の体系的統一性に関わる。認識の体系性は「付録」全体の重要なテーマであった。しかるに認識の体系性にあっては認識の実質ではなく、その様態が問題になる。理性の「仮説的使用」（B 675）とか、「理性の経済的法則」（B 678）という概念は、この点に関わる。「様相」概念がそうであるように、この様態には感覚的データは対応しない。この点が「付録」の議論が「可能的経験」界を越えざるをえない所以である。(6) ちなみにカントは「発見的虚構」（B 799）という言い方をする。これは「経験の分野における体系的悟性使用の統制的原理を根拠づける」ものである。あえていえば「発見的虚構」とはカントにおける道具的概念であろう。ここにおいてカントは厳密な意味では経験的実在論者であることを止めるのである。(7)

それではカントの考える可能的経験世界にはどのような存在者が収まるのか。この問題については次のⅠ・ハッキングの言葉をヒントに考察を進めたい。

20世紀に生きるわれわれは電子や陽電子を操作する方法や吹きかける方法さえ習得したのであるが、カントならどう振る舞ったであろうか。彼自身の実在論・観念論はありふれた観察可能なものに向けられていた。われわれがそれを感覚所与に基づいて推論することを彼は拒否した。理論的存在（theoretical entities）はこれと対照的に所与から推論される。カントは推論を必要としない椅子に関しては経験的実在論者で、一方電子に関しては反経験的実在論（an empirical anti-realist）に止まったのではないだろうか（Hacking 1986：164）。

つまりハッキングによれば、カントは「観察可能なもの」に関しては経験的実在論者であるが、感覚的所与から「推論」される「理論的存在」に関しては「反経験的実在論者」である。いうまでもなく実在論者であるハッキングにとっては「理論的存在」である「電子」は実在的である（Hacking 1986：35）。対するにカントにとって「電子」は道具的概念であるかもしれない。

このハッキングのカント解釈は、彼自身指摘するように、とくに時空論との関係でいささか「極端」かもしれないが（Hacking 1986：178）、以下ではあえてこの解釈に即してカントにおける「経験的実在論」の内実について考えてみたい。その試みとして、ここではカントの経験的実在論の領域をあえてハッキングの解釈よりももっと広くとりたい。つまりカントは直接の知覚の対象になる「椅子」だけではなく「電子」のような理論的存在にも実在性を認めていると解釈したい。理論的存在者についてもカントはハッキング同様に経験的実在論者である。この点を傍証するには、「磁気物質」についてのカントの議論が手がかりになるのではないか。

概念のための素材を提供する知覚は、現実性の唯一の特性に他ならないからである。しかし人が、そのものの諸知覚に先立ってすら、それゆえ比較的にア・プリオリにその物の現存在を認識しうるのは、その物の現存在がいくつかの知覚と、それらの知覚の経験的連結の諸原則（諸類推）にしたがって、脈絡づけられるときだけである。なぜなら、そのときにはその物の現存在は可能的経験において私たちの諸知覚となんとしても脈絡づけられており、だから私たちは、あの諸類推を手引きとして、私たちの現実的知覚からその物へと可能的な諸知覚の系列をたどって達することができるからである。かくして私たちは、あらゆる物体を貫徹する磁気物質の現存在を、鉄粉が引きつけられることを知覚することにもとづいて認識するが、もっともこの磁気物質を直接的に知覚することは私たちの器官の性質からいっても私たちには不可能である（B 273）。

たしかに磁気物質は「直接的に知覚される」（A 371）ことはない。しかし「その現実的存在が諸知覚の経験的脈絡の諸法則（諸類推）にしたがって脈絡づけられる」のであれば、われわれは磁気物質の「可能的知覚」に達することになる（B 273）。これによってカントの経験的実在論の領域は「机」のような日常的存在者の世界を越えて一挙に拡大されるであろう。それは理論的存在者も含みうる。もしそうであればハッキングの解釈に反して、カントは理論的存在者についても「経験的実在論」者なのである。そしてカントが「磁気物質」をたんなる道具的な虚構的概念として理解しているとは、力学に関するカントの議論からしても考えがたい。以下、この点について考察する。

三　第二類推論から第二力学法則論へ

たとえば第二類推論に対して次のように批判されることがある。つまりそこでは因果関係の恒常的規則性が知覚の直接的対象として認められ、その意味で規則的恒常性の実在性は認められているにしても、因果関係の核心とでもいうべき力の実在的作用関係が無視されているのではないか、と。つまり第二類推論においては力の実在的作用関係は「経験的実在論」の埒外にあるのではないか。これはカントの第二類推論そのものに対する批判というより、因果関係を規則的恒常性と理解するヒューム的な因果論に対する批判でもある。そしてカントの分析論全体は一種の構成的現象主義として、現象の秩序は哲学的考察の対象になっても、いわば現象を支える基体、たとえば力にまでは議論は及ばないということができるかもしれない。しかしこの問題については次のように考えたい。

因果関係についての議論は三つの層において捉えることができる。ひとつは「根源的力」、いまひとつは「派生的力」（山本 2010 a：94 f.）、最後に規則的継起性である。とりあえずヴォルフを例にとって議論を進める。ヴォルフの因果論は当面の問題に関してもきわめて示唆的である。ヴォルフは派生的力の基底に根源的力を認めるが、しかし衝突法則の分析には派生的力（ヴォルフでは「運動力」）で十分であるという。むしろ自然学においては根源的力にまで降りていくべきではない。ヴォルフの巧みな言い方を借りれば、近くの原因ですむときには遠くの原因にまで議論を及ぼすべきではない（山本 2010 a：95他）。付言すれば、ヴォルフはカントのように因果関係を哲学的分析の対象にしてはいないが、しかし因果の実在的作用を主張する物理影響説に対する手強い批判者であった。のみならずヴォルフには因果関係についてヒューム的な、というよりマルブランシュ的な視点もあったことが思い起こされるべきであろう（山本 2010 a：375, 377）。

それではカントではどうか。根源的力はカントではもの自体のレベルに位置する。このレベルでの実体作用の可能性に関して初期のカントは「共通原因」としての神をもちだすことで説明していたが、そしてこの説明方法は晩年にいたるまで変わることはなかったが、しかし人間にとって根源的力は認識不可能であるというのが批判哲学としての結論であった（山本 2010 a：382 f.）。われわれにとって認識可能であるのは「派生的力」である。

派生的力はカントでも「運動力」であるが、これは具体的にヴォルフと同様に「運動量」として計量化される。運動量はいうまでもなく質量と速度から構成された理論的存在である。しかし運動量が理論的に構成された概念であるからといって、初期から動力学的自然学に親しんできたカントがこれをたんなる虚構あるいは道具と見なしているとは考えがたい。もしそうであればカントは自然学に関しては「反経験的実在論者」（ハッキング）であることになる。しかしこの解釈がとれないことは初期のカントが実体の相互作用の説明モデルとして物理影響説に立っていたことからも断言できる。[8] そして物理影響説に対するカントの関心は、たとえ哲学上の立場の転換があったにせよ、晩年まで一貫している。因果の実在的作用関係は初期から晩年にいたるまで、カントにとって説明されるべき当然の前提であったはずである。つまりカントは実在レベル（「根源的力」）で想定されていた力の物理的影響を、現象レベルで「運動力」（「派生的力」）として構成しなおしたのである。そして運動力は虚構的存在ではなく、根源的力からの派生的力として実在性を保持しているのである。

しかしこの説明は第二類推論で下されるのではもちろんない。第二類推論の哲学的議論に力概念が積極的に関わることはない。[9] この議論は因果関係を帰納的一般化と見なすヒュームの議論に向けられたものではあっても、因果関係を恒常的相伴とするヒュームの議論に対置されたものではないのである。知覚の対象としての現象レベルでは因果関係はカントにとってもヒュームと同様、恒常的相伴に留まる。第二類推論は因果関係のこの第三の層での議論である。ヒュームとの違いは、ヒュームがこれを知覚レベルに止めて理解したのに対して、カントは知覚の客観的継起そのものを可能にするカテゴリーの介入を認めた点にある。これがカントのア・プリオリズムの要諦に他ならない（山本 2010 a：第八論文）。

いうまでもなく力概念はヴォルフと同様にカントでも「派生的力」として因果関係に介入する。しかしこの点が議論されるのは第二類推論においてではなく、『自然科学の形而上学的原理』の力学章においてである。しかるに力学章は動力学章を前提にしている。カントによれば衝突という因果的作用関係においては「斥力」

と「引力」という動力学的力が作用している。つまり因果の実在的作用関係はカントでは「斥力」と「引力」という動力学的概念によって説明されるのである（山本 2010 a：第九論文）。

整理すれば、カントは力の因果的作用関係を当然のごとく前提にしているが、「根源的力」のレベルではこれは理解不可能とする。「理解するのが困難なのは心と身体の間の相互作用だけではなく、物体相互の相互作用もそうである」（「形而上学L 1」全集第19巻129頁、Ak. XXVIII 280）。しかしまた規則的継起性の説明のレベルでは力は介入しない。力は派生力として因果関係（たとえば衝突現象）に関わるのである。派生力（「運動力」）は明らかに規則的継起性の説明とは別のレベルにあるが、しかしこれもまた質量と速度から構成された現象でしかない。もちろんこの現象レベルにあっても力の実在的作用関係は認識の対象たりえないとはいえよう。「共通原因」はあくまで「可想界」における原因でしかないからである（「ムロンゴヴィウスの形而上学」、Ak. XXVIII 2/1 866）。しかし「運動量」あるいは「運動力」という理論的存在を構成することでいっさいの衝突現象が整合的に説明されるならば、それでもって力（派生力）の実在的作用関係が認識されたということはできるであろう。これは万有引力によって諸惑星の軌道運動を整合的に説明することでもってその実在性を主張するニュートンの立場と基本的に同じである。極論を恐れずにいえば、この意味でカントはニュートンとヒュームの仕事を一身に引き受けたということができるかもしれない。

ともあれもし「運動力」がカントにとって道具的・虚構的概念ではなく実在的概念であるのなら、「電子」もまたそうであるにちがいない。かくてカントは理論的存在者に関しても「経験的実在論者」である。

四　「可能的経験」領域の拡充

それでは第二類推論の議論と『自然科学の形而上学的原理』、とくにその力学章との関係はどう理解されるべきか。この問題は「可能的経験」世界の拡充という観点から議論することができる（山本 2010 b：50 f.）。「可能的経験」世界はカテゴリーと三類推によって「規定」された、いわば経験の基本構造にあたり、多様で具体的な経験世界から見れば一個の抽象的な原理的世界でしかない。ここでは多くの要素（たとえば特殊経験的諸法則・美的経験・有機的存在者（後述）・実践的諸問題他）が捨象されている。[10] さきの節ではこの原理的世界の力学的世界への拡充の一端を見た。そして第二類推論では規則的相関性のレベルで因果関係が哲学的に分析されるのに対して、『自然科学の形而上学的原理』、とくにその力学章では、それが因果の実在的作用関係に拡充されるのを確認した。この自然学的考察によって可能的経験世界では捨象されていた「力」が取り戻される。

この点で示唆的であるのはさきに言及した『純粋理性批判』の「付録」や「方法論」での議論である。ここでは「人格」や「実践的自由」というのちの道徳哲学のテーマへの助走が試みられている。一例を挙げれば、自由の問題についてカントは「実践的自由は経験によって証明されうる」という（B 830）。カントは「実践的自由」の発現を「感性的欲求能力への直接的諸印象を克服する能力」に求めているのであって、これをのちのカント倫理学の用語を用いて表現すれば、私の欲求を定言命法（普遍化原理）によって「克服」するとき、私は実践的自由を「経験」していると解釈することができる。[11] これは『教授就任論文』における形而上学的な道徳論が批判期を経て経験世界に媒介されたことを意味する。『教授就任論文』の第七節では道徳の概念は可想界における「純粋悟性」に求められていた（『教授就任論文』全集第3巻）。

また「付録」の本来のテーマは認識の体系的統一にあるが、この議論は明らかに『判断力批判』の目的論に直結する。既述のように、認識の体系的統一は認識の様態に関わるのであって、その実質に関わるのではない。認識の実質に関わるのは悟性の構成的能力である。これに対して認識の様態に関わるのは理性の統制的能力である。言い換えれば経験的実在論の範囲では悟性の構成的能力がテーマになるが、認識の体系的統一に関しては理性の統制的能力が問われる。その意味において「付録」ではカントの意味での経験的実在論を超えた領域での議論が展開されているということができる。認識の体系的統一は「磁気物質」が「可能的知覚」を指示するようには対象を指示しないからである。

ところで「可能的経験」世界の拡充ということでいまひとつ重要な問題が残されている。それは「有機的存在者」の問題である。最後にこの点について考察したい。

五　有機的存在者

有機的存在者はカントの「可能的経験」世界に完全には回収されえない。カントの「可能的経験」世界は第二類推に示されるように、因果律つまり「メカニスムス」によって支配される世界である。しかるに「有機的存在者」はこの「メカニスムス」だけによっては説明しきれない。[12]『判断力批判』でカントはこの点を繰り返し強調するが、ニュートンに言及した周知の箇所にはこうある。

いつかニュートンのような人が現れて、一本の草の茎の産出だけでも、どのような意図によっても秩序づけられたのではないような自然諸法則にしたがって把握させるであろうという見込みを立てたり、こうした希望を抱いたりすることだけでも、人間にとっては不合理である（『判断力批判』全集第9巻66頁、牧野英二訳、Ak. V

400)。

しかしこれに続けてただちにカントは、「有機的存在者の可能性」が自然の「メカニスムス」のなかに「隠されたままである」と断定することもできないという。カントによれば、「意図」にしたがって作用する存在者が「自然目的」の根底にあるか否かについては、肯定的にも否定的にも応えられない。この問題についてのカントの基本的スタンスは、有機的存在者を神の「意図」（デザイン）によらないで、また何か実体的な物活論的原理にもよらないで、哲学的分析によって説明可能にする方途を探ることであった。それが、有機的存在者という特殊な存在者を前提にしたうえで[13]、「目的概念」の「客観的実在性」をここに求めるという戦略であった。有機的存在者は「実践的目的ではなくて自然の目的であるような目的の概念にはじめて客観的実在性を与え、これによって自然科学に対して目的論の根拠を与える」（『判断力批判』全集第9巻32頁、Ak. V 376）[14]。

しかるに有機的存在者が「メカニスムス」によっては尽くされないかぎり、それを理解するためには、可能的経験世界とは異なった有機的存在者についての考察原理が要求されるであろう。それが「反省的判断力」に他ならない（『判断力批判』全集第8巻28頁、Ak. V 376）。反省的判断力はカテゴリーや類推という「可能的経験」世界の構成原理（「規定的判断力」）に対置されるべき、有機的存在者をメンバーとする経験世界を考察するための統制的な原理である[15]。そしてこのような考察法は、アリストテレスの目的因概念を持ち出すまでもなく、われわれのものの見方のうちに自然的に備わっているといえるであろう。カントはこれを反省的判断力という名称のもとに、自然の合目的性を考察するための原理の位置に高めたのである。

しかし既述のように、「反省的判断力」は「超越論的弁証論への付録」での「理性の仮説的使用」につながる（B 675）。そして理性の仮説的使用は発見法につながる[16]。つまりカントの有機体論は発見法として性格づけられる（大塚 2010）。有機的存在者はあたかも目的概念の実現態であるかのようにして〈理解〉されるのである。それでは発見法としての有機体論はどのように評価されるべきであろうか。

有機的存在者の特殊なあり方についてカントは『判断力批判』でさまざまに説明を試みているが、とくに重要な論点として有機体の構造（「内的合目的性」）に関わる議論と、有機体と環境との適合関係つまり外的合目的性についての議論をあげることができる。これら二つの論点は次の文に要約されている。

有機的諸産物における自然と自然の能力について、これを技術の類比物と呼ぶならば、これはきわめてわずかしか語っていない。というのも、この場合には、自然の外の技術者（ある理性的存在者）が思い浮かべられているからである。むしろ、自然は自分自身を有機化して、自然の有機的産物のあらゆる種のうちで全体としては一様な範型にしたがって自分自身を有機化するが、しかしそれでも環境に応じて、自己保存が必要とする適切な偏向を伴って自分自身を有機化するのである（『判断力批判』全集第9巻30、Ak. V 374）。

カントは有機体の自己有機化について「部分」と「全体」というカテゴリーを駆使して説明を試みている（『判断力批判』全集第9巻30頁、Ak. V 374）。しかしその説明では、有機体においては部分と全体との関係が「時計」のような技術的所産物の場合と異なる特殊なあり方をすることが示されただけであって、その特殊な関係がいかに可能であるかの説明には成功しているとは言いがたい。部分と全体の関係についてのカントの説明はいわば発生的あるいは実在的ではなく、名目的に終わっているからである。そのかぎりメカニスムスに代わる説明原理をカントは提示しているとはいえないのである。(17)

他方、環境との適応関係についても、カントはそれを有機的存在者自身の内的原理によって説明しようとするのであって、そこには選択と淘汰という有機的個体にとっての外部の視点がない。しかるにこの視点は当時すでに知られていた。一例を挙げればヒュームの『自然宗教についての対話』「第八話」にこの思想を確認できる（山本 2003：10）。さらにヒュームの同時代人であるモーペルテュイはこのテーマに関してもっと突っ込んだ議論を示している（山本 2003：30；2006：57）。それによると、「自然の所産物の偶然の結合にあっては、存在可能な適合関係 convenance が見いだされるものだけが存在したのであるから、実際に存在するすべての種にこの適合が見いだされるのは驚くべきことではない。偶然によって大量の個体が産出されたといわれるであろう。これらのうちごく少数のものが、必要を満たすような具合に動物の諸部分が構成されていた。しかしそれよりもはるかに大量の数においては、適合も秩序もなかった。これらのものは滅びたのである。口のないものは食べることができないし、生殖器官を持たないものは再生産できない。生き延びたものは秩序と適合が見いだされたもののみである。そして現在われわれが見いだしている種は、盲目の偶然が産み出したもののごく一部分でしかない。」（Maupertuis, 1750, pp.11.）[18]

こうして見ると内的構造と、外的環境との適合関係という、有機体についての二つの論点についてのカントの理解は、当時においてすでにいささか問題含みの理解であったことが分かる。げんに生命現象はそののち分子レベルで解明され、有機体の内的構造に見られる合目的性は現代では「負のフィードバック」というメカニスムスの原理に従って説明される（大塚 2010）。環境との適合関係については今日ではわれわれは進化論という強力なパラダイムを手にしている。この点ではさきにカントのいう「ニュートンのような人」とは、ダーウインのことであったということができるかも知れない。

しかしながらカントにはこれら二つの論点以外に、発見法の文脈で有機的存在者を論じるという論点もあった。むしろこれがカントの有機体論の本筋である。それでは発見法として有機体論はどう評価されるべきか。発見法という観点から有機的存在者を考察する立場は現在なお有効であることが指摘されている。[19] 今日においてもなお生命現象の記述にさいして目的論的言い回しが頻用される所以である。また発見法であるかぎり、それは自然についての客観的認識と矛盾することはありえず、むしろそれと両立し、そのようなものとして自然の考察に際してつねに有効でありうるであろう。カントの反省的判断力概念の今日的意味はこの点にあるのではないか。これはちょうど、「可能的経験」を分析する哲学的議論が、実際の科学理論から相対的に独立してその説得力を持ちうるのと事情を一にしているように思われる（山本 2010：195）。発見法としてのカントの有機体論は、有機体についての科学理論がどうであれ、それと相対的に独立して有効なのである。

それでは経験的実在論というテーマで見た場合、反省的判断力はどのように位置づけられるか、最後にこの問題を考察しておかねばならない。反省的判断力についてカントは、「反省的判断力というこの能力は、このことによって自分自身にだけ法則を与えるのであって、自然に対して法則を与えるのではない」という（全集第8巻28頁、Ak. V 180）。そうであるかぎり反省的判断力は主観的なものである。したがってこの判断力に「起源」を持つ「有機的存在者」概念や、それによってその客観的実在性が保証される「目的概念」は、実在論的概念ではありえない。カントは「発見的虚構」という言い方をするが、「有機的存在者」概念も、それによって正当化される「目的概念」も、いわば「発見的虚構」であろう。そういうのが言い過ぎであれば、少なくともそれは理解のための道具的な概念ではあるだろう[20]。

六　小林道夫氏のカント解釈について

小林道夫氏からは著書・論文によって、またとくに氏の主宰される「京都哲学史研究会」の場において、多くの貴重な刺激と教示をいただいた。一七世紀ヨーロッパ哲学についての、とくにデカルト哲学についての私の理解は、氏の影響を抜きにしては語ることはできない。しかしここでは小林氏のカント解釈に議論を限定したい。氏のカント解釈については強烈な記憶がある。それはカントの「コペルニクス的転回」は「プトレマイオス的転回」に戻されるべきだという趣旨の主張であり、いうまでもなくこれはカントの「観念論」に対する「実在論」的立場からの小林氏の挑発的な宣戦布告である（小林 1985）。小林氏のカント解釈を問題にするのであれば、まずこの挑戦から受けて立つべきであろう。しかしこのテーマについての私の基本的立場はすでに「演繹論のロジック」として明らかにしているので、ここでは反復しない（山本 2010 a：152；2010 b：43-56）。「1」でも指摘したように、常識的にはカントにも実在論的立場を確認できるのであって、この実在論的立場が人間の認識が負わされている制約の下で、換言すれば永遠真理創造説のような神学的・形而上学的テーゼが成立しがたい状況で、どこまで可能かというのが、カント認識論の根本問題であったということもできる。そしてこの状況は今日においても基本的には変わらないのではないか。換言すれば、われわれの認識は基本的には「現象」に関わるほかないのではないか。人間的認識の有限性というこの制約の枠内で実在論の可能性を探究したところに、カントの「経験的実在論」が成立する。これが本論考の基本的立場である。もっともカントには主観的な時空論という、カント的経験的実在論にとってのアキレスの腱がある。しかしこれに代わる他の時空論を対置しても、われわれは現象しか認識しえないという事実には変わりはないであろう。科学的実在論をめぐる最新の理論にはまったく疎いのでこれ以上のことは何もいえないが、実在論擁護の有力な武器である〈科学の成功からする論証〉にも批判が突きつけられているのを知ると（Laudan 1984）、その感を一層強くするのである。あえていえば排中律を否定する直観主義論理がときに人間の論理学、これを受け入れる古典論理が神の視点からの論理といわれるように[21]、実在論を採るにはある論理的な飛躍が要請されるであろう。そしてこの飛躍は神学不在の状況では理論の成功によってのみ正当化されうる態のものであろうが、これにはいろいろ厄介な問題が付きまとうというのが今日の状況なのではないか。いずれを採るかは突き詰めれば理論的整合性以外の理由（たとえば説明力）に基づく決断によるしかあるまい。

いまひとつ小林氏のカント解釈に対してカントを擁護しておきたい。それはカントの因果律解釈に関わる。第二類推論に示されているカントの因果律論について小林氏は、そこでは因果的現象の規則性のみ語られていて、肝心の因果の非対称的関係が抜け落ちていると指摘される。台風が接近しているから気圧計の目盛りが下がるのであって、その逆ではない。しかるに第二類推論の議論ではこの関係が説明されえない。この小林氏の批判はまさにカント第二類推論の肯綮にあたるのであって、研究会で指摘されるたびに反論に苦慮させられた。本論考ではこの批判に対して、抽象的な次元から具体的な次元への理論の復元・上向という観点にたって応答を試みた（詳しくは、山本 2010 a：415。2010 b：47–52も参照）。第二類推論（あるいは演繹論）で前提されて「可能的経験」は「継起」と「共存在」であり、それ以上のものではありえない。さもなければカントの議論はたんなる論点先取に陥るであろう（しかしこれすら前提してはならないというのであれば経験についてのいかなる理論も構成されえないであろう）。しかるにさきの非対称的関係を因果関係に盛り込むには力概念が不可欠であるが、この概念が主題的に扱われるのは『純粋理性批判』第一版（一七八一年）の五年後に公刊された『自然科学の形而上学的原理』（一七八六年）においてなのである。後者に対する前者の関係は、分析のため具体的規定を捨象され「経験一般」（B 165）にまで抽象されていた認識対象がもとの具体性を回復する過程として理解できる。この意味では第二類推論はこの力学章を待ってようやく完成するのである。

文献

第一次文献

カントからの引用は岩波カント全集による。『純粋理性批判』からの引用は平凡社ライブラリーの原佑・渡邊二郎訳により、引用の版は慣例に従ってA、Bで表記する。

Maupertuis, P. L. Moreau de 1750. *Essai de Cosmologie*, in : Oeuvres de Maupertuis. Nachdruck der Ausgaben Lyon 1768 und Berlin 1758, ed. Tonelli, G., Georg Olms, 1974.

第二次文献

Hacking, I. 1975, *The Emergence of Probability, A Philosophical Study of Early Ideas about Probability, Induction and Statistical Inference*, Cambridge University Press.

Hacking, I. 1983, *Representing and Intervening, Introductory topics in the philosophy of natural science*（『表現と介入　ボルヘス的幻想とベーコン主義』渡辺博訳、産業図書。引用はこの訳書から）。

Hacking, I. 1990『偶然を飼いならす――統計学と第二次科学革命』、石原英樹・重田園江訳、木鐸社。

Hatfield, G. 1990, *The Natural and the Normative, Theories of Spatial Perception from Kant to Helmholtz*, Cambridge, MA : MIT Press.

Horstmann, R.-P.1997, *Die Idee der systematischen Einheit. Der Anfang zur transzendentalen Dialektik in Kants Kritik der reinen Vernunft*, in : Bausteine kritischer Philosophie. Arbeiten zu Kant, Nexus Druck GmbH Frankfurt / Main.

伊藤邦武　2002『偶然の宇宙』、岩波書店。

犬竹正幸　2011『カントの批判哲学と自然科学』、創文社。

Kitcher, P. 1986, *Projecting the Order of Nature*, in : Kant's Philosophy of Science : Metaphysische Anfangsgründe der Naturwissenschaft, 1786-1986, ed. by Robert Butts, D. Reidel.

Krüger, L. 1987「確率論主義の遅れた誕生——一九世紀の哲学論議」(『確率革命——社会認識と確率』、近昭雄・木村和範・長屋政勝・伊藤陽一・杉森晃一訳)。

Kuehn, M. 2001, *Kant : A Biography*, Cambridge University Press.

Laudan, L. 1984, *Science and Values : The Aims of Science and Their Role in Scientific Debate*, The University of California Press.(『科学と価値　相対主義と実在論を論駁する』、小草泰・戸田山和久訳、勁草書房。)

Lenoir, T. 1980, *Kant, Blumenbach, and Vital Materialism in German Biology*, in : Isis, 71, No. 256.

Lenoir, T. 1987,*The Strategy, of Life, Teleology and Mechanics in Nineteenth Century German Biology*, D. Reidel Publishing Company.

Madonna, Luigi Cataldi : 1987, *Wahrscheinlichkeit und wahrscheinliches Wissen in der Philosophie von Christian Wolff*, in Studia Leibnitiana, Zeitschrift für Geschichte der Philosophie und Wissenschaften, Bd. xix.

— : 1989. *Wissenschafts- und Wahrscheinlichkeitsauffassung bei Thomaius*, in : Christian Thomasius 1655-1728, Interpretation zu Werk und Wirkung. Mit einer Bibliographie der neueren Thomasius-Literatur, hrsg. v. Werner Schneiders, Studien zum achtzehnten Jahrhundert, hrsg. v. der Deutschen Gesellschaft für die Erforschung des achtzehnten Jahrhunderts, Bd.11, Hamburg,1989, S.115-136.

— : 1990. *Gewissheit, Wahrscheinlichkeit und Wissenschaft in der Philosophie von Leibniz*, in : Aufklärung, 5/1, S. 103-116.

— : 1992. *Kant und der Probabilismus der Aufklärung*, in : Aufklärung, 7/1, S. 25-41.

— : 1995. *Die Philosophie der Wahrscheinlichkeit von Jakob Bernoulli*, in : Veritas filia temporis? Philosophiehistorie zwischen Wahrheit und Geschichte. Festschrift für Rainer Spent zum 65. Geburtstag, hrsg. v. Rolf W. Puster, Berlin/New York

— : 2001. *Theorie und Kritik der Vernunft bei Gottfried Wilhelm Leibniz*, in : Vernunftkritik und Aufklärung, Studien zur Philosophie Kants und seines Jahrhunderts, hrsg, v. Michael Oberhausen, unter Mitwirkug von Heinrich P. Delfosse und Riccardo Pozzo.

信原幸弘 1999『心の現代哲学』、勁草書房。

大塚淳 2010「生物学における目的と機能」、松本俊吉編『進化論はなぜ哲学の問題になるのか——生物学の哲学の現在』、勁草書房：53–74.

Rauscher, F. 2010, *The Appendix to the Dialectic and the Canon of Pure Reason The Positive Role of Reason*, in：The Cambridge Companion to Kant's Critique of Pure Reason, ed. by Paul Guyer, Cambridge University Press.

Sylla, Edith Dudley：2006. The English Translation of Jacob Bernoulli, *Ars Conjectandi*（The Art of Conjecturing）, together with Letter to a friend on sets in court tennis, translated with an introduction and notes by Edith Dudley Sylla, The Johns Hopkins University Press.

手代木陽 2012「ドイツ啓蒙主義哲学における「蓋然性」の研究」、学位（博士）請求論文（広島大学）。

戸田山和久 2002『知識の哲学』、産業図書。

山本道雄 2003「ヒュームのデザイン論証——カントとの比較において」、『文化学年報』（神戸大学大学院文化学研究科）22：1–40.

山本道雄 2006「カントと一八世紀啓蒙哲学——「わが上なる星しげき空とわが内なる道徳法則」」、岩波カント全集『別巻 カント哲学案内』、岩波書店：50–66。

山本道雄 2010a『改訂増補版　カントとその時代』、晃洋書房。

山本道雄 2010b「カントの経験の哲学」、『日本カント研究11　カントと幸福論』、日本カント研究会編：43–56。

山本道雄 2012「ヴォルフ『世界論』第三部——世界・自然・秩序　ヴォルフ世界論研究完結編」、『愛知』（神戸大学哲学懇話会）第24号

注

（1） いわゆる科学実在論の問題は本稿のテーマではない。本稿のテーマはあくまでカントの「経験的実在論」の性格に関わる。そのカントによれば「経験的実在論」とは、「現象としての物質」は「推論」されるのではなく「直接的に知覚

される」とする立場である（『純粋理性批判』A 371, 375）。ハッキングによれば、「理論に関する実在論は理論は真理を目指し、ときにその近くにまで到達するという。諸々の存在に関する実在論は理論の中で言及されている対象は本当に存在するはずだという」（Hacking 1986：12）。

（2）ファン・フラーセン『科学的世界像』の訳者丹治信春氏によれば、「観察不可能なものの存在」を認めるのであればそれはすでに「一種の実在論」である（『科学的世界像』1986, 416）。

（3）「われわれは、感官によるすべての認識は感官から生じると思ってはならない。そうではなくて、それらは感官がわれわれに提供する諸対象について反省する悟性から生じるのであり、これによってわれわれは感性的な認識を手に入れる。われわれは若い頃からすべてを感官によって表象するのに慣れているので、感官についての悟性の反省に気づかず、認識を感官による直接的な直観だと思う。われわれにおいてはそのような仕方ですり替えの誤謬が生じるのである」（『形而上学L 1』全集第19巻62頁、八幡英幸・氷見潔訳、Ak. XXVIII 232）。これはヘルムホルツのいう「無意識の推理」に他ならない。ヘルムホルツについては、Hatfield 1990.

（4）デイヴィドソンの概念枠論批判に応えるには、概念枠はそれぞれ相対的に相対的であるとあらかじめ注記しておいた方がよいであろう。デイヴィドソンの概念枠論批判に対するカント的立場からのアポロジーとしては、山本 2010 b：52 f. 参照。ただしこの解釈は可能的経験世界の唯一性を主張する超越論的観念論本来の立場を弱めることを意味する（『純粋理性批判』B 283）。

（5）カントのア・プリオリ概念の問題点については山本 2010 a：177 参照。カントにおけるア・プリオリ概念の成立過程については、山本 2010 a：第五論文参照。

（6）ただし認識の体系的統一性をホーリズム的に理解すればこの限りではない可能性がある。カントの同時代でこの戦略をとった哲学者に、ランベルトがいる。山本 2010 a：第一二論文参照。

（7）キッチャーによれば、カントは「科学的実在論」と「反実在論」との「中間の道」をとった。Kitcher 1986：204. この問題については Horstmann 1998；Rauscher 2010 も参照。

（8）これに対して因果作用の規則的継起説はマルブランシュの予定調和説に親縁的である。周知のようにヒュームはマルブランシュの哲学に親しんでいた。

(9) つまり恒常的相伴としての因果関係に関するカントの哲学的議論は力概念抜きで理解できる。第二類推論の分析に関しては、山本 2010 a：第八論文参照。

(10) カントの可能的経験世界からは確率論的・統計論的テーマも捨象されている。ためにカントではこれらの問題に関する理解が乏しいという指摘が見られる（Madonna 1987：39；Krüger 1987）。カントの理論哲学の決定論的性格からすればこれは当然のことかもしれない。これは大きくは当時のニュートン力学の決定論的世界観に、さらにはライプニッツ＝ヴォルフ哲学における充足根拠律（カントでは第二類推論に継承されている）に影響されたものである。しかしながら古典的確率論を完成させたラプラスが決定論的世界解釈をとっていたことを考えれば、これだけでは確率・統計的思考に対するカントの消極的態度の説明としては十分ではない。このことはさらに因果カテゴリーによる現象世界の構成というカント認識論の構成主義的方法にも起因しているであろう。しかし確率論に関するラプラスの古典が公刊されたのは一八一四年であり、統計的思考が「偶然を飼いならし」はじめるのは一九世紀に入ってからである（ハッキング 一九九〇年）。むしろカントがすでに双方に関心を示していたことにも注意が向けられるべきであろう（『純粋理性批判』B 848,『世界市民的見地における普遍史の理念』全集第14巻3頁、Ak. 17）。

付記：この問題はまた「理性と経験の結婚」（山本 2010 a, 索引参照）という観点から統一的に捉えなおすことができる。ライプニッツの「道徳的確実性」（Madonna 1990, 2001）、ヴォルフの「疑いの余地のない経験」あるいはそれを前提にした特殊な「論証」概念（Madonna 1987, 山本 2013）、ランベルトの「発見的証明」（山本 2010 a）、そしてカントでは「ア・プリオリの総合判断」。これらはそれぞれこの「結婚」の有り様をめぐる問題として理解することもできる。とりあえずここではカントのア・プリオリの総合判断概念に即してこの点を一瞥しておきたい。他の三人の哲学者に比してカントはかなり特異な位置を占めていることが分かる。というのもカントを除く三人の哲学者はそれぞれ、理性概念が蓋然的思考を包括しうるようにそれを拡大深化させることで「理性と経験の結婚」を成就させようとしたが、カントは一人この点で例外であったからである。既述のようにカントは蓋然性の論理学の可能性を結果として十分に受容しなかった。蓋然的推理に対するカントの及び腰の姿勢は、認識の純粋性と必然性を支える原理とされるカント的な「ア・プリオリ」の概念から予想されるものであった。統計的推計の方法に示されるように、蓋然的認識はカント的な認識の純粋性と確実性とかなり異質である。ちなみに統計的推計の蓋然的性格を知るには、一例としてその帰無仮説法を古典論理学の帰謬法に対比するのがよいであろう。

カントもまた人間理性の有限性の自覚から出発してその認識論を構築した。演繹論のモチーフのひとつはここにある（山本 2012 a, 152）。演繹論は有限的理性にとって可能な客観的・必然的認識の領域確定の問題である。とすればこれもまた「偶然を飼いならす」試みのひとつではあろう。しかしカントではそれは、偶然かつ雑多な経験を所与としてこれに「従い」それを「飼いならす」方策というよりは、特殊な認識原理を人間の側に求め偶然・雑多な経験をこれに従わせることによって経験認識の可能性を、いわば〝切り詰める〟という遣り方ではなかったか。たしかにカントは例えば『純粋理性批判』の「超越論的弁証論への付録」で、あるいは「超越論的方法論」（「私見、知識、信念について」）で、この種の問題に関わっているが、蓋然性の問題に対する同時代の哲学者の取り組み方に比して十分とはいえない。カントは蓋然的認識の問題を自らの可能的経験世界の周縁部分に放逐したのである。経験に対峙するカント的理性は、ア・プリオリの原理に立脚する構成的理性ではあっても、偶然の領域に確率論的・統計論的規則性を探究する分析的理性ではなかったということができる。なおドイツ啓蒙主義哲学における蓋然性の哲学の展開については、手代木 2012 参照。

（11）「たとえば自分でやると決めた愉楽は、それによってどれほど多くの損害が生じるかを教えられても、けっしてそれを放棄することのないほどに、きわめて堅固な決意と強い心をもったひとがいたとしよう。しかしそのひとは、そうすると職責を全うすることがない、あるいは、病父を看病することがないなどと考えて、はなはだ不承不承にではあるが、毅然として自分の決意を翻したとすれば、義務の声には抗しえないということで、彼の自由を最高度に示しているのである」（カント『人倫の形而上学』全集第11巻245頁、樽井正義・池尾恭一訳、Ak. VI 382）。この箇所はキューンに教えられた（Kuehn 2001 : 94）。キューンによれば「病父の看病」はカントの経験に基づくのではないかという。

（12）この点はたとえばヴォルフの自然学との比較で興味ある対照をなす。ヴォルフでは「有機体」の問題も「メカニスムス」の原理にしたがって考察される（山本 2010 a : 86 f.）。ちなみに「メカニスムス」についてヴォルフは次のように説明する。「機械ということでわれわれは、複合の仕方に対応してその変化が運動によって生じる複合体を理解する」（ヴォルフ『世界論』第65節）、「可視的世界に存在するものに生起する変化を、それらのものの構造や、組織や、化合から、あるいは化合の仕方から運動法則に従って理解できる方法によって説明するものは、機械論的に哲学している」（同、第75節）。ヴォルフの自然学思想については、山本 2010 a：第三論文参照。

（13） もちろんデカルトの動物機械論のように、有機的存在者という格別の存在を認めない立場も可能である。ヴォルフも基本的にはこのデカルトの立場を継承する。有機的存在はヴォルフにとってその原義通りに「道具的存在」のことである。

（14） この点でカントは『自然宗教についての対話』の登場人物フィロ（＝ヒューム）よりも一層過激であるということができるのではないか。フィロはまだ「意図」によるこの世界の合目的性の説明に未練を残していた。この点については、山本 2003：15参照。これに対してカントは自然考察から神学的表象を排除するために「目的概念」を使用するという。目的の「原因性は、自然そのもののうちに求められなければならない」のである（全集第9巻41頁、Ak. V 382）。なお伊藤 2002におけるヒューム論も参照されるべきである。

（15） 「規定的判断力」に対する「反省的判断力」の関係が、〈説明〉に対する〈理解〉の関係に対応することについては、『判断力批判』第六一節の「説明」という語に対する訳者牧野英二氏の注参照（全集第9巻265頁）。

（16） カントは「発見的虚構」（B 799）という言い方をする。これは「経験の分野における体系的悟性使用の統制的原理を根拠づける」ものである。これは明らかに「反省的判断力」の管轄である。認識の体系化という概念を共通項として仮説的と発見的が結びつく。

（17） たとえばブルーメンバッハの「形成衝動」のように（『判断力批判』全集第9巻101頁、Ak. V 424）。なおカントの目的論は因果律についての哲学的分析と、生物学における因果律適用の限界の自覚から構想されているのであって、ダーウィンが批判の対象としたイギリスにおけるペーリー的な目的論とは文脈を異にする。イギリスではデザイン論争が典型であるように、宗教擁護の観点から目的論が正当化された。この点については、Lenoir 1987：Introduction. なお有機的存在者についてのカントの基本的戦略、およびブルーメンバッハに対する影響関係については、Lenoir 1980.

（18）ちなみにルクレティウスの『事物の本性について』（1021–1028）には次のような箇所がある。「なぜならそれぞれの物の元素がその配列に並んだのは疑いもなく、ある計画にもとづいてでもなく、先をみとおす精神によってでもなく、またそれぞれの元素がいかに運動するかを予定していたのでもきっとない、ただ多数の元素があらゆる仕方で位置をかえ、全空間を無限の過去から衝撃をうけてかりたてられ、ありとあらゆる種類の運動と結合とをこころみて、そして、さいごに到達した配置こそ、今全宇宙を形づくっているものであり、――」（岩田義一・藤沢令夫訳『事物の本性について』、筑摩書房、301頁）。

（19）発見法としての目的論の有効性、また目的論と機械論の両立性について、大塚 2010に教えられるところがあった。

（20）科学的実在論の問題については、内井惣七・小林道夫 1988 参照。進化論的に選択された認識が必ずしも真理の認識に関わるのではない点については、戸田山 2002、進化論と認識論の関係については、信原 1999、また科学の成功と科学理論の真理性（実在性）を短絡させる科学的実在論に対する批判としては、Laudan 1984参照。

（21）これは数学基礎論者の G. T. 氏の主張であるが、この典拠をいまつまびらかにできないのを遺憾とする。ちなみに直観主義数学がカントの構成主義的哲学に親縁的であることは、つとに指摘されてきたところである。

追記　本論文は「カントの「経験的実在論」」（『愛知』、神戸大学哲学懇話会編、2011　第23号）を一部改訂増補したものである。

第六章　パースのデカルト批判

伊藤　邦武

一　はじめに

アメリカの哲学者チャールズ・サンダース・パースの思想の一つの柱として、反デカルト主義があるということはよく知られている。それは人間の思考に関する「記号説」や信念の形成の論理に関する「懐疑論批判」として、主として認識論の領域で展開されたものである。パースはプラグマティズムの創始者であるばかりでなく、一九世紀の論理学革命の一方の担い手であり、物理学の変革の可能性も説いていた革新的科学者、哲学者であったが、その思想的方向性は、科学にとっても宗教にとっても中世のスコラ哲学における実在論をもう一度復活させる必要があるという、かなりユニークな発想を採っていた。彼にとっては中世末期の唯名論の登場が、近代哲学という誤った哲学を用意したのであり、デカルトの哲学も基本的にその延長上に位置するものと理解されていた。

私自身はパースの反デカルト主義についてはすでにいくつかの場所で書いているが、特に小林氏が湯川佳一郎氏と編集した『デカルト読本』（法政大学出版局、一九九八年）において、「デカルトとパース」という表題の論文で多少とも細かく説明、分析している。ここでは、この議論についてもう一度詳しく掘り下げるのは、あまり意味がないと思われるので、パースの哲学上の議論が内包していると思われるもう一つのトピック、「神の存在証明」に関するデカルト流の論証的なスタイルについての批判を紹介してみたい。その批判の要点は、パスカルにおけるデカルト批判とほぼ同様のもので、神に関する論証はたとえ形式的な整合性をもっていたとしても「心を打つところはない」というタイプの批判であるが、その議論にはパースの思考や探究についての理解も関与している。パースはこの議論を「これまで無視されてきた神の実在に関する論証（Neglected Argument for the Reality of God）」と呼んだ。たしかに、この議論には多少とも曖昧なところがあがり、そのためにこれまであまり議論されてはこないタイプの議論と言える。しかし、ここにはパースのような科学や数学への深い関心をもった哲学者における（反デカルト的な）神概念の擁護という興味深い問題がある。本章ではこれを紹介したいと考えるが、このテーマに移る前に、とりあえず背景的な説明として、パースによる認識論的なデカルト批判についても改めて一通り確認しておくことにしよう。

二　認識論

パースは一八六八年に『思弁哲学雑誌』という雑誌に、「人間に備わっていると主張されてきたいくつかの能力への問いかけ」「四つの能力の否定の帰結」という二篇の論文を発表した。これらは彼の公刊論文としてはもっとも初期のものであるが、ここで彼が批判の主対象としているのは「観念の知覚」という図式で描写されるデカルト流の認識モデルである。第一論文の表題で「人間に備わっていると主張されてきたいくつかの能力」と言われたものは、第二論文のタイトルでは「四能力」とまとめられているが、この四能力とは次の四つのことである。すなわち、「内観」「確実な自己認識」「記号なき思考」「物自体の認識」。パースはこれらの認識能力の想定を否定して、われわれの認識とは内的な観念の直観（内観）ではなく、記号的に媒介されたものであり、それゆえ物自体の直観でもないこと、また、認識が直観ではない以上、自我そのものの認識も媒介されたものであり、したがって不確実性を残すものであることを、主張しようとしたのである。

人間が使用している言葉や記号こそが人間そのものである。なぜなら、すべての思考は記号であるということと、人間の生とは一連の思考であるということから、人間とは記号であることが証明されるからである。[1]

これは第二論文からの引用であるが、ここには三つの命題が含まれている。（一）思考とは一つの記号作用である。（二）人間とは思考の連鎖からなるものである。（三）人間とは記号である。このうち第二の命題はロックやライプニッツも採用した考えであるから、パースの独創性は（一）と（三）にあることになる。

（一）は思考を本質的に三項的関係として見ることで、認識主体と対象の二項関係とする見方を否定しようという考えである（「直観」はこの二項関係の純粋な形態である）。記号（sign）とはあるもの（物理的な存在としての知覚可能な記号）が、ある他のものを指し示すことであるが、この指し示しは本質的に、記号を解釈する解釈者に何らかの解釈項（interpretant）を喚起するという仕方で生じるのであり、解釈なき直接的な二項関係は記号の派生的、二次的な特俊なあり方である。思考の生起とは記号の意味作用の成立であり、そこに三つの側面が関与している（たとえば、「犬」という言葉、現実のイヌ、「動物」「ペット」「番犬」などの解釈項）。

（三）は認識する自我が閉鎖的な内面ではなく、記号の推論的連鎖の課程に相即した流動的で、開放的なものだという考えである。認識の主体は記号を解釈的に使用することで記号の意味を展開させ、変化させていくが、同時に記号のほうの変化によっても影響を受け、その性格を変化させていく。というのも、記号の成立は独我論的なものではありえず、常に他の解釈者による解釈の自由にさらされており、従って記号の使用者としての主体も自己完結的なものではありえない。思考は記号のシステムのなかで意味をもち、システムとして発達する。同様に記号の使用者であり解釈者である思考の主体も、解釈の共同体のなかで自分の存在を確認し、その独自性、主体性を理解するほかはない。人々は互いに関係しあい、協働しあい、競争しあい、修正しあう。人間同士の関係はこのように記号同士の関係の複雑になったものである。

以上のような「思考即記号」の考えと、「人間即記号」の考えは、いうまでもなくパースの生きた一九世紀後半以降急速に自然な見方となった、大規模に組織化され、同時に常に改良と変換を期待されている「科学」の世界というものに、対応するべく考えだされた認識論である。諸科学は関係しあい諸理論も関連しあう。真理は一人の探究者の観念として存在するのではなく、知識の追求者の共同体において承認された「暫定的に真」として存在する。パースの記号論的認識論はこの科学的探究の世界のイメージをいち早く哲学的に解明しようとした試みである。

さて、パースのプラグマティズムとして有名な「意味分析の格率」は、右のような論文の発表されたほぼ一〇年後に、『ポピュラー・サイエンス・マンスリー』という雑誌（いまの『サイエンティフィック・アメリカン』のようなもの）に「科学の論理の諸解明」という連続論文の形で発表されたわれわれの信念（絶対的確実さが保障されていない認識）の内容をめぐる議論のなかで論じられたものである。

このシリーズ論文は全部で六篇あるがその冒頭の二篇「信念の確定」「いかにしてわれわれの観念を明晰にするか」が中心的なものであり、これらの論文の表題にも彼の反デカルト主義の考えが反映されていることが伺われる。

ここでのパースの議論の要点は、われわれの認識に絶対的な確実性を要求する認識のモデルは、現実の探究の文脈のなかでの信念の占める位置に関する誤った理解に基づいたものであるということ、また、信念の絶対的確実性を確保するという方向で認識の哲学的基礎づけを行おうとし、そのための手順として方法的懐疑を行おうとする認識論の企ては、同じく探究の文脈において果たす「疑い」「懐疑」の役割の意味について誤っているだけでなく、心理的にも不可能な要求をしているということである。

これらの二点は当然のことながら密接に結びついている。パースによれば探究とは信念から懐疑へ、懐疑から信念へと進行する連続的でダイナミックなプロセスである。われわれはさまざまな信念をもって生活しているが、その信念のネットワークに何らかの不審な点が生じれば、個々の信念を疑いに付し、それに関する探究へと赴く。探究が何らかの確固たる信念にいたれば、それが絶対的な確実性を保証されていなくとも、とりあえず既存の信念に代わる新しい信念として採用される。この連続的な探究のプロセスは、「われわれにとって疑いは不快であり、信念という行動への基盤の確保は快である」という、人間本性の傾向に基づいている。人間は行動を欲する。信念は行為を促す理由という役割を果たす。思考とは行動を計画するための熟慮のことであるから、もしも行動という文脈を離れた単独の心的な過程であったならば、単なる記号の機械的操作と等しいものになってしまう。行動という文脈のなかで疑問も生じ探究も生じる。この行動と探究の文脈のなかで、何もかも疑ってしまい、すべてに判断の保留を付けようとする過剰な懐疑は可能なのだろうか。パースはそれが不可能であると言う。

ある命題を単に疑問形にするだけでは、精神をして信念の確定へと駆り立てることはできない。そこには何らかの本当の、生きた懐疑（a real and living doubt）がなければならず、それをまったく欠いているなら、検討は無駄でしかない。……すべての信念を疑った人間が結局行きつく地点は、最初の信念を改めてすべて受け入れるという地点である。(2)

パースにとっては、懐疑は「生きた」ものでなければならず、単なる疑いのための疑いであっては意味がない。それが生きているということは、懐疑が探究という文脈のなかに一定の価値のある場所を占め、旧来の信念にかわる新しい信念を求めさせる機能を果たすということである。そして、旧来の信念が疑われている間も、懐疑からまぬかれた他の信念のネットワークがなければならない。このネットワークが特定の個別的信念と懐疑とを支える基盤であり、探究を可能にしている土壌である。いっさいの信念を全面的に白紙にしてしまう普遍的懐疑は探究の土壌を掘り崩してしまい、懐疑もろとも探究を不可能にする(ヘレニズムの哲学者たちが主張したように、それがアタラクシアという心の平和をもたらすという別の効能はあるかもしれないが)。

こうした背景的信念のネットワークの役割と、探究の文脈における懐疑にたいする具体的な動機づけの必要性を強調せずに、精神が純然たる意志の発動によって過剰な懐疑を遂行することが可能であるかのように考える思考法は、見方によれば一種の自己英雄視的傾向の露呈であると言えるかもしれない。デカルトが(あたかも律法にもとづく旧い約束から愛にもとづく新しい約束への転換を説いた、神の子イエスのように)アリストテレス的世界像をすべて白紙に戻すことによって、まったく新しい科学の時代を創設することができたというような筋書きは、知の転換の物語としてはドラマティックであり、また歴史における哲学の役割を鮮明に表現する手段としては有意義であるとしても、実際にはそうした懐疑を具体的に動機づけるものとして、地動説的無限宇宙像や機械論的人体の循環系理論など、さまざまな理論的進展によって大がかりな知の組み換えの必要性と可能性が前もって展望されており、哲学的懐疑の議論の方向性もまたそうした展望に即した形であらかじめ用意されていた、と理解するほうがよりリアリスティックであろう。

三　記号論的認識論の一般化としての現象学と神の存在証明

デカルトの認識論では、精神の主たる働きは知性と意志からなっている。人間の知性の能力は有限であるが、意志の能力は無限とも考えられ、この点で人間はある意味では神にも等しいものであるという。たしかに人間の意志の働きに大きな可能性を与えることは世界観として有意義であるかもしれないが、しかし、実際のわれわれの心の働きの分析としてはあまり現実味がないように思われる。パースが信念と懐疑のサイクルの理論を背景にして、意志による懐疑に大きな疑問を付したのも、ある意味では、その意志説の不条理さを突いたゆえであると理解することもできる。

しかし、思考の働きを記号という観点から見ようとしたパースの理論には、これ以外にも人間の精神の主要な機能についてのデカルト批判が含まれている。その出発点は、精神の働きを知性と意志という二本の柱からなるものと考えずに、知性と意志と感情の三部門から考えるという見方である。記号が三つの側面からなる過程であることはすでに触れたが、この三側面は記号の分類法としては、アイコン（図像記号）、インデクス（指標記号）、シンボル（象徴記号、概念記号）という三種類の分類法になる。そして、この三側面が意識作用と事象とに共通な現象一般についてのカテゴリー論として構想される「現象学」の立場から見られると、それらは「第一性、第二性、第三性」という形式的本性、カテゴリーとなる。第一性、第二性、第三性は存在のカテゴリーとしては、「質」「個別的因果」「習慣」、あるいは「自発性」「対立的作用」「法則性」であり、精神の働きとしては「感情」「意志」「知性」の働きに相当する。感情は何らかの質の出現ないし感受として意識の一項的な働きである。意志は何らかの実現へと働く意識の二項的な作用である。そして知性は、その典型的現れである推論的思考において明らかなように、媒介的な三項的なプロセスである。世界は記号的な存在性格をもち、意識も記号的に一項性、二項性、三項性をもつ。現象学とは外的な世界にも思考の世界にも共通の要素を見出す普遍的な学であり、精神と世界とに共通するカテゴリー、普遍的エレメント（元素）を分類し関係づける形而上学である。

さて、知性と意志の他に感情を認めることがパースの哲学にとってもつ意味は、精神のこの次元の原初性を認めることで、美的な感情についての分析が哲学システムの中で大きな意味をもつことができるようになることにある。このような発想は、大雑把にいえば、理論理性と実践理性のほかに反省的な判断力の働きをも認めたカントの図式に従ったものであるとも考えられるが、厳密な意味でのその理論的源泉は、カントとゲーテの美的判断論をともに批判したフリードリヒ・シラーの『美学書簡』にある。シラーによればカントの道徳的自律と自然法則への従属という二律背反は、「遊戯情動」にもとづく感性の自由な戯れがもつ「自由な世界を開く」という根源的働きによって克服される。

詳細は省くが、パースにとっては「感じ」としての美や醜の感得は、他の精神の機能の複合や応用に還元されない、独立で独自な原初的意識の働きであるとされる。それは「想定される選択肢にたいする無動機的な選択の自由」という意味での無差別の自由ではなく、無意志的な感情の戯れ、純然たる始発的な意識の現前から生まれ出る感じの感得である。（「感じ（feeling）」を日本語で「感情」と表現すると、デカルトなどの「情念」との区別が曖昧になり、両者の理論には大差がないようにも見えるが、実際には感じは情念という意味での感情ではない。というのもデカルト流の情念は「愛憎」や「恐怖」などのように、外的な対象からのプラス・マイナスのインパクトを自らの精神の変容「として」内側に感じるような、複合的、反射的な意識過程であるが、感じ、感情のほうは、対象への関心のベクトルにかんして白紙で無記的状態から生じうる、純粋に質的な意識の発生であるからである。感じの本質は、新鮮さ、新奇さ、直接性にある)。

精神が抱く感じ、特に美的な感情の生起は、知性の推論的な働きをコントロールする論理的次元と、そのコントロールを可能にするセルフ・コントロールとしての意志の倫理的次元を超えて、それよりも深いところに働く精神的意味の次元である。パースはこの関係を、論理学が倫理学に基礎をもち、倫理学が美学に基礎をもつ、という形で表現する(「規範学」の理論)。これは記号としての思考や意識がもつ自己コントロール的な本質を説明しようとした図式において、感じという「意味の萌芽」の発生が果たす積極的な役割を説明しようとする理論である。

しかし、美的な感じの意識というテーマはこれだけには限られない。それがパースの哲学においてもつ一つの重要性は、「諸科学の体系性」の性格をどう考えるべきか、という科学論にかかわる問題である。パースによればすべての科学は「普遍学」として一元化されるのでもなければ、根と幹と枝、果実のように樹状に理解されるのでもない。また、それはコントのように明確な階層構造によっても特徴づけられない。物理学、化学から生物学、気象学、地質学、鉱物学などの無数の科学の相互の関係は、精神的、記号的な思考の一大ネットワークであるとも言えるが、そこには同時に、交響楽における種々の楽器の演奏にも比すべき「ハーモニー」の創出が伴っている。科学はその総体において単なる体系性を超えて総合的で音楽的な美を創出する。音楽的な美はピタゴラス・プラトン以来の哲学の伝統では、ある種の「数学」に還元される。音楽は調和についての学問の一つとして「マテシス」の一部門であるとされる。しかし、交響楽のもたらすハーモニーの美は、このような音階上の調和、空間としての和声のバランスの問題ではない。それは多数の異種的な音色からなるメロディーの時間的交差が編み出す、タピストリーとしての美である。科学の全体は星雲状であり、すべてがタピストリーの模様のように交差した美の世界である。これがシラーから彼が引き継いだ「科学の美的眺望」という考え方である。

そして、美的な感情を重視するパースのさらにもう一つの適用例は、この科学の美的眺望という直感的なアイディアを、より形而上学的次元にまで拡張したものともいうべき、神の存在の「証明」に関する議論のほうに現れている。

神の存在はいかにして証明されるのであろうか。これはいうまでもなく哲学史を貫く最大級の主題の一つと言ってよいであろうが、パースは神の存在は「論証（argument）」として確立されるのではなく、「議論（argumentation）」によって強く示唆されると言う。カントは神の存在は理論理性にとっては論証の枠外にあるが、実践理性によって「要請」されるといった。パースはむしろ自然神学的証明や合目的性の仮説的想定などに近い発想をとって、神の存在は「感じられる」ものであるとする。ただし、この感じを自然の経験そのものからダイレクトに感受するのではなく、心のうちなる観念の宇宙への注視を通じて知らず知らずのうちに感得するというのである。

パースによれば、論証とは前提を出発点にして規則にのっとった推論を行うことで、「一つの確固たる信念にいたる」ことである。これにたいして、議論はいくつかの「確固たる仕方で定式化された前提から出発した」心の自由な試行錯誤の働きである。神の存在にたいする議論はその結論として確固たる信念を最終的に提供することはできないが、それでも（1）誰にとっても理解可能な内容をもち、（2）一定の結論をもち、（3）それぞれの実際の生に適用可能であり、（4）人間の最高の成長の糧となることができる。それは「神が実在することは確実である」とは結論しない。しかし、神が「何であるか」にかんして一定の結論をもたらす（2）ことで、われわれの人生に適用可能であり（3）、成長の糧となる（4）。

われわれは自分の心のうちなる観念の世界に自由に遊ぶことができる。それは第一性としての本能、印象、感情から、第二性としての意志、第三性としての概念的な観念、象徴としての記号にまで及ぶ無数の種類の記号の世界である。われわれはまた、このような記号どうしの結びつきやそれらがさまざまな形で組織化し、体系化し、大規模な記号の宇宙へと渦巻いていることを覗きこむ。それは心のなかに映し出される、物理的な宇宙の進化、進展の過程のアナロゴン、類比物としての記号の宇宙である。

われわれはこの記号の宇宙のなかで自由に心を遊ばせ、さまざまな記号どうしの結びつきと発展の様子を深い感銘をもって眺めることができるが、パースはこうした心の働きを「瞑想（Musement）」と呼ぶとともに、これこそが本来の意味での「省察（Meditation）」であると言う。

自分のもっている瞑想という小舟に乗りこんで、思考の湖へとこぎ出してみるとよい。……そして、自分の周囲や自分のなかに潜むものへと目を開き、自分自身と会話してみるのである。それこそが省察ということの一切なのだから(3)。

この瞑想の作業は三段階の過程を経ることで、神の実在ということにわれわれの注意を赴かせ、その実在はきわめて蓋然的であり、実在を信じることに価値があり、それが科学的探究にとっても有意義であることを確認させる(4)。

第一の論証：三つの種類の宇宙についての瞑想と、それらの間の関係への瞑想、そしてそれらの「成長」についての瞑想は、おのずからその「創造者」としての「神」の実在性という仮説をもたらす。というのも、すべての実在とその結びつき、その成長にはそれぞれのレベルで、それぞれの存在様相に応じた「秩序」というものがあるが、こうした時間のうちなる無数の秩序や習慣にたいして、それらを生み出す「超秩序」「超習慣」が時間の外にあって、それらを形成し、成長させていると考えざるをえないからである。神とはこうした超習慣、超秩序を思念することでそれを現実化へと赴かせる精神であるにちがいない――。これは三種類の宇宙の起源や、その進化と成長の過程への熟考において自然に生じる瞑想の「沈殿物」としての神の観念である。このような議論は論証という観点からすれば、瞑想、省察という精神の実験が与えてくれる神の存在についての「つつましやかな論証(humble argument)」である。とはいえ、この仮説は瞑想者にたいして、この仮説にあうように「瞑想者の行動を形作っていくような魂のもっとも強烈な、生き生きとした決定(Bestimmung)を生ずるものである」ことを感知させる。その意味では、この論証は十分に生きた議論であり、生への適用性をもった信念を生むことのできる議論である。

第二の論証:こうしたつつましやかな論証が自由な瞑想の自然な成果であることを反省してみると、このような沈殿物としての神の観念の訴求力を生み出しているのが、「その観念の美しさと敬慕に値する美しさ」にあることが分かる。三種類の宇宙の創造者としての神の観念は、瞑想し省察する者の精神を「恍惚とさせる」。省察において感知されるこの美的感じの要素こそ、これまでの伝統的な自然神学的「論証」において「無視され」、なおざりにされてきた神をめぐる議論の側面である。従来の自然神学的な神の論証においては、自然という大規模な機械仕掛けの装置の作者や、無数の目的論的調和の技巧を発揮する作者としての神の存在が想定されてきた。これはすでに与えられ、美しい調和と精巧さ、精密さをもって永遠に運行し変化している自然世界の作者、超絶的な技巧者としての神の観念、イメージである。この場合驚くほど美しいのは自然そのものの細部であり、自然の作者のあり方、デミウルゴスの姿ではない。しかし、宇宙は実際には、永遠に運行し続ける機械でもなければ永遠の生をもつ宇宙霊魂でもない。宇宙は無から生まれ発展し最後には終末を迎えるかもしれない進化する無限大スケールのシステムであり、その秩序の作者たる神はこの交響楽の作者にしてコンダクターである。われわれは自然の美とともにその作者の美を感得し、それに魅了される。宇宙という藝術的美の作者の観念は、それ自体としてわれわれを恍惚とさせる力をもつのである。

第三の論証：これは第一の論証と第二の論証を包み込み、防御する論証であり、科学的探究において追及されている「世界の合理的理解」という事態についての反省から得られるものである。ふつうに考えれば、宇宙の創造者が自然に生じる観念であり美的な観念であるとしても、それはあくまでも主観的な感じの次元での説得力しかもたず、それ自身としては客観性や、誰にとっても説得的であるという意味での論証としての力は持ち合わせていない。そのために、それは「つつましやかな論証」でない可能性さえあるように見える。しかし、これは観念の主観的感じがもつ役割についての誤った理解から生じた偏見である。

神は時間の外にあっていっさいの存在から独立しているがゆえに、矛盾という次元をも超越している（矛盾はあくまでも現実存在の不可能性という意味で現実存在と相即的である）。その神が超秩序を思念することで、時間のうちに具体的なさまざまな秩序や法則の誕生という帰結をもたらすとすれば、神は超秩序から個別の秩序や一様性へと移行する力を、その超秩序にもたせることができなければならない。つまり、神は精神としての超秩序が具体的な法則、秩序、一様性へと「肉化」する契機を付与する必要がある。これは神においては精神が物質へと転化する契機をもたらすという意味で、世界にたいして自己犠牲的な愛、アガペーのモーメントを与えているということであり、われわれが神の観念に美を見出し、恍惚を感じるのは、そのアガペーの働きに直接に感応するからである。したがって、美の感得としての主観的感じの経験は、けっして実体のない無意味な経験ということではなく、愛の経験としての内実をもったものである。

それと同時にしかし、精神の論理から物質の論理への移行ということは、われわれ人間があらゆるタイプの「合理性」ということを理解する際に暗黙のうちに前提している原初的な理念であり、これなくしては合理的説明ということそのものが成立しないプロト観念、原概念である。世界の無数の現象は法則的な視点、一般的な側面、普遍的角度から理解されるときもっともその真実の姿を示す――。この考えは、あらゆる知的探究の大前提として働く原概念であり、これを否定する立場はあらゆる事象が個別的で、断片的、非法則的であるとする唯名論である。しかしながら、さまざまな事象の普遍的側面の追求の否定は現象の合理的理解の否定そのものであるから、唯名論はおのずから懐疑論へと進むことになる。これにたいして、他方、すべての現象が法則的であるという場合の法則性の理解それ自体は、本来、思惟の法則性、精神の推論の形式化可能性の理解にその源をもっている。したがって、合理的説明への欲求と精神の物質への投影の欲求は等根源的である。世界の合理性への要請は実在論的世界観を要求し、実在論的世界観は精神の肉化の可能性を暗黙裡に前提している。したがって、神による世界へのアガペーの働きの付与は、われわれの探究への欲求という事実の核心において認められているのである――。

さて、パースの瞑想に発する神の存在に関する「議論」のあらましは以上の通りである。この議論がどれだけの整合性をもつ議論であるかについて、ここで詳細に検討することはできない。ここではただ、この議論が科学と宗教的信念との結びつきについていかなる洞察に立ったものであり、いかなる意味で反デカルト的な意義をもつ議論であるかということについてだけ、簡単に論じておくことにしたい。

まず、科学と宗教あるいは神への信仰の関係は、次のように考えられる。これらは精神の同じ働きを出発点としながら、正反対の方向へと展開する精神活動である。科学と信仰とが同じ出発点をもつというのは、それがいずれも「自然な仮説」から出発するからである。神の存在という仮説は心の働きを内的に瞑想する精神がおのずから採用したくなる宇宙の創造者という観念である。それは人が本能的に信じてしまう、きわめて自然な観念であり、もっとも抵抗を感じることのない感情である。しかし、科学的探究の出発点にも自然な仮説への信頼ということがある。ガリレイのいう自然な仮説とは、人が思いつくことがもっとも容易で、信じることが自然な観念ということであり、それは本能が示唆する観念ということである。自然な観念はほとんど不可疑であり、精神に直接的に訴えるという意味で、知覚とほとんど変わりがない。それは、その観念を「見ることがすなわち信じることである」という意味で、感覚的知覚と同様のものであるが、ただ、それを受け取るのが感覚器官ではなく、本能であり心（heart）であるという違いがある。

たとえば、神の観念は、直接的な経験から来るのでなければ、どこから来るというのであろうか。それは、正しい、あるいは誤った、何らかの推論からの帰結とでもいうのであろうか。……そうではない。神についていえることは、目を開けよ、ということである。目を開けるなら、あなたの心が、それを見るであろう。心も知覚の器官であるのだから(5)。

もちろん、科学的探究は本能的に示唆される仮説から直ちにその確信へと向かうというわけではない。科学的探究は仮説を形成し、演繹し、帰納的に検証する。それは三種類の異なった推論が順番に適用される連続的な過程であり、しかも、その推論のサイクルがどこまでいっても終わることのない永続的な過程である。というのも、演繹的推論とは異なって帰納的検証のプロセスには全面的な確証の時は訪れず、仮説の修正と検証、仮説の改訂と検証の過程はどこまでも続くからである。したがって、個々の科学的探究の結果をまって行動の基礎とすることは、実際問題としてはできない。終わりなき探究者の共同体の永続的推論の遂行は、それが暫定的に与える結論がいかに形式的な厳密性を具えているとしても、具体的な状況下で、その行動選択が本人にとって決定的に重要であるような問題にかんして、個々の人間の厳密な行動を導くにはあまりにも不確定であり、可謬的である。逆に、宗教的信念は、その概念的内容がきわめて漠然とし、まったくの曖昧な内容しかもたないとしても、生における個々の行動のガイダンスとして十分に役立つだけの、確信性をもっている。概念的に明晰であるということと、行動への具体的な適用可能性は反比例している。科学と信仰とはこのような意味で、同じ出発点をもちながらも、逆の働きをするのである。

(この議論は、科学が行動への基礎となることはまったくない、ということでは全然ない。反対に、科学は非常に長い年月の探究のプロセスを経るという大きな遠回りをして、人間の行動へとアドヴァイスすることができるようになる、と言っているのである)。

さらに、神の信仰を本能と感情に帰着させるパースの議論は、神の本性にかんして次のような洞察を与える。神とは愛(アガペー)である。あるいは、愛こそが神の働きの本質的な様相である。神の存在を信じるということは、この愛の働きを直接に感じ取り、経験するとともに、社会における人間のあり方についても、宇宙の進化の過程についても、愛の作用の偏在へと目を開くということである。(6)

パースの愛の理論は、「進化」という形成の論理と密接に結びついている。彼の時代のもっとも著名な進化論はいうまでもなくダーウィン主義であるが、パースは偶然と自然「淘汰」とを基礎にしたダーウィン型の進化の解釈が、宇宙形成の論理としての形而上学にとっても、社会の進化の論理としての道徳論にとっても、不十分であると考える。宇宙における進化とは偶然の海から法則の完全支配へといたる、コスモスの形成の論理でなければならない。これは、まったくの偶然的事象の乱立から決定論的必然の世界へと宇宙が大きく展開し、根本的に進化するということであり、そこには偶然と必然性を架橋する連続性の理論が働く必要がある。この連続性は、精神にとっての合理性、ないし論理的整合性から物理的因果性への進化であり、そこに精神における自己犠牲的な働き、自己の滅却による外的世界の完成というモーメントが働いている。宇宙における神的なアガペーの働きとは、この論理的整合性の世界から物理的必然性の世界への進化ということである。

他方、社会における人間どうしの愛の働きは、「貪欲の福音」の拒否という形で現れる。生物における環境の淘汰の圧力という考えの源は、マルサス流の、富に関する経済的循環メカニズムの下での人口の淘汰という発想にある。この発想を支えているのは、自己利益の追求に専心する「経済的人間」という概念である。パースによれば、ダーウィンの説は「ポリティカル・エコノミー的な進歩観を動物ならびに植物の全生活領域に拡大させたもの」であるが、それは自己利益の追求という経済的人間の欲求それ自体の合理性を説明できないだけでなく、社会において実際に働いている愛の作用をますます無視するようになるという、そのブーメラン的な効果においても有害である。人間の精神的進歩は互いにその価値を認めあい、協働して困難に立ち向かうということではじめて可能になる。それは信仰箇条ではなく、愛という経験にもとづく「精神の教会」の建設であり、いわゆる科学的探究の共同体というものも、この教会を作り上げる一組織として理解されるとき、真にその価値を明らかにするようになる。愛としての神の直接的な経験は、貪欲の福音に惑わされることなく、われわれの精神的進歩を促す働きをもち続けるという意味で、真にプラグマティックな意義をもつのである——。

さて、こうしたアガペーとしての神と、その神にたいする感情的共感、讃嘆の念にもとづく信仰という思想に比べたとき、デカルトの存在証明が光を当てる形而上学的な神は、人間における愛への行動を積極的に支援する存在といえるものであろうか。デカルトにおいてももちろん神は愛であり、われわれの日々の幸福を保証することが期待できる神である。デカルトにおいても、われわれは神に比される意志の力の大きさに見合った形で、自己の精神の大きさ、寛大さ（magdanimite）というものを感知する存在であり、その限りで、度量の広さ、精神の気高さという意味での道徳的徳に大きな価値が認められている。とはいえ、寛大さと愛とがまったく同じものであるかどうかは、議論の余地のあるところであろう。

デカルトの神は、「最完全性」という概念的規定と「欺瞞」という行為との両立不可能性を理由にして、われわれの真理の確実性、客観性を保証するとされる神である。しかし、それが「(ひょっとすると)欺いている(かもしれない)神」の存在を考慮する過程で、その否定の結果として現れてくる神だとすれば、それは単に知的で概念的な神の存在の観念であるというだけでなく、欺瞞者ではないという否定的な特徴を付与された神という意味でも、何がしかの不安を残す神であるともいえよう。この場合に神がわれわれにもたらしてくれる諸々の恩恵は、神の存在が知性的に論証されるものとされているために、かえってわれわれが直接には感じることのできない、大きな「神秘」とされてしまっているように思われるのである。

＊

文献

パースからの引用は、Hartshorne, Ch. and P.Weiss eds., *Collected Papers of Charles Sanders Peirce*, Harvard University Press, 1934–35(CP 以下 vol./ article を略記する)。

『パース著作集3　形而上学』、遠藤弘編訳、勁草書房、一九八六年。

伊藤邦武　2006 a『パースの宇宙論』、岩波書店。

伊藤邦武　2006 b「チャールズ・パースの「アガペー主義」」、『宗教哲学研究』、二三号。

注

(1)　CP 5.314.

（2）CP 5.376.
（3）CP 6.461.
（4）以下の議論はパースの生前最後の発表論文である「これまで無視されてきた神の実在に関する論証」（一九〇八年）に見られる。この論文の翻訳は、遠藤弘編訳、第五章「神の実在性」にある。
（5）CP 6.493.
（6）以下のパースのアガペー論の詳細については、伊藤 2006 b、および伊藤 2006 a：第三章「連続性とアガペー」を参照されたい。

第七章　ベルクソンとデカルト

安孫子　信

一　ベルクソンと近代哲学

ベルクソンのさまざまな議論をデカルトの議論と重ね合わせてみるとき、両者の間にはパスカルとデカルトとを隔てているのに等しい距離をしばしば感じざるを得ないことになる。パスカルとデカルトとの間の「繊細の精神」と「幾何学の精神」との対立は、ベルクソンとデカルトとの間では、たとえば〈時間の哲学〉と〈空間の哲学〉との対立として現れてくる。そしてパスカルのデカルトに対する厳しい言葉はよく知られている(1)。しかし、ベルクソンがデカルトについて語るとき、彼がデカルトを批判することはまずない。むしろデカルトへの称賛が語られる(2)。デカルトとの関係での、この本来あるはずの対立と、称賛とは、ベルクソンの中でどのように折り合わされているのであろうか。

ところで、それがどのようにであれ、ベルクソンがデカルトについて語るとき、デカルトは哲学の歴史の中に位置づけられて語られている。ベルクソンのデカルトに対する態度も、ベルクソンの哲学の歴史に対するより広い態度の一角をなすものである。そうであるから、デカルトについてのベルクソンの直接の言葉の吟味の前に、まずは少し大きく、ベルクソンが哲学の歴史を、とくに、近代の哲学の歴史をどう見ていたのかを確認してみたい。実際、生命の哲学であるベルクソンの哲学も、見かけ以上に歴史について語るものであった。生命や進化について語ることは、彼においては、それらが歴史的にどのように語られてきたのかを語ることと切り離されていないのである。そして哲学の歴史をかなり大きく巻き込んでいる『創造的進化』においても、近代の哲学が古代の哲学との対比で語られている。『創造的進化』で「古代」や「近代」といった表現に意味と内実を与えているものは何なのか、それがまずは問題となる。

二 「理論的錯覚」

ベルクソンは『創造的進化』第4章で、古代から近代にいたる――すなわち、プラトン、アリストテレスから、デカルト、スピノザ、ライプニッツを経て、カント、スペンサーにいたる――「諸体系の歴史」の「一瞥」(EC 272) を行っている。その「一瞥」の中で、近代の哲学はどう捉えられていたか。

まず気がつくのは、近代の哲学がそこで何か特別なものとして扱われているわけではないということである。古代ギリシャ以来一貫して変わらない哲学のあり方こそが、むしろ問題とされるのである。ベルクソンは別の場所で、自らに先立つ哲学の全体に触れて、「哲学が、予見できない新しさの絶えざる創造を率直に認めたことは一度もなかった」(PM 115) といった断定を行っている。『創造的進化』第4章が目指すのも、「他のもろもろの哲学と対比させることで、持続のうちに実在の生地そのものを見る哲学［ベルクソン哲学］を、より明確に規定していく」(EC 272 以下を含め［ ］内は引用者) ということ、すなわち、自らの「持続」の哲学を先立つ哲学全体との対比で際立たせていくこと、なのである。

哲学史全体を相手取るこの作業の大筋を示せば、それは以下のようなものである。まず、行動することと実在の本性を考察することとは本来別物であると指摘され、次いで、もっぱら行動のためである知性の「静的習慣」（EC 274）が実在の本性の考察にも入り込んで、二つの「理論的錯覚」（EC 272）を生じさせたこと、そして、その二つの「錯覚」が古代以来、哲学を一貫して支配してきたことが示されるのである。

「理論的錯覚」の一つは、「空虚から充実に」と進む思考の習慣からのものである。行動の場面では「自分に欠けていると感じられるものの獲得」（EC 273）が問題であり、行動は「空虚を満たし、空虚から充実へ」（EC 273）と進んでいく。行動の準備を旨とする知性も「空虚」をまず置くという「静的習慣」を採用している。ここでの「空虚」は自分の求めているものがないという、「行動の人」（EC 301）にとっての「空虚」であり、彼の不満に相対的である（実は、他の何かは必ずある）。ところが、知性のこの習慣が、行動の場面を超えて実在の本性を探る哲学の作業にまで及ぼされるとき、精神は「空虚」を絶対視し、「絶対無」（EC 295）を想定して進むことになる。存在論の根本的な問い――無であってもよいのになぜ何かが存在するのか（cf. EC 276）――も、認識論の根本的な問い――まったくの秩序無しであってもよいのになぜ秩序が存在するのか（cf. EC 221）――も、ともに絶対的な「空虚」（「無」）を背景に置いている。しかるに「空虚」の想定は、行動の文脈で、行動が求めているものと相対的にのみ有意味だったのであり、「絶対無」は精神の操作がもたらしているただの「擬似観念」（EC 277, EC 296）―無意味な「声の吹き出し」（PM 107）―にすぎないのである。こうして、それに依拠する存在論・認識論の根本的な問い――「めまいに襲われることなしに見つめ得ないような問い」（EC 275）――も単に「擬似問題」（EC 277, EC 296）にすぎないということになる。古代以来、存在論や認識論という名の下で哲学が繰り返してきたことも、「擬似問題」との格闘以外のなにものでもなかったのである（PM

105)。近代の哲学もその例外ではなかった（EC 277）。

同様のことが、「不動によって動を」という思考傾向に伴う「理論的錯覚」からもまた言われることになる。「行動においてわれわれの関心を引くのは結果」（EC 298）である。行動をつかさどる知性もまずは「結果」に向かい、「結果」を「不動なもの」として表象していく。その際、知性は「この結果がはめ込まれる環境」（EC 299）をもやはり「不動なもの」として捉えて、そこに「動」から切り取った「固定的な眺め」（EC 301）、すなわち、名づけうる「性質」・「形態」・「行為」（EC 303）を布置することになる。物質の利用、つまりは行動が問題である限り、知性による「不動なもの」のこのような布置は自然なことであろう。しかしながら、物質の利用から離れて、実在（持続、生成）の本性の考察へと向かうとき、そして、「不動によって動を考えうると信じる」にいたるとき、人は「錯覚」に陥るのである（EC 273）。「動は不動からできている」というのはそれ自身「不合理命題」（EC 307）であり、「動」を捉えるには、「不動」を介するどころか、その内にわれわれは「一挙に身を置かなければならない」（EC 298）のである。ベルクソンは、不動のスナップ写真をフィルム上に並べてそれで動を模倣しようとする映画の技法を引き合いに出しつつ、「不動によって動を」というこの「錯覚」を、「思考の映画的メカニズム」と名づけている（EC 304 以下）。「絶対無」を言う先の「錯覚」が、そのような「無」への対抗上、究極的な形で「不動なもの」（'A＝A'といった論理的本質）を持ち出すのを常としたこととも相まって（EC 277）、「不動」に頼るこの「錯覚」は、哲学史をあまねく支配することになった。そして、この「錯覚」の支配下にあるということでは、古代のイデアの哲学も、近代の機械論的哲学も、互いに「目に見えぬ糸」（EC 328）で結ばれた同類なのである。

こうして、「理論的錯覚」の支配という点から見るとき、古代以来の哲学の諸体系間にさしたる違いはない。哲学は進化しておらず、哲学史と言っても、そこには二つの「錯覚」から生じた大同小異の誤謬の山があるだけ、ということになる。それにしても、ベルクソンにとって、哲学史はそこでただ誤謬が確認されるだけの、「持続」の哲学への反面教師以外の何ものでもないもの、なのであろうか。

三　「直観」

このことへの別の観点からの回答を、われわれは『創造的進化』第3章に見いだすことができる。第3章後半で、「生命を伝えつつ物質を貫いていく流れ」（「純粋な意志」）が論じられる箇所で、この「流れ」に身を置きつつ「生命一切、物質性一切の原理」に到達することは不可能なのか、という問いが発せられている（EC 239）。この問いへのベルクソンの答えは以下のようなものである。「不可能ではない。哲学史がそれの証人である。永続している体系で、少なくともその何らの部分が、直観によって生命を与えられていないようなものはない」（EC 239 傍点引用者）と言われている。

ここでの議論では、哲学体系は「直観（intuition）」と「弁証法（dialectique）」という二側面を持つものとされている。「弁証法」は「直観」をふるいにかけ、概念化し、他の人々に伝えていくのに不可欠である（EC 239）。しかし他方で「弁証法」は「直観」とは「逆方向」を向いており、観念と観念とを結び「直観」を維持していこうというその努力のただ中で、実は当の「直観」を消失させかねないものなのである（EC 239）。いま見てきた「理論的錯覚」が関わるのも、この「弁証法」の側面であった。それに対して「直観」は「生命一切、物質性一切の原理」に到達しえていて、体系に「生命」を与えている当のものである（EC 239）。それは、「体系以上に価値があり、体系以上に長く生き延びる」（EC 239）と言われる。こうして、哲学史を産出し、従ってまた結果として哲学史でわれわれが出会っているのも、体系ではなくて背後の「直観」なのである。近代の哲学、たとえばスピノザとライプニッツの体系について、ベルクソンは、それの背後に「活気と生命を与えているもの」（EC 346）の存在を認めているし、「両者、とりわけスピノザのうちには、体系をきしませる直観の推進力が存在している」（EC 346）とも語るのである。

こうして、哲学の「直観」の側面に焦点を合わせるとき、全体として、哲学史の存在意義は回復されてくる。とは言え、このとき、たとえば近代の哲学が、まさにそれとして認知されることになるのであろうか。ここで、ベルクソンは、一方では、「一つの真理しか存在していない。もしも直観が束の間を越えて長びきうるとするならば、それは……哲学者すべての間の相互一致を保証することになるだろう」（EC 239）と述べている。すなわち、「直観」は「一つの真理」の下に「哲学者すべて」を結ぶようなものであり、哲学は全体として「補われ改良されていく」（EC 192）もの、すなわち「共同的で漸進的なもの」（EC 193）と見なされているのである。ここには近代の哲学といった特段の切り取りを許すようなものはない。他方で、各々の哲学者の「原初的直観」（PM 124）ということで、スピノザを例にして、ベルクソンが述べるのは次のようなことである。すなわち、「スピノザがデカルトに先立っていたとすれば、われわれがスピノザ主義を有することになるのは間違いないことを書いたであろう。しかし、彼が生きて書く限り、彼はおそらくいま残されているのとは別なこと」（PM 124）。つまり、哲学の「弁証法」の側面は表面的に時代の刻印を受けるであろうが、「直観」の側面、すなわち「スピノザ主義」と言われるものは、時代を超える何かであって、スピノザが生年においてデカルトに先立とうが遅れようが係わらないと言うのである。「スピノザ主義」はことさらに近代の哲学として括られるべき理由を持たないということになる。こうして、「直観」ということから哲学史が一定の存在意義を回復するにしても、近代の哲学がそれとしてそれ独自の意味を得てくることにはならないのである。

四　近代科学

こうして「古代」から「近代」へといった飛躍的な歴史的変化をもたらしているのは哲学ではない、ということになる。それでは、何がその変化をもたらしたのか。それは科学である、と答えられている。たとえばベルクソンは次のように述べている。「近代科学は、動性が独立の実在として打ち建てられたその日に発足した。それが発足したのは、ガリレオが、斜面上で球を転がしながら、落下運動そのものをそのものにおいて研究しようと決意したその日においてなのである」（PM 217）。あるいは、「近代科学はガリレオとケプラーの諸発見をめぐって構築された。彼らの諸発見は近代科学に直ちに一つのモデルを提供したのである」（EC 333）。つまり、近代科学に関しては、こうして、その誕生の日付と、ガリレオやケプラーといったそれの生みの親の名前を特定しうる。科学においては「古代」と「近代」との時代区分をもたらす発明ないしは発見が、事実として行われたのである。

そして、近代哲学が古代哲学と区別して言われることになるのも、このような近代科学との結びつきによってなのであった。「われわれの哲学は、近代の天文学・物理学の偉大な発見の内にその出発点を有している」（EC 230）と指摘されている。すなわち、近代哲学はそれ独自の成立の業績を有してはおらず、先立つ哲学とそれが区別されるとすれば、それはただ近代科学の業績から何らかのものを借りてきた限りにおいてなのであった。

歴史的な変化の実際の発生をこのように、何より科学の進歩のうちに認める態度において、ベルクソンは、実証主義の流れに従っていると言うことができる。しかもベルクソンは、「古代科学は概念を扱ったが、近代科学は変量間の恒常的関係、すなわち法則を求める」（EC 332）として、概念つまり「実在的な類」（EC 229）

を扱う古代科学に対する近代科学の特徴を、量化された現象法則の追究のうちに見て取っており、この点においても実証主義の立場に忠実に従っているると言いうるのである(3)。

ただしかしながら、さらに、事柄の根本にベルクソンが見て取ることになるものは、実証主義の枠組みを超え出ていく。ベルクソンは「古代」と「近代」の科学の違いを「また別の面から」(EC 329) 見て、次のようにも述べるのである。「古代科学は、対象の特権的な瞬間に着目すればそれで、その対象を十分に知ったことになると信じたのに対して、近代科学はその対象を任意の瞬間において考察している」(EC 330)。すなわち、上から下へという落下運動を例にとれば、アリストテレスが「特権的な瞬間」として「二つの不動」、すなわち、「上」と「下」の概念を取り、それによって「運動」を説明できるとしたのに対して、ガリレオは「運動」そのものを「独立の実在」と見なして「特権的瞬間」に帰着させず、それを「任意の瞬間」において考察しようとした、と言われるのである (PM 217, EC 330)。「与えられた瞬間における諸要素の位置が知られているとき、任意の瞬間におけるそれら要素の相対的位置を決定すること」、これが近代科学の「理想的問題」となった、と言われる (EC 335)。つまりベルクソンは、「近代科学は、時間を独立変数として捉えようとする熱望によって定義されるべきである」(EC 335) とする。こうして「古代」と「近代」とを根本において分かつのは時間なのであり、古代科学においては「特権的な瞬間」によって区切られた「いくつかの時期」はあったが、その「時期」それぞれは「ひとかたまり」のもの、つまりは不動とされ、結局「時間は考慮に入れられていない」のに対して (EC 333)、近代科学では「時間は自然の分節を持たない」(EC 331) のであり、その限りで「持続」というものがそこでは確かに直観されていた、とされるのである (PM 217-218)。

しかしながら、近代科学が確かに把握したはずのこの「持続」は、ほぼ同時に手放されていく、と言われる。発見の行為は「一瞬」(PM 216) しか続かないのである。流動は深みから引き上げられるや、すぐに干からびさせられる（PM 218）。「物質の科学」はつまるところ「日常的知識と同様に進む」（EC 335）のであり、「常に瞬間、潜在的な停止、つまり不動を考える」（EC 336）ことになるのである。近代科学の「自然の分節」を持たない時間には、こうして、代わりに「任意の瞬間」での停止が持ち込まれることになる。その際、それら一瞬一瞬の任意の停止点は、古代科学における「特権的瞬間」同士がそうであったような「質的変化」で分かたれてはおらず、「量的変化」しか持たないであろう（EC 332）。また、停止点の表示は日常言語に頼ってはもはや行われえず、「特別に精密な記号」に頼ることになるであろう（EC 330）。しかしながらこのような違いも「本性の違い」ではなく「程度の違い」にとどまると言われる（EC 331）。そこでの記号も「実在の固定した相を決まった形式で指示」していることに変わりはないのである（EC 328）。こうして、結局ここでも目指されるのは「不動によって動を」捉えるということになる。出発点にあったはずの違いも一掃され、「近代科学も古代科学と同様に映画的方法に従う」ことになっていくのである（EC 328）。

近代科学は、こうして一方で「動性」を発見しつつも他方で「映画的手法」の使用に立ち戻っていくという矛盾した特徴を有するのである。そして、近代哲学が近代科学の影響下で成立していったとするならば、この矛盾を何らかの仕方で近代哲学が受け継いでいったとしてもそれは驚きではない。結果として、一方で「動性」に開かれ、他方で「映画的手法」に固執していく近代哲学の姿を、われわれはベルクソンにおいて確認していくことになる。ベルクソンがまず語るのは前者についてである。

五　「近代科学の形而上学」

『創造的進化』第4章でベルクソンはあるべきであった（しかし実際にはなかった）近代哲学の像を提示して

いる。その像は「近代科学が示唆する構想」（EC 343）と呼ばれている。すなわち、確かに「映画的手法」へと近代科学は後戻りしたが、「それにしても継起は存在し、私はそれを意識し、それは事実」（EC 338）なのである。砂糖水をつくるには砂糖が溶けるのを待たなければならない（EC 9, EC 338）。それと同じように、ガリレオが捉えた「落下運動そのもの」にも、「押し付けがましい、ある長さの心理的持続」（EC 338）が伴っていたはずなのである。運動ということで近代科学が問題にするのが、結局は軌道上に並列する停止点の数であり、それら停止点の間の間隔は「好きなだけ縮小可能」（EC 337）となるにしても、他方でこの「心理的持続」は「縮小不可能」（EC 340）なのであり、「すべてが一挙に与えられる」（EC 339）こと、事が全面的に決定されてしまうこと、を妨げているのである。そこにおいて時間は、「予見されえないもの、新たなものを自らに創り出している」（EC 339）。ベルクソンは、近代物理学が「持続」であるこの「創る時間」を、空間化された「長さの時間」で置き換えることで実際に成立していったことを認める。しかしだからこそ「そのような物理学と並行して、その物理学が取り逃がしたものを引きとどめるべき第二の種類の認識が構成されなければならなかった」（EC 341　傍点引用者）と主張するのである。あるいは、「ここ［近代科学］では時間の流れは実在そのものとなっており、研究されるのは流れいく事物なのだ」とした上で、「確かに流動する実在についてはスナップ写真が撮られるだけではあるが、だからこそ、科学的認識は、それを補うもう一つ別の認識に訴える必要があることになろう」と主張するのである（EC 343　傍点引用者）。ここで言われている「第二の種類の認識」あるいは「もう一つ別の認識」が「近代科学が示唆する構想」であり、あるべきであった（しかし実際にはなかった）「近代科学の形而上学（Métaphysique de la science moderne）」（EC 372）なのである。この「近代科学の形而上学」の内実はそれではどうようなものとなるのか。

　ベルクソンは、この「第二の種類の認識」においては「映画的方法」は放棄され、「われわれの注意の停止点でしかない時間の諸瞬間は廃止される」と言う（EC 341-342）。そこでは、「われわれは、生成の内部へと、共感の努力によって自らを導いていく」のであり（EC 342）、従来の「映画的方法」においては「動的な実在のたまたまの不動状態、つまりは、われわれの精神が捉えたそれの眺め」だけが保持されていたのに対して、そこでは、「うまくいけば、実在そのものがしっかりと掴み取られることになる」のである（EC 342）。そこでは、内部に身を置くこと、つまり直観ということによって、古代以来の外から眺めるという知性の方法は刷新され、「知性に直観を付け加える」ことが実現されていくのである（EC 342）。そして、そのことは科学と形而上学との関係をも一変させることである。古代においては、決定的に知るということでは「唯一の方法」（EC 344）しか想定されておらず、科学は形而上学を細分化しただけのもの、逆に、形而上学は科学を統合しただけのものであって、「両者はせいぜい同じ類に属する二つの種」（EC 344）でしかなかったのであるが、近代科学と結ぶこの「第二の種類の認識」においては、「科学は瞬間、つまり持続しないもののみを保持し、他方で、形而上学は持続そのものに向かっており、両者は、相補的ではあるが、対立する認識方法となる」（EC 344）のである。それまで科学の「後追い」だけをしていた形而上学が、そこではむしろ「［科学が］下る坂を［逆に］登りなおす」ことになる（EC 209）。「近代科学の形而上学」は、こうして、古代哲学とは「手を切って」いる（EC 344）。本来、ということで言えば、「近代哲学は近代科学と同等、かつ、はるかにそれ以上に、古代の考え方と反対方向に進む傾向を有する」（PM 219）ものだったのである。このようなのが、近代科学の本来の姿から発する、「動性」に開かれたあるべき近代哲学の像だったのである。

六　デカルトの「揺れ動き」

あるべきであったこの近代哲学は、しかし、実際には実現されなかった。ベルクソンによれば、「形而上学に関する、かくも新たな構想と伝統的な構想との間で、人が躊躇したのは当然だった」のであり、すでに開かれている「古い道」と進み得た「新しい道」の間で、続く哲学―すなわち、われわれが言う近代の哲学―がたどったのは結局「古い道」だったのである（EC 344）。ただしニュアンスが存在している。まずは「二つの道の間での躊躇」があった。「デカルト主義のうちには揺れ動き（oscillation）が認められる」（EC 344）のである。

デカルトの「揺れ動き」については、次のように言われている。「一方で、デカルトは普遍的な機械論を肯定する。……しかし他方で、デカルトは人間の自由意志を信じる。彼は物理的現象の決定論の上に、人間の行動の非決定論を重ね合わせる。……長さの時間の上に、発明や創造や真の継起の場である持続を重ね合わせる」（EC 345　傍点引用者）。あるいは、デカルトは、「［新旧］二つの道のどちらをも果てまではたどらないと決心して、両者を代わる代わるに歩んだ」（EC 345）とも言われている。ここでの「普遍的な機械論」や「物理現象の決定論」の内容は知られており、説明は不要であろう。しかしながら言われている、デカルトにおける「持続」、またそれと「自由意志」との関わり、これらには説明が求められよう[4]。

それへの手がかりとして、『精神（âme）の諸理論について講義』（アンリ4世校講義、1894年）の中のベルクソンの次のような言葉を引くことができる。「デカルトは精神を［永遠ではなく］時間のうちに置いた。……精神の安定性は持続によって定義されている。というのも、精神の連続的存在、それの実体としての性質は、精神が自らを捉える不断に更新される行為と一つのものだからである」（CIII 221　傍点引用者）。ここでは、デカルトは「精神」の本質（「実体としての性質」）を「持続」に、言い換えれば、「精神の連続的存在」、「精神が自らを捉える不断に更新される行為」に置いたと主張されている。すなわち、「思惟は自らにどこまでも『私は考える』と繰り返す、そして、そのことが、それが存在するということなのだ」（CIII 221）と言われており、ベルクソンがデカルトの「私は考える」で強調するのは「どこまでも繰り返す」という点である。これはデカルト自身の、「私はある、私は存在する。これは確かである。だが、どれだけの間か。もちろん、私が考える間である」（『省察』2 AT VII：27）に、特にその中の「私が考えている間」に、当てはまっている。ベルクソンに従えば、「私は考える、ゆえに私はある」の「私は考える」はまさに「持続」なのである。

そしてベルクソンが指摘するように、「この［私の］持続を、デカルトは［さらに］創造的行為を絶えず更新する神に依拠させ」ていく（EC 345）。すなわち、「どんなものも、それが持続する各瞬間に保存されるためには、そのものがまだ存在していなかった場合にそれを新しく創造するのに要したとまったく同じだけの力と働きを要する」（『省察』AT VII：49）のであり、精神そして世界の「連続存在」は神による創造の繰り返しの賜物なのである。こうして、「保存と創造とはただわれわれの考え方の上で異なるだけ［つまり、同じこと］」（ibid.）という、いわゆる神による〈連続創造〉の考えが示されていく。そして、まさにこの考えから、デカルトにおいては、「宇宙［そのもの］を、超人間的な知性なら瞬時にあるいは永遠のうちで一挙に把握するであろうような一個の所与と同一視すること」（EC 345）は起こらず、それとはまったく逆に、数学的真理や論理的真理（矛盾律をも含む）でさえもがその成立は瞬間瞬間の神の意志に依存するという〈永遠真理創造〉の考えが主張されていくことになる（「一六四四年五月二日メラン宛書簡」参照）。〈連続創造〉するデカルトの神においては、また意志においてはその神にも似るデカルトの「私」においては、金輪際と言う仕方で決定されているものはないのである。(5)

七　「蜜蝋の比喩」

さて、そうであるとして、デカルトが他方で機械論的決定論をも維持し、結果として、機械論（物体）と「持続」（精神）との間での「揺れ動き」（EC 344）状態に陥っていたこと、そのことはどう説明されるのであろうか。

デカルトの「私は考える」の「持続」が「揺れ動き」によって崩れて機械論へと転じていく様は、ベルクソンによって捉えられ、巧みに描き出されているように見える。『形而上学入門』の一節（PM 182 以降）は、そうは明言していないが、デカルト『省察』の「蜜蝋の比喩」の読み替えになっていて、この比喩を契機にして、『省察』における「私は考える」の「持続」が空洞化していった様子を描き出しているように見えるのである。ここで想定されているのは「はたらいていない（inactif）」（PM 182）人格である。つまりこの人格は、「諸状態を通り過ぎ終わっていて、その痕跡を観察するために［ただ］振り返っている」（PM 183）だけとされる。そこでは諸状態が分析されバラバラに「多数の状態」（PM 183）として記述されている。まず現れるのは「物質的世界から到来する知覚」（PM 182）である。それらは「互いにくっきりと区別され並置されたもの、あるいは並置されうるもの」となっていて、まとまって「対象（objets）」になろうとしている（PM 182）。次に「これらの知覚に付着しそれの解釈に役立つ記憶」が現れる（PM 182）。これらの記憶は「私の人格の奥底から切り離されて」きており、「絶対的に私自身ということはなく私の上に置かれ」ることになる（PM 182）。そして次にこれらの知覚と記憶に結びついて「対象」に差し向けられるのは、「もろもろの傾向、運動的習慣、潜在的作用」であるが、それらは知覚や記憶をさらに整序していくことになる。知覚や記憶はこうしてさらに「相互に区別」されていくが、「相互に区別されればされるほど、私とは別なものとなる」ようであり、「内から外へと向かって球面をなし、広がって外の世界に消失していく傾向をもつ」のである（PM 182）。

ここで描かれている事態は、「第二省察」での蜜蝋の話、すなわち、まずは味覚、嗅覚、視覚、触覚、聴覚で感じられ、次に「指先でたたく」、あるいは「火に近づける」といった運動の対象とされ、最後にはただ「広がりをもった、曲がりやすい、変化しやすい」ものと化していく蜜蝋の話と重なりあっている（『省察』AT VII：30 f.）。すなわち、ベルクソンとデカルトそのどちらにおいても、まず知覚され、運動の対象とされたものが、最後にただの広がりに化すプロセスが語られている。そしてベルクソンがその確認の直後に対極で精神を問題としていくように、デカルトにおいても「蜜蝋の比喩」では物体的事物の認識を越えて精神の認識が問題となっていく。その精神は、デカルトでは、このような状態の諸変化を通じて蜜蝋を「なお同じ蜜蝋」として「洞見（inspectio）」（AT VII：31）をもって捉える当のものであり、そうであるから、この精神である私については、「もし私が、蜜蝋を見ることから、蜜蝋が存在することを判断するのであれば、私が蜜蝋を見るということうまさにそのことから、私自身もまた存在するということが、さらにいっそう明証的に帰結するに相違ない」と言われることになる（AT VII：33）。すなわち、蜜蝋を純粋に延長として機械論的に捉えることはまず蜜蝋を明証的に捉えることであるが、さらに蜜蝋をそのように把握する精神である私の存在をますます明証的に捉えることでもある、というわけである。

そしてまさにここにおいてベルクソンはデカルトと袂を分かつことになる。ベルクソンによれば既述のように、ここで蜜蝋を「なお同じ蜜蝋」としているのは「はたらいていない」人格であった。「なお同じ」といったことでくりかえして「同一の瞬間を二つ持つ意識」について、ベルクソンは「これは無意識の現れではないか」と言う（PM 184）。「なお同じ蜜蝋」を相手に「運動的習慣」や「潜在的作用」によって「内から外へ」と向かい機械論的な世界の把握にいたるというのは、「実生活により有利な精神の習慣」（PM 185）に従っているだけのことであり、実在に向かうことではなく、何より「時間を通じて流れていくわれわれの人格」（PM 182）から離れていくことなのである。「蜜蝋の比喩」の過程が導くのは精神の実在の把握どころか、反対に、われわれの人格の外界への「消失」（PM 182）なのである。だからベルクソンはここで過程を逆転させ、「〔散らばってしまった〕自分を周辺から中心へと集め戻し、私の奥底に、もっとも一様に、もっとも恒常的に、もっとも持続的に自分自身であるものを求めよ」と言うことになる（PM 182-183）。そこでわれわれは「はたらいている」人格に出会うことになる。そこでは「〔意識の諸〕状態は固く有機的に結ばれ、共通の生命によって深く活気づけられていて、その内の一つがどこで終わり、他の一つがどこで始まるのか言うことができない」ばかりか、「実際に、そのどれもが始まらず終わらず、すべては互いの内に没入しているのである」（PM 183）。ベルクソンはデカルトの「私は考える」にまず、この「流動」を見たし、さらには、「蜜蝋の比喩」の出だし部分（「これは、いましがた蜂の巣から取り出されたばかりである。まだそれ自身の蜜の味を全くは失っておらず、もとの花の香もなおいくらかは保っている。……」（AT VII：30））にも、この同じ「流動」を認めたかもしれない。ただ、「蜜蝋の比喩」が変化を越えて存続する「なお同じ蜜蝋」を言い、さらに、「第三省察」以降が、精神に固く浮かぶ観念だけを問題にしていくとき、ベルクソンはデカルト哲学に、「流動」からは遠く離れ、機械論と決定論が支配的な、「明確にカットされた結晶体と凝固した表面」（PM 183）への固執を見て取っていったはずなのである。

さてただ、ベルクソンが最後に指摘するのは、「デカルトが有していた実在感覚（le sens qu'il［Descartes］avait des réalités）」（ES 40）ということである。デカルトの「揺れ動き」を『省察』内部での「私は考える」から「観念」の吟味への移り行きにおいてだけでなく、『省察』を越えた場所にまた逆方向で認めるのである。すなわちデカルトは心身問題で、平行論といった形での体系化には訴えず、心身合一については、それを一つの

「原始的概念」と見なして「ただ生と日常の会話を行使することによって」理解すべきことを説いたのであった（「1643年6月28日エリザベト宛書簡」参照）。ベルクソンはそこに、体系構築すなわち概念の空間的配置によって「安定」（PM 219）の獲得を求めていく「形而上学的記号主義」（PM 220）へはなびいていかない、デカルト流の「実在感覚」を見たと言えるのである。さらに言えば、「生の行使によって」と説くデカルトは、心身合一の問題を「空間との関係」ではなく「時間との関係」で解こうとしていた、ともおそらくベルクソンは言うであろう（MM 74参照）。

デカルトの哲学に対するベルクソンの態度と評価は、こうして、彼がこの哲学の「弁証法」的側面に向かうか、「直観」の側面に向かうかで対照をなすはずのものである。ただ、ベルクソンがまさに指摘するように、デカルトの哲学の「揺れ動き」、つまりある意味での体系としての失敗は、この哲学が、両側面をそれとして有しながらも、最終的には「直観」的側面をより大きく抱えるものであったことをむしろ示しているのであろう。ここから、ベルクソンのデカルトに対する称賛も理解される。ベルクソンの次の言葉は、まさにその事情を幾分か説明している。「形而上学者であると同時に科学の革新者たちであった近代哲学の大家たちが、実在の動的連続性を感じ取っていなかったはずがあろうか。具体的持続とわれわれが呼ぶものの中に身を置かなかったはずがあろうか。彼らは自ら信じた以上にそうしたのである。とりわけ彼らが語った以上にそうしたのであった」（PM 219）。

文献

本文中で行ったベルクソン、そして一部デカルトからの引用に際しては、以下の略号を用いて引用箇所の提示を行った。ローマ数字は巻数。アラビア数字は頁数である。

Bergson

CII : *Cours II ; Leçons d'esthétique. Leçons de morale, psychologie et métaphysique*（PUF）.

CIII : *Cours III ; Leçons d'histoire de la philosophie morale. Théories de l'âme*（PUF）.

EC : *Évolution créatrice*（PUF）.

ES : *Énergie spirituelle*（PUF）.

MM : *Matière et mémoire*（PUF）.

PM : *La pensée et le mouvant*（PUF）.

Comte

Auguste Comte 1974, *Discours sur l'esprit positif*, Paris, Vrin.

Auguste Comte 1975, *Philosophie première*［*Cours de philosophie positive*, Leçons I à 45］, Paris, Hermann.

*

Jean Wahl 1953, *Du rôle de l'idée de l'instant dans la philosophie de Descartes*, Paris, Vrin.

注

（1）　次のパスカル『パンセ』の一節は、ベルクソンの手で書かれていてもおかしくなかったかもしれない。「デカルト。大づかみにこう言うべきである。「これは形状と運動からなっている」と。なぜなら、それはほんとうだからである。だが、それがどういう形や運動であるかを言い、機械を構成してみせるのは滑稽である。なぜなら、そういうことは、無益であ、不確実であり、苦しいからである」（ブランシュヴィック版79／ラフューマ版84、『パンセ』（前田陽一・由木康訳、中公文庫、一九七三年）より引用）。

（2） 第一次世界大戦中ということもあるが一九一五年に書かれた *La philosophie française*（Mélanges, 1972, PUF：1157 f.）ではデカルトがフランス的な哲学の創設者として熱く語られている。

（3） 実証主義を確立したコントが歴史を実際に動かすものとして認めたのは「科学的業績の働きあい」であった（『実証精神論』序、**A.** Comte 1974：1）。その「業績」をコントは三人の名前と結びつけている。「ベーコン、デカルト、ガリレオによって開始された壮大な知的活動を補って、われわれは実証哲学を構築しなければならない」（『実証哲学講義』第1課 **A.** Comte 1975：39）。デカルトはここでは哲学者ではなく、解析幾何学を打ち立てた科学者である。そして、概念化され〈本質〉や〈本性〉の形を取るようになったものも含めて、現象の背後に置かれる原因なるもの排して、ただ現象法則だけを求めるように説くのは実証主義の基本的立場である（cf. たとえば、前掲の **A.** Comte 1974：19-20）。

（4） 〈神による世界の瞬間創造〉、〈直観的な明晰判明知〉、〈運動の瞬間的な伝播〉などの主張から、デカルトは通常「持続」ならぬ「瞬間」の哲学者と見なされていれる。cf. J. Wahl 1953（ちなみに、この書はベルクソンに献呈されている。）

（5） 一方で「簡易な知的理解がもたらすある種の安心感（assurace）」を「イデア」と呼び、他方で「生命のもたらすある種の不安感（inquiétude）」を「精神（âme）」と呼ぶならば、近代（デカルト）の非決定すなわち「動性」の発見は、「イデア」の優位から「精神」の優位への転換である（PM 219 強調はベルクソン自身）。すなわち、「動性」の発見が結びつくのは、ただ単に「自由」といったことではなく「不安感」でもある。近代哲学が容易に近代哲学とは成りえなかったことが、このことからも説明されよう。

第一部への答弁

小林道夫

塩川氏への『答弁』

序　デカルトとパスカル

デカルト、無用で不確実。（B78 塩川訳[1]、本書9頁）

デカルトとパスカルとを対比して論じるとき真っ先に思い出されるのは、この言葉であろう。塩川氏とともに、私もまた、本論の冒頭に掲げさせてもらおう。

しかしデカルトへの痛烈な批判はこれにとどまらない。

私はデカルトを許せない。彼はその全哲学の中で、できることなら神なしですませたいものだと、きっと思っただろう。しかし彼は、世界を動きださせるために、神に一つの爪弾きをさせないわけにいかなかった。それからさきは、もう神に用がないのだ。（B77 前田訳）

デカルト。大まかになら、「それは形と運動からなる」と言わなければならない。それは本当だからだ。しかし、どのようなものかについて立ち入って語り、機械を組み立てるのは滑稽だ。なぜなら無用にして不確実、そして骨の折れることだからだ。第一、それが本当だとしても、哲学全体にたとえ一時間でも時間を費やす価値があるとは思えない。（B 79 塩川訳、本書9-10頁）

哲学をばかにすることこそ、真に哲学することである。（B 4 前田訳）

これらの文章のみを念頭におくと、パスカルはデカルトの哲学に対して、怒りにみちた否定的態度のみをもつ人物のような印象を受ける。しかしそうではない。デカルトがオランダから一時フランスに帰国しパリに滞在したおりに、自分よりずっと若い病弱のパスカルを見舞い、そのときは「真空」の事が話題になったという話がある。このような人間関係の事実を除いても、二人の間には大きな思想的関係がある。塩川氏が冒頭部分で引用し解説されているように、パスカルは『幾何学的精神』の第二部でデカルトのコギトに類した考えが聖アウグスティヌスの著作にすでに見出されるという、アルノーの指摘に対して、デカルトの独創性を次のように言ってたたえているのである。

私は公正な方々に問うてみたい。次の二つの原理、すなわち「物質は本性的に考える能力を絶対にもつことがない」と「私は考える、だから私は存在する」は、デカルトの考えと聖アウグスティヌスの考えにおいて本当に同じことであるのかどうか。（中略）本当のところ、デカルトがその真の発案者ではないなどというつもりは私にはまったくない。たとえ彼がこの偉大な聖人の著作を読んではじめてその原理を学んだとしてもそうだ。というのも、ある言葉を深く広い反省もなしにたまたま書きつけることと、この言葉のうちに、物質的存在と精神的存在の区別を証明する一連の驚嘆すべき帰結を見てとり、それを全自然学の確固として首尾一貫した原理として据えつけることとの間にどれほどの隔たりがあるか私は知っているからだ。（中略）（塩川訳、本書11頁）

この文言を読むと、上述のデカルトに対して否定的態度をとるパスカルとは別人の文章かとさえ思われるが、パスカルはデカルトのコギトの二元論の独創性を十分わきまえていたのである。いや、単にわきまえていたどころか、塩川氏が指摘されるように、コギトの非物質性の定立は、魂の不死性を希求する「パスカルの信仰に強固な哲学的基礎を提供した」（本書15頁）と言えるであろう。いずれにしてもパスカルはデカルトと物心二元論を共有している。

また有名な「この無限の空間の永遠の沈黙は私を恐怖させる」（B 206 前田訳）が示す状況は、無限の無機的宇宙、すなわちデカルトがはっきりと宣言した無限（無際限）の、声をかけても何も応答しない冷徹な宇宙に〈私〉」が面する状況である。デカルト自身は、従来の秩序ある有機的宇宙の考えを解体し、無機的無限宇宙観を自ら切り開いたがゆえに、それに恐怖を感じることなどなかったが、パスカルにとっては無限空間の永遠の宇宙は自分が主体的に解明したことではなく、その早熟な知性に選択の余地なく課せられたものである。「無限の永遠に沈黙する宇宙」に恐怖を感じるパスカルには、そのような背景がある。

このように、パスカルとデカルトは物心二元論と宇宙観を共有していた。しかし、それらを共有しながらパスカルは、「哲学全体にたとえ一時間でも時間を費やす価値があるとは思えない」として、すなわち哲学全体が「無用で不確実」なものとして、退けられる。その結果〈私〉の理解に根本的相違が生じる。ここで、塩川氏の方にお聞きしたい事がある。それは、塩川氏は、「デカルト、無用で不確実」という表現が目指すのは、まずもって自然学であり、ひいては哲学全体であると述べられているという事に関してである。これは、この文言が塩川氏が二番目に引用されている、自然学に関係する断章（B79）にも登場するので、そう解することが自然かとも思われるが、次のように、すなわち、この文言は直接的には、デカルトが展開した三つの神の存在証明のことであり、パスカルには、デカルトの神の存在証明は、救済に「無用で（役にたたず）」、神の存在がそれによって確実に感じられはしない、という意味で「不確実」である、という風に解釈はできないであろうか。塩川氏に言うまでもなく、『メモリアル』には、「アブラハムの神（中略）哲学者および識者の神にあらず」のあと「確実、確実、（中略）」と「確実」が繰り返し言われている。

以上の点を踏まえたうえで、以下で塩川氏が取りあげられる、パスカルとデカルトにおける〈私〉の理解について、特にその根本的な相違について論じ、塩川氏の問いに応えてみたい。

パスカルの〈私〉

再び、塩川氏が引用されているのと同じ文章を引用することから始めて、塩川氏のきわめて鋭い解釈に教えられながら、論述を進めよう。

〈私〉とは何か。（中略）もし私が、判断力や記憶力が優れているという理由で愛されるとして、私はたしかに愛されているのか。否、私は自分を失うことなしに、これらの性質を失うことができるのだから。それでは、この私はどこにあるのか。（中略）そして体にせよ魂にせよ、その性質のためでなしに、どうしてそれを愛することができるのか。しかるにその性質は滅びゆくものである以上、〈私〉を形作るものではない。一体、ある人の魂の実体を抽象的に、そこにどんな性質があろうと愛するなどということがあるだろうか。それは不可能だし、第一不正だろう。だから人が愛されることは決してない、愛されるのは性質だけだ。（中略）（B 323 塩川訳、本書15–16頁）

ここでパスカルは、「ある人の魂の実体を抽象的に、そこにどんな性質があろうと愛するなどということがあるだろうか。それは不可能だ」と断じ、「愛されるのは性質だけだ」と言い切る。パスカルにとって、性質なしに人を抽象的に実体として理解することなどできないのである。この点について塩川氏は、「〈私〉とは何か」という問いが、「誰かに見られる、さらには愛されるという状況で発せられている」ということに、言い換えれば、〈私〉が「誰かに見られている、誰かに愛されている」という「受動的状況」に焦点を絞って考察されていることにとくに留意される（本書24頁。これは後で述べるように、デカルトにおける〈私〉の把握の状況とまったく逆のものである）。

そうしてこのような状況での〈私〉の追求の帰結が「〈私〉は憎むべきものである」ということにほかならない。この状況からの「〈私〉は憎むべきものである」ということの議論を塩川氏は極めて鋭く、一種の帰謬法によるものだと指摘される。塩川氏によれば、第一に、通念あるいは常識に基づけば、「変幻極まりない性質のもとに姿を現す〈私〉それ自体を愛することを不正だとする判断は妥当な帰結である。第二に、愛される〈私〉の視点にたてば、「〈私〉はどのような変化をとげようとも、愛してもらいたいという欲望だけは一貫している。〈私〉を〈私〉たらしめるものがあるとすれば、それはこの愛されたいという欲望である。〈私〉は自分が何であろうと、どのような状況にあろうとも人格として愛してもらいたい。これもまた常識の指示する公正の観念からすれば、法外な欲望である。そんな〈私〉に愛される資格はない。あるとすれば憎まれる資格だけだ」。こうして「〈私〉は憎むべきものだ」ということが一般通念に基づき、以上のような推論を経て帰結される。したがって「〈私〉は憎むべきものだ」ということは塩川氏によれば、「〈私〉を憎め」という命令ではなく、愛の根拠についての通念にしたがった「事実認定」なのである。そうして、結論として、塩川氏は、この「〈私〉は憎むべきものだ」という「事実認定」は、価値評価に捕われた人間的な愛を挫折せしめ、「神の愛」に目覚めさせることになるのだと考えられる（本書26–27頁）。

デカルトの〈私〉

以上、塩川氏の鋭くかつ濃密な議論を、そこから多くの事を教わりつつ、私の理解が及ぶ限りでいくつかの点を踏まえさせてもらった。そこで今度は、パスカルによる〈私〉の理解に対して、デカルトの〈私〉を対置させて論じる番である。そうして、「パスカルは「〈私〉とは何か」という問いを発することによって、哲学と神学、理性と信仰を分かつ境界線を撹乱し、道徳を哲学の木の頂点に位置づけることを拒絶する。これにデカルトはどう答えるのだろうか」（本書28–29頁）という塩川氏の問いに答えなければならない。

はじめに、デカルトの『省察』は、アリストテレスの哲学体系を解体し、新しい哲学体系を構築するための基礎（根）を定立することを主眼として書かれたものである、ということを確認しておきたい。これはスコラの体系を破り、「近代哲学の祖」と称されるデカルトについて当たり前のことだと思われるかもしれないが、デカルトがいかにアリストテレスの認識論や自然学を具体的に念頭において『省察』を執筆したかということは、一般に意外と留意・強調されていない。デカルトは『省察』の原稿をメルセンヌに送る時に彼に書簡でつぎのようなことをいっているのである。

私がこれから貴方にお送りするこの僅かばかりの形而上学は私の自然学のすべての原理を含んでおります(2)。

さらに、それよりすこし後に同じ相手にあてた書簡では次のようにより率直にいっている。

これはわれわれの間だけの話ですが、この六つの省察は私の自然学のすべての基礎を含んでおります。しかし、そのことをどうか（公には）おっしゃいませぬように。というのも、アリストテレスをひいきにするものはおそらくそれだけでこの省察に同意しがたくなるでしょうから。私としてはこの省察を読む人たちが、私の原理に少しずつ慣れ、そしてアリストテレスの原理を解体しているのに気付く前に、私の原理が真であることを認めるようになることを期待しています。(3)

アリストテレスの認識論によれば、知性自体は「タブラ・ラサ」であり、認識は、感覚が感覚対象から質料を残して形相のみを受け取るということから始まる。この形相は表象（想像力）の働きで表象像（phantasma, imago）に変容し、知性はこの表象像のうちの形相を思惟するという仕方で機能する。したがって、「魂は表象像なしには思考できないのである」。要するに、アリストテレスによれば、知性が自分自身のうちに見出される観念を用いて対象を能動的に認識できるとは考えられないのである。また自然学は、具体的で個別的な性質変化を含む運動変化を対象とするものであり、これが、抽象的かつ普遍的で、具体的で個別的な実体とはその対極に位置する数学的対象によって構成されるとは考えられない。アリストテレス主義によれば数学的自然学というものは原理的に考えられないのである。(4)

『省察』の主眼は、このようなアリストテレスの認識論や自然学にかわる、新たな認識論とそれに基礎づけられる自然学を築く事にあった。その主眼のもとに〈私〉の存在や「神の存在証明」が展開される。したがって、デカルトが問題にする〈私〉とはまずもって認識論的意図から取りあげられる〈私〉であり、またその「神」はたしかに「哲学者の神」なのである。しかし、それらの概念は、おのずから、そのような枠組みを破る側面も見せる。塩川氏の所論を念頭に、デカルトの〈私〉を考察してみよう。

『省察』は、周知のように、「普遍的懐疑」というものから始まる、これは「精神に固有な自由」に基づき方法的に展開されるものであり、「ほんのわずかでも疑いを想定しうるものは絶対に偽なるものとして投げ捨てる」というきわめてラディカルなものである。そこで。外感の対象や内的な身体感覚、さらには「欺く神」の想定のもと、数学的真理の真理性までもが疑われる。そこから帰着することは、「確実なものは何もない」ということである、デカルトはそこで「確実なものは何もない」ということ自体を確実なことと認識するとして、その認識を徹底し、そこで翻って、「それならば、私もまた存在しないと説得したのではなかったか」と、懐疑を自己自身の存在にむける。そこで得られるのが「私はある、私は存在する」という、私の存在を定立する命題である。私が疑いを行使する限り、その「疑い」を疑うことはできず、そのように方法的に疑いを行使する主体としての「私の存在」も疑うことはできない（AT VII：24–25）。それゆえ「私は考える、ゆえに私は存在する」の原型は「私は疑う、ゆえに私はある」である[5]。

デカルトはそこで、方法的懐疑から直接、内的に覚知される「この私の存在の本質」を究明しようとして、魂に関係づけられる諸様態を、改めて「私に属するか」という見地から検討する。そこで諸々の様態がそぎ落とされたところで残るのは「考えること」（cogitare）のみとなる。そこでみいだされるのが、「これ（思考）だけは私から切り離すことはできない」ということである、こうして、〈私〉は、感覚や身体から切り離された、思考を本質とする存在として定立され、物心（心身）二元論が設定されるのである。ちなみに、『省察』第二の後半では、この〈私〉の本質の自己認識は想像力（表象）によって描かれるものにはまったく依存しないこと、物質的事物（蜜蠟。それが存在すると仮定した上での話であるが）の本質も想像力や表象像にまったく依存しない、ということが繰り返し強調されているが、これは、上述の、アリストテレスの「表象像」を軸とした経験論的認識論をはっきりと排除することが狙いなのである。

このようにして把握されるデカルトの〈私〉が、パスカルの〈私〉と、物心二元論は共有するにしても、根本的に違うことは明らかであろう。塩川氏が指摘されるように、パスカルにおいては「〈私〉とは何か」という問いは、誰かに見られる、さらには愛されるという「受動的状況」のなかで発せられる。これに対して、デカルトにおいては「〈私〉とは何か」という問いは、〈私〉に固有な自由に基づき、方法的かつ意図的になされる普遍的懐疑によって獲得された〈私〉の存在について発せられる。すなわち、デカルトにおいては「〈私〉とは何か、という問いは、徹底した「能動的状況」において答えられるのである。実際に塩川氏が「注18」で適切に引用されているように。『省察』第二の冒頭で〈私〉を徹底的に能動的存在として定義されている。

この点を換言すれば、デカルトにおいては〈私〉を構成する主軸は「意志」である、ということである。デカルトは『哲学の原理』ではっきりと、「意志の自由は自明である」とし、それは、あの普遍的懐疑をたくましゅう実践した局面において実感されたという（AT VIII：第一部、39項）。また人間の意志は「ある意味で無限である」ともいう（AT VIII：I, a. 35）。さらには、『省察』において、二つの「神の存在証明」がなされたあとの『省察』第四のなかでは、人間の意志は、「神のある似像で似姿である」「（AT VII：57）とまで言い切っている。デカルトによれば、その無限の意志の肯定・否定を、有限な知性が明晰判明に呈示するものに限らず、抑制なしに意志の肯定・否定を発現することに誤謬の原因があるが、逆に、意志を抑制し、知性が明晰判明に呈示するもののみに肯定・否定を施し、そうして誤謬を避けることに、「人間の最大かつ主要な完全性」があるのである。さらに『情念論』に言及するとすると、彼の道徳論の究極をなすのは「高邁の心」であるが、その定義とは「一方で、自分に真に属するものとしては、自分のもろもろの意志の自由な使用しかなく、自分がほめられたりとがめられたりすべき理由としては、意志をよく用いるか悪く用いるかしかないと知ることであり、他方で、意志をよく用いようとする確固不変の決意を自分自身のうちに感じること」（AT VI: III, a. 153）である。そうして、デカルトは「高邁の心」を核心とした「道徳」の「実践」は、われわれに「自己自身に対する（内的）満足」をあたえるという（AT XI: III, a. 63; III, a. 190）。

このように、デカルトによる〈私〉の理解は、「神なき人間の悲惨」を説き、〈私〉を「憎むべきもの」と事実認定するパスカルによる〈私〉の理解と根本的に異質なものなのである。

ただし、デカルトの〈私〉は、このような〈私〉の理解には尽くされない面をもつ。

コギトの局面は、〈私〉の存在しか認められない、塩川氏も言われる「独我論的状況」であり、そこからまた「観念論」が自然に導出されうる状況である。

しかし、次にデカルトは、「（全能で万物の創造者としての）神の存在証明」に向う。そこで「第一証明」で注目されなければならないのは、この証明によって「ある意味で無限者（神）の認識が有限者（〈私〉）の認識より先である（『省察』、AT VII: 45）」と確言され、「神の存在」が「私の存在」よりも存在論的に先行するとされるにいたったことである。また第二証明では、「無限者の観念を持つかぎりの私の存在の原因」は神であるとされるということである。ここに至って、〈私〉は、無限者（神）によって支えられ、それに依存することによってのみ存続しうる存在と理解される。そうしてその神とは、この上なく完全で、しかも無数の完全性を全体同時に現実に持つ存在であり、したがって人間には「（包括的に）理解不可能な神」である。デカルトは、神は永遠の数学的真理をも創造した、したがってわれわれの理解する数学的真理を真でないようにすることもできたという。このような「（神の意志）の全き無差別性が神の全能の最高の証左であり、その内実は人間の理性を超えたものなのである。デカルトはこの神の意志の「無差別な自由」という概念を晩年にいたるまで固持し続ける。デカルトが、このように、神を、人間理性による理解を全面的にこえた現実無限で全き無差別性を有した存在と見なし続けたということは十分に注目されてよい[6]。

いずれにしても、ここで「無限かつこの上なく完全な存在の証明がなされ（ここでは存在論的証明には触れない）、欺きうるが、欺こうとは欲しない「神」の存在が確証される（デカルトによれば、欺きうるということは何程かの明敏さないし能力を示すが、実際に欺こうと欲することは邪悪で不完全なことであり、この上なく完全な神ということと相容れないのである）。ここから「神の誠実性」が帰結され、それが、いわゆる「明証性の規則」を保証し、私が明晰判明に認識するもの（とくに純粋数学の対象）がこの物理的自然に神によって作出されて存在しうる（物質的事物の本質を構成する）、と考えてよいということになる。そして最後にじっさいに、物質的事物が存在することが証明され、それが延長を本質とした延長実体として存在するという事が結論づけられる。こうして、アリストテレスの自然学を排した、新たな数学的自然学の形而上学的基礎付けが果たされることになるのである。この『省察』の形而上学では、神の全能は人間理性にとって理解不可能なものとされるものの、それは数学的自然学の基礎づけの主軸という役割をはたしており、自然学の諸原理を統括する存在として機能している。したがって『省察』の神はあくまで、パスカルが忌み嫌う「哲学者の神」であって、彼がいう「呻きながら求められる救いの神」ではないのである。

同様のことが、デカルトの「愛の情念」の概念についても言える。最後にその点について触れておこう。デカルトは「愛の情念」を『情念論』で次のように定義する。

「愛とは、精気の運動によってひきおこされる精神の感動であって、精神をみずからに適合すると思われる対象に対して自らの意志で結合しようと促すもの」である。ここで「みずからの意志で」というのは、「今からみずからをみずからが愛するものと結合していると見なすところの同意」のことであり、そのとき「われわれは一つの全体を想像しており、自分はその全体の一部分にすぎず、愛せられるものはその全体のもう一つの部分である」（AT XI：II, a. 79–80）。

ここに呈示される「われわれ」はコギトの局面で定立される「能動的意志を核とした「考えるもの」としての「われわれ」ではない。コギトの局面での〈私〉は、〈私〉が主体で、対象は、全体的に、〈私〉の価値評価の判断の下におかれるものであった。

しかし、ここでの「（〈私〉を含む）われわれ」は、まず「全体」が想定されてあり、自らをその「一部分」として自己否定的にその全体に同化しようというものである。ここでの〈私〉は、その全体の部分としてのみ存在理由を有する〈私〉なのである。ここにもコギトの局面を超えた〈私〉のあり方を認めることができる。

しかし、そのことでデカルトの〈私〉がパスカルの〈私〉に多少とも重なるということにはならない。その違いはデカルトに即して言えば次の点にある。第一に、デカルトによれば、愛の対象は、〈私〉がその一部分となる全体であるとしても、そこには「〈私〉に適合すると思われる」という価値評価の見地がなお介入している。その価値評価の観点から彼は、「愛」を三種類に区別している。第一は「献身」であって、その主な対象はもちろん「神への愛」である。第二は「友情」である、そして最後に、花や鳥あるいは馬などに対する「愛情」である（AT XI：II, a. 83）。第二に、全体の一部分としてそれに同化しようと言う場合、それはデカルトが自らいうように、「自らの意志で」遂行される事態である、デカルトよれば、「意志」の活動には二種類あり、その第一は、われわれが神を愛そうと欲する場合のように、あるいは一般的に言って、なんらかのまったく物質的ならざる対象にわれわれ思考を向ける場合であり、これはわれわれの精神それ自体に終結する活動である。第二は、意志が身体と合一してわれわれの身体を操作し身体に終結する活動である（AT XI：I, a. 18）。このようにデカルトにおいては、たとえその対象が神である「献身の愛」であっても、それは、「自らの意志でなされる愛の一形態なのである」。

こうして、デカルトにおいては、〈私〉の存在の把握においても、その道徳論においても主軸となるのは意志であり、その意志の然るべき発動において。「憎むべき要素」が認められることはない。また彼の形而上学に戻っていえば、『省察』の形而上学において「信仰」が、それの論証的展開そのものにおいて何らかの決定的な役割を果たすものとしては登場していない。それゆえ、彼の哲学体系においては哲学と神学、あるいは理性と信仰の間の境界線はほぼ堅持されているといってよいと思われる（「ほぼ」といったのは、たとえば、デカルトの『省察』の主眼が数学的自然学の基礎づけにあるという事には目をつぶり、デカルトの神は、人間理性によっては「理解不可能な存在」であるとい点を拡張して哲学を神学に重ね合わせ、デカルトの哲学を「否定神学」の方向で解釈するということは可能だからである）[7]。

松田克進氏への答弁

松田氏の反論は、『スピノザによる〈経験的〉なデカルト批判』と題されながらも、デカルトの著作に通暁した上での極めて明瞭かつ強力な反論である。答弁者（私）も心して受け止め反論しなければならない。

（1）

松田氏の反論は副次的なものと本質的なものに分かれる。まず副次的な反論が提示される。それは第一に、心身問題に関しては、デカルトがエリーザベトにあてた書簡（一六四三年五月に始まる）で表明され、「心身合一は（それ自体でのみ体得される）原始的概念」である、という見解が彼の最終的な回答であるとする私の解釈に全面的に賛同されたうえで、それでは、第一に、なぜ一六四四年に出版された『哲学の原理』では、「原始的概念」が登場せず、第二に『省察』においても第六省察で、精神が身体と「一つ」になる事態がとりあげられながら、「原始的概念」という概念が主題的にとりあげられていないのか、というものである（ちなみに、第六省察には精神と身体の unio という表現もある［AT：81］）。

このうち第一点については、松田氏に研究会か何かの折に尋ねられて、すぐに返答できなかった事を覚えているが、その後でそれに対する答弁に当たる事を思い出した。それは、第一に、『哲学の原理』の構想は『省察』出版前に既にあり、一六四〇年の一一月一一日にメルセンヌが、蠟燭の焰について質問してきたのに対して、それに答えて、そのことは、「私のすべての哲学の原理」を示すまでは彼（メルセンヌ）を満足させえないといい、それでデカルトは、そのときに居たライデンを立つ前にそれらの原理を書き上げ、「できれば一年以内に出版することにした」といっている、ということである。この「私のすべての哲学の原理」というのが出版は一六四四年になった『哲学の原理』なのである。そうであるから『哲学の原理』と『省察』の構想は同時期にあり、それらはほぼ並行して執筆されたものなのである。したがって、一六四三年のエリーザベト宛の書簡に現れる「原始的概念」は『哲学の原理』に登場しないのである。また『哲学の原理』は第一部の「形而上学」を基礎に第二部以下で彼の宇宙論的自然学の体系を目指すものであって、その意味でも「心身関係」の問題は主題化されなかったのである。

第二に、「第六省察」や『答弁』において「心身合一」や「実体的合一」といった概念が認められ、また松田氏が引用するように、第四答弁では、デカルトは、「精神と身体の「実在的区別」を論じたその同じ第六省察で、同時にまた私は、精神が身体に実体的に合一している事を証明した」と明白に認めているにもかかわらず、なぜ「原始的概念」という重要な概念が登場しないのか、という問題については、私は次のように考える。すなわち、デカルトにとって、もともと物心二元論をとることは、日常における心身合一を排除するものではないという確信があり（もちろん、第五省察までは心身二元論が軸になっているが）、したがって心身合一の「原始性」を強調する必要を考えていなかったのではないか。これは私の単なる思いつきの考えなのであるが、アリストテレス主義の解体を主眼としたデカルトにおいても、概念装置のうえで、アリストテレスの形而上学を部分的に活用しており、それで「心身合一」ということを『省察』において特別な用語を設けて説明する必要性は感じなかったのではないか。すなわち、アリストテレスによれば事物は様々な「類」の概念によって分類され、その「類」を構成する「原理」（アルケー）は、それ自身によって解されるほかのない「原始的」なものである。そして様々な類は、その原理を異にしながら併存する。デカルトは、このような考えに親しんでいたがゆえに、心身二元論をまず構築しながら、「神の存在証明」を経た後は、そう問題を感じることなく、心身合一を、心身二元論とは原理の異なる事態として呈示しえたのではないか。

それがエリーザベトの単刀直入の鋭い質問を浴びることによって、その問題を熟考し、その結果「心身合一」をより正確に「原始的概念」という特別の用語に訴えて説明する事に至ったのだと私には思われる。

（2）

さて松田氏の反論の本質論は、心的因果性と自由意志というデカルトの行為論の核心に関わるものである。その反論を展開するにあたって松田氏は、スピノザの、この点についての見解を明確に次のようにまとめられる。

スピノザの『エティカ』第Ⅲ部定理二によれば「身体が精神を思惟するように決定することはできないし、また精神が身体を運動ないし静止に、あるいは他のあること（もしそうしたものがあるならば）をするように決定することもできない」（松田氏の引用に従う。本書39頁）。これは「心身の相互作用そのものの端的な否定である。もちろんスピノザは、心的状態が因果的に無力だと言いたいのでもない（彼は随伴現象論を採らず、心的状態が因果的効力を持つことは判然と認めている）。また心的因果性と物理的因果性とが無関係だといいたいのでもない（無関係どころか、両者が同型的に完全に対応するものであること、すなわち心身並行論を彼は主張している）。ここでのスピノザのポイントは、あくまでも思惟および延長という属性を越境するような因果的作用はない、という点に存する」（本書39頁）。

このようにまとめられるスピノザの思想が心身合一を原始的概念として認めるデカルトのそれとまったく相容れないものであることは明瞭である。しかし、この限りでは両者の議論な水掛け論の終わるということになるであろう。私が松田氏の論文から教えられかつそれに応じなければならないのは、松田氏が。「心的因果性に対するスピノザの〈経験的」〉批判」と題して展開される議論である。松田氏によればスピノザは単に上述のような心身並行論を原理的に呈示しているのみならず、経験に即して、デカルトが展開する心的因果性を論駁する議論を多々展開している。そのなかでも松田氏自身もっとも強力だと考えられるのは次の事である。「われわれは、発語行為等を行っている自分を「夢見る（somniare）」ことがある。このとき、身体を動かそうという意志は身体に対して因果的に空回りしている。身体に対して因果的に空回りしているこのような意志と、いわゆる随意運動に先行する意志とを、現象面から区別することはできない。それゆえ、後者の意志についても、前者の意志についてと同様に、因果的には思惟属性の内部に閉ざされている（それゆえ身体へと因果作用していない）と考えるべきである」（本書41頁）。

そこで、松田氏は、これをとくに根拠として、「心身合一」すなわち「心的因果作用」を「原始的概念」と認めるデカルト、および、それを受けてその心身合一を「実感的直接性」として説明する私の議論に鋭く切り込まれる。すなわち「スピノザの議論（上述の）は、心的因果性の論拠をそのような実感的直接性と言う砦に求める事に対する批判なのである。彼に言わせれば、夢の中でもそのような実感的直接性は経験される。そして夢の中で経験される実感的直接性が心的因果性を担保しないのであれば、覚醒時における実感的直接性も心的因果性を担保しないはずだ、というわけである」（本書44頁）

　これは松田氏もいうように、デカルト（および私）に対する極めて強力な反論である。それでは、デカルトはこのスピノザ（および松田氏）の反論にどう答えうるであろうか。そのデカルト側からの答弁は「第六省察」の後半にある。問題は、デカルトによれば心身合一がもたらすと考えられる「感覚経験」の現実性、あるいは「夢と覚醒の区別」の問題である。デカルト自身、方法的懐疑の局面では、感覚経験全体を疑い、夢と覚醒を区別する指標はないとして、人間の認識対象すべてを夢、幻の事としたのであった。そこで問題は、その方法的・普遍的懐疑からデカルトはどう脱しえたのかということになる。

　そこで第一に留意すべきなのは、「第六省察」における「物質的事物の存在証明」にあたって、次のように言われている事である。すなわち「しかしながら、いま、私自身および私の起源の作者をよりよく知り始めるに至って、私は、感覚から得ていると思われるものは、何もかも軽々しく容認すべきではないが、しかしまた、そのすべてを疑いにかけるべきでもない」と（AT VII: 77-78、傍点筆者）。こうして、いったん全面的に懐疑に付された「感覚」が「誠実な神の存在証明」をへて復権されることになる。このように誠実な神の存在証明によって、知性や意志とは別に、感覚にも特異な存在理由が認められる事になるというのが、デカルトが他の一七世紀の形而上学者と異なる点の一つなのである。そこでその見地から、感覚については、第一に、身体の操作的能力と外的感覚の受動性が取り出され、これが主に外的な「物体的事物の存在証明」の根拠となる。

　そしてさらに感覚の機能の意味が追求され、「実際、私が自然によって教えられる事がらすべてが、なにほどかの真理を含んでいることは、まったく疑いないことである」（AT：80、傍点筆者）。ここでの「自然」というのは、「私」に関していえば、「神によって私に帰属されたすべてのものの複合体」である」。そこでデカルトによれば、「そういう自然が私に何より明らかに教える事は、私が身体をもっており（中略）私はこの身体と極めて密接に結ばれ、いわば混合しており、そうして身体とある一体（心身合一）をなしている」（AT VII：81）ということなのである。

こうして、デカルトにおいては、感覚や心身合一の現実性が、誠実な神による創造という名目のもとに認識論的・存在論的に積極的な存在価値をもつことになる。そこで、人間にとっては、感覚の活用あるいは精神と身体との合一を積極的かつ能動的に体現しようという事が動機付けられることになる（デカルトによれば、能動とは意志の活動のことであり、それには二つあって、その一つが身体に終結するものである［AT XI：, I, a. 17–18］）。このことが、覚めた現実の心身合一（すなわち私の言う実感的直接性）の事態と、スピノザのいう夢のなかでの（意志の能動性を伴わない）実感的直接性との違いの認識を可能にすると思われる。

しかし、それでも、スピノザは、どこまでも、心身合一の現実的な実感的直接性と夢の中のそれとを区別する標識はないと主張するかもしれない。そしてもしその区別の標識があるとするならそれを具体的に示して欲しい、というかもしれない。ところで、この「夢と覚醒時の区別」については、そもそも、デカルトが彼の『省察』当初の普遍的懐疑で「その区別の標識はない」として問題提起したものである。そうであるから彼は当然その問題に対する答を用意しているのでなければならない。それは他でもない、感覚論を展開する「第六省察」の末尾、すなわち『省察』の最後で展開されている。それによれば、「夢は覚醒している者に現れるのとは違い、記憶によって生涯の他のすべての活動とけっして結びつけられておらず」、さらにまた夢か覚醒かという問題が生じた場合には、「それらの吟味のために、すべての感覚、記憶、知性を動員してみたうえで、これらのいずれによっても、他のすべてのものと矛盾するようなものが何一つ私に知らされないならば、私は、それらの事物の真理性そのものについて、少しでも疑うべきではない」(AT VII: 89-90)のである。

この主張が、問題の「心身合一(実感的直接性)」に関して現実の事態と夢の中のこととの違いを識別できるかという事に適用されるであろう。デカルトによれば「心身合一」は「日常の生の行使と交わり」においてのみ体得されるものであった。そこで心身合一の「原始性」あるいは「実感的直接性」が夢の中の事かもしれないと思うならば、「心身合一」を「日常の生の行使と交わり」で何度も試み、それが他のすべての日常の生の活動と矛盾をきたさなければ、それを確信してよいという事になる。しかし、いずれにしても、このような考えは、「日常の実践的生」というものに、形而上学や科学とは異質で特異な価値というものを認めようとしなければ決定的な説得力をもつとはいえないであろう

(3)

さて次に、松田氏が取り上げる、これもまた重要な「自由意志論」に関するスピノザの立場からのデカルトへの反論を検討しよう。この問題についてのスピノザの立場の要点は、松田氏によって、次のように明確にまとめられる。

「すなわち、デカルトの方法的懐疑の極点をなす数学的真理への懐疑ψも、他の懐疑と同様に、「欺く神が存在しているかもしれない」という命題についての気づきψ′から必然的に生じる結果にほかならないのであって、もしもこの命題が〈神は最高完全者であり、それゆえ欺瞞者でない〉という別の命題に換わるならば、数学的真理への懐疑はやはり必然的に停止するのである。要するにスピノザによると、一般に懐疑という心的状態ψはそれに見合った何らかの懐疑理由に対する気づきという心的状態ψ′による必然的結果であり、それゆ

え、懐疑という心的状態を持ち出して自由意志の論拠とすることはできないのである」（本書49頁）。

換言すれば、「「欺く神」という懐疑理由に注意を凝らすという心的状態ψ′それ自体も、これまで受け入れてきたあらゆる信念を懐疑に付そうという意図、言い換えれば普遍的懐疑の遂行意図という心的状態ψ″が必然的に惹き起こした結果なのであり」、こうして、この必然的因果性の系列は無限溯行しうるのである（本書50頁）。

松田氏は、このようにスピノザの立場を解説したうえで、その立場からデカルトの「自由意志論」についての反論を要約する形で、論文の最後で私に対して次のような質問を呈示される。すなわち、「懐疑という心的状態はなぜ自由意志の存在を証明しえるのか。また、証明しえるとすれば、それが懐疑理由に対する気付きを必要とするのはなぜなのか」。

これに対しては次のように答えよう。第一にデカルトの懐疑において懐疑理由を必要とするのは、もちろん、何の理由のなしに遂行される懐疑は全く説得力を持たないからである。しかし、その場合のデカルトの懐疑の特質はその方針にある。その方針とは「ほんのわずかでも疑いを想定しうるものは絶対に偽なるものとして投げ捨てよう」という方針ものであり、これは必然的因果に従うものではなく飛躍したものである。そのような飛躍した懐疑を遂行するというのには、感覚への信頼性という生来からの傾向性（アリストテレス主義の経験論的認識論）を破るという意図が込められている。第二に、デカルトの懐疑は、単にPという命題を疑うというのにとどまらず、「欺く神」の想定を含めて、一般的で自然な考え（感覚への信頼、夢と覚醒の区別、善なる神）に対してそれとは反対の「対立項」をあえてたてるという仕方で遂行される。有名な一六四五年二月九日付けのメラン宛の書簡においては、「極めて明証的な理由がわれわれをある方向へとさしむけても（中略）絶対的にいえば、われわれはその反対に赴きうる」といい、「われわれには、明晰に知られる善に赴かないこと、あるいは明証的真理を受け入れることを差し控えることが常に可能である」（AT：IV, 173）といっている。こうしてデカルトの懐疑は、認識対象に対する中立性（無差別性）を獲得し、認識対象の方は意志による選択肢の一つとして偶然性を担うことになる。このゆえに、方法的懐疑は「自由意志」の存在を定立しうるのである。このことがデカルトの「自由意志論」にとって本質的なことなのである。

こうしてデカルトは、あらゆるものに対立項をたて「確実なものはなにもない（すべては疑わしい）」という普遍的懐疑を遂行した所で、しかし「そのように疑う私の存在は疑えない」として「私は（独立な存在として）ある」を定立する。しかし、この議論に対しては、スピノザならなおも、「すべては疑わしい」というのは、事物についての明証な観念をもたない「無知」ゆえのことではないかと反論しうるであろう。この点については文脈が違うが、同様のことを、アルノーが第四論駁で、デカルトの「私は考えるものに他ならず、他の、特に物体的な属性は私（精神）に属さない」という主張に対して述べている。すなわち、ある属性がある物に属することを認識的に疑い否定するがゆえに、その属性はそのものに実際にも属さない、とはいえないのではないか、デカルトの議論は、例えば半円に内接する三角形に対して、それが直角三角形である事は知っているが、その斜辺の二乗は、他の二つの辺の二乗の和に等しいという事は疑い否定するがゆえに、この属性は実際にその三角形に属さない、というのと同じではないか。要するに、デカルトの主張は物体的な物についての無知ゆえの独断ではないか。

これに対してはデカルトは、自分が「私は考えるものに他ならず、物体的な物はいっさい私（精神）に属さない」というのは、物体的なものに対する無知ゆえでなく、物体的な物の諸属性をすべて完全に知ったうえで、それらが私に属さないとはっきりと理解したからだという。

スピノザが言うであろう上述のことにたいしてデカルトは同様の事を言うであろう。すなわち、「すべては疑わしいが、疑う私の存在は疑いえない、また、その時点で自由意志の存在は自明となる」というのは、疑う対象（スピノザにしたがって言えば観念の必然的連鎖）に対する無知ゆえのことではなく、それらを十分熟知したうえで、あえてそれらの対立項をたてえたがゆえのことである。

しかし、結局のところ、デカルトとスピノザの違いは、判断を意志による知性が呈示するものに対する肯定・否定と解するデカルトと、明証な観念はそれ自身が肯定的力を有するとするスピノザとの違いに帰するといえるであろう。あるいはその違いは、スピノザの『デカルトの哲学原理』のはじめのところの論述が示唆しているように、数学的自然学の構成のための第一歩として「欺く神」を想定し、そのうえでコギトを確立するデカルトと、そのような迂回を必要とせず数学の明証的真理をモデルとして観念の必然的連鎖をへて神即自然との合体を目指すスピノザの立場の違いに存するということになろう。

中釜氏への答弁

中釜氏はまず「序」において、デカルトにおいて懐疑は、いかなる意味においても「懐疑論者」の「懐疑」ではなく、「懐疑」はあくまでも確実な認識にいたるための道具であると的確に指摘される。そしてヒュームの場合にも、デカルトよりもはるかに強い懐疑論的傾向が見られはするが、「方法的懐疑」と見なされうるような一面が確かに存在するのであり、『人間本性論』の認識論におけるヒュームの理論哲学の最終目標は、「人間の学」を打ち立てることにあり、懐疑論的議論はそのための道具としてあると、指摘される。そこで彼らが懐疑に与えた役割は、彼らの最終目標、すなわち「数学的自然学」（デカルト）と「人間の学」（ヒューム）の違いにあるという。

私はヒュームの専門家ではないのでたいしたことはいえないが、ヒュームは、その『人間本性論』の序論で、人間の自然本性は「諸学の首都であり中心」なのであって、数学、自然哲学、および自然宗教でさえも、ある程度「人間の学」(the science of man)に依存しているといい、われわれは「人間本性の諸原理の解明を企てることで(中略)ほとんどまったく新しい基礎の上に(中略)諸学の完全な体系を建てることを、目論んでいる」[(8)]とまで断言している。この文面からしても、ヒュームについてさまざまな解釈があるにせよ、確かに中釜氏が言うことには説得力がある。

さて、中釜氏ははじめに上述のような事を述べた後「デカルトの懐疑」についての論述に移る。これはおおむねデカルトの形而上学に忠実な要約である。ただし、「懐疑において身体を含む外部世界の存在が疑われるが我の思考の存在が疑われえないことから「我」の本質は思考にあり心身が実在的に区別されること(中略)が次々と論証される」(本書59頁)という箇所については、「心身の実在的区別」は、コギトの局面ではなく第六省察でなされる、ということを指摘しておきたい。

そこで、中釜氏は重要なこととして、デカルトにおいて「数学的自然学の可能性の基礎付け」が「神の視点」からなされること、また、人間的な認識の偶然的諸条件の総体を「人間的パースペクティヴ」と呼ぶとすればば、デカルトの懐疑は、「人間的パースペクティヴ」から、「神の視点」への移行を可能にする装置であったと述べられている事である。それは正にそうで、「欺く神」の想定を頂点とする「懐疑」が、コギトの定立のあと、「神の存在証明」と「神は欺こうと欲しない」ということの定立を要求するのである。

それでは「ヒュームの懐疑」の特質は何か。中釜氏はそれを示すためにヒュームの理論哲学を適格に概要されたあと、その章の結論で次のように言われる。

すなわち「こうして懐疑は、われわれの信念形成と保持において、「理性」の果たす役割はきわめて小さく、それに対して人間本性のメカニズムがいかに強力であるかを示すための「方法」用いられたのである」(本書64頁)。そこで中釜氏は、デカルトとヒュームの懐疑の違いを、「神の視点」を可能にする道具(デカルト)とわれわれの信念形成と保持において人間本性のメカニズムがいかに強力であるかを示すための道具(ヒューム)との違いに読み取る。

中釜氏は以上のようにデカルトとヒュームの懐疑の意味ないし役割を踏まえたうえで、「デカルトへの問い」を発せられる。それは第一に、デカルトが「神の視点」を介して「物理実在論」を確立しえたとするなら、その肝腎の「神の存在証明」を多くの人はデカルトの論証の弱点とみなしており、実際に失敗しているとするなら、デカルトによる「知識の可能性の基礎づけ」もまた失敗に終わったということになるではないか、というものである。この問題、すなわち、デカルトの神の存在証明が成功しているか、失敗しているかという問題は、デカルトの『省察』の内部構造に従って解するか、あるいは、それの外にたって評価するか、という点によって異なる。私見によれば、それが失敗していると現代の見地からいうのは容易いことであり、それは生産的なことではない、そこから何を汲み取りうるかと検討してみる事が大切なのである。そこで私見によれば、大切なのは、デカルトが『省察』で、コギトの独我論的・主観的パースペクティヴから、神の存在証明をへて、客観的メタの見地(神の視点)を確保したということである。この移行が可能でなければ、デカルトの認識論は主観的観念論たらざるをえない。実際に、「神の存在証明」を学知からは排除したカントは、「観念論」を構築し、自然科学の対象を人間のパースペクティヴに限らざるをえなかったのである。

中釜氏の第二の重要なデカルトへの問いは、デカルトの目指した数学的自然学はそれ自体の「推進力」によって、そのあとの圧倒的成功を勝ち取っており、このことは、結局、「自然学の形而上学的正当化」という試みの全体が、実際には現実の科学の発展と密接なかかわりを持ってはいなかった、ということを示しているのではないかということである。この点は、はっきりとそうではないと申しあげる。現代ではもちろん、数学的物理学は、デカルトの形而上学的議論を顧みることなどなく自律的に発展している。しかし、それはガリレオ、とくにデカルトによる、アリストテレス主義の自然学の意図的な解体、数学と自然学とを合体させて自然現象を解明するという仕事がなければ成立しなかったのである。問題は数学と自然学との関係である。一七世紀までの世界観の主要な潮流はいうまでもなくプラトニズムとアリストテレス主義であるが、プラトニズムによれば、数学は最も重視され、数学的対象はそのものとしてはイデア界に存し、それの認識はイデア界の頂点の善（美）のイデアへいたる飛躍台の役割を果たした。そうして、生成消滅するこの可感界（自然界）を超越して永遠のイデア界に赴こうとすることが人間に求められた。このプラトニズムからは、したがって、この生成消滅する感覚世界（自然界）そのものの内に、その構造を構成するものとして厳密な数学的対象を追求して数学的自然学を構成しようとは動機づけられないのである。

他方、プラトンと異なり、この生成消滅する人間界や自然界における現象についての諸々の学問を構築したアリストテレスにとっては、「自然学＝物理学」の対象の運動の記述は、それの形相原因や目的原因に言及し、変化としてはとりわけ「性質変化」をとりあげるべきものであった。要するに、自然学は知覚的世界を対象とした具体的な学問でなければならなかった。そうすると、自然学を抽象的な数学にとって構成しようと考えることは検討ちがいなことになる。存在論的に言えば、数学的関係は実在からもっとも遠い存在なのである。こうして、アリストテレス主義において、具体的な自然学が抽象的な数学によっては原理的に構成されないと考えられることになる。

そこで、抽象的数学が具体的自然学を構成しうること、自然現象の内実や規則性は数学によって解明しうること、このことを示す必要がある。そのことをガリレオ（とくに『天文対話』参照）やデカルト、とくにデカルトが認識論的・形而上学的な根拠づけを行ったのである。それがなければ、われわれは現代も自然学はアリストテレスの『自然学』に従っていたであろう。もちろん、繰り返していえば、数学的自然学は、いったん発進すれば、それの形而上学的正当化は必要とせず、自律的に進展する。しかし、そのことは「〔自然学の形而上学的正当化〕という試みの全体が、実際には現実の科学の発展と密接なかかわりを持っていなかった」ということではないのである。

松田毅氏への答弁

松田毅氏の論議は、私が著作で展開したデカルト解釈と論文で著したライプニッツ解釈を十分にふまえ、かなりテクニカルなことに及ぶものであり、ありがたく受けとめ答弁いたしたい。

松田毅氏の第一の問いは「永遠真理を人間精神に刻み込むが、自身はもはやイデアの世界を持たない、神が科学の基礎を担保すると、われわれはなぜ安んじて言いうるのだろうか」（本書77頁）というものである。

まずはじめに、デカルトにおいては永遠真理ないしイデアをも神が創造し、神自身はイデアの世界を持たないということから論じよう。デカルトはこの永遠真理創造説によって、それまで中世哲学において（アウグスティヌスやトマスを問わず）一貫して保持されてきた、イデアはそれ自身は創造されたものではなく、神の創造における「範型」の役割を果たすとする「範型主義」を排した。それは、彼の新たな「数学的自然学」の形成ということに本質的に関わる。というのも、この数学的真理は神よって創造され、われわれの精神に刻まれると同時に、物理的自然の法則を構成したとされることによって、人間は被造物であるこの物理的自然のうちに、自らの知性の対象である数学的対象をもって、その構造を探究しようとしてよいということ（数学的規則性がその厳密なあり方において物理的自然のうちに内在するということ）になるからである。プラトン・アウグスティヌス主義がとりわけ主張する「（数学的イデアの）範型主義」によれば、物理学自然は生成消滅するものであり、それ自体のうちに不変な真理を求めることはできず、人間はそのような生成消滅する感覚的物理的世界を超越して神の知性が擁する永遠不変なイデアの世界へと赴こうしなければならないのである（この点は一七世紀においてはマルブランシュによってはっきりと打ち出されている）。この、生成消滅する物理的世界を超越して神のイデアの世界へと赴こうとする立場を排して、この物理的世界のうちに厳密な数学的規則性を、それ自身も物理的世界とともに創造されたものとして求めようと動機づけるために、この永遠真理創造説が提示されたのである。そこで、デカルトによれば、神の知性のイデアの世界によっては彼の考える数学的自然学の基礎づけはできず、むしろ永遠真理創造説によって、物理的自然のうちに、それ自身被造物でもある数学的規則性が、自然の法則を構成するものとして担保されてあると考えたのである。

松田毅氏による第二の質問は、デカルトとライプニッツの間には、神と世界に対する信頼感の差があり、その点についてデカルトとライプニッツを対比した場合に「ライプニッツにおける必然的真理の必然性と神概念との関係」をどう思うか（本書78頁）、というものである。これについては両者の違いははっきりしている。ライプニッツはデカルトのように数学的真理も神が創造したとする説を全面的にしりぞけ、数学的真理や論理的真理あるいは形而上学の原理の必然性は絶対的であって神の知性にも課せられるものである。そこでそれらはもちろん世界の創造や人間知性の働きを拘束するものであって、ライプニッツにとってはむしろ、人間と神とがそれらの必然的真理を共有することにおいて、人間の知性と神の知性とは同型的であり、人間に神との交流が可能であるとまで考えるのである。その意味でライプニッツにとっての神概念は、人間が論理法則や数学的必然的真理を知るにしたがい、より馴染むことのできる概念である。これに対して、デカルトの神は、その（結果からの）存在証明のあとも、人間を「欺きうる能力は保持するが、欺こうとは欲しない神」であり、したがって、人間が知る数学的真理の必然性も絶対的な必然性ではなく、それに甘んじることを許さない、人間になにがしかの不安を持たせる神である。その意味で、デカルトとライプニッツにおいては両者とも神への「信頼感」はもつものの、その信頼感の内実がまったく異なると言える。

この論点は松田毅氏の第三の質問に直接関わる。松田毅氏はつぎのように問題提起する。「神は、数学と自然とを別様に創造し得たが、それでも必然的真理の必然性は信じてよい、とデカルトが述べて以来、実は本当はそうではないかもしれない、という疑念が生じてしまったのである」（本書79頁）と。この指摘は鋭いものである。実際に、上述のように、デカルトの神は「欺きうるが、欺こうとは欲しない神」であり、彼は、神が持つ「全き無差別性の自由は神の全き全能の証し」であると最後までいい続ける。私は、この点を、人間に対して、人間が現に今持つ知識は絶対不変的に真なのではなく、誤った、あるいは修正されるべき知識かもしれないと思わせ、真理探究の進化を促す効用を持つものと受け止めうると考える。

また、松田毅氏は、「公共性を持ちうる論証を営もうとする限り、神――「最も完全な存在者」であれ、「事物の究極根拠」であれ――概念を基礎におく、形而上学とどう付き合うべきか」（本書79頁）という、西洋哲学史研究にとって、本質的な質問を提示される。この点について私は今のところ次のように考えている。すなわち、デカルトにおいては、コギトの定立のあと、それが可能とする観念論的見地を排して、神の存在の視座を設定し、そこから真理の規範（「明証性の規則」）や外的物質的事物の存在証明を行ったということに、現代の状況を考慮しても、大きな意味があると考える。そのことはカントの超越論的観念論との対比によって明らかになると考えられる。カントは学問的知識として「神の存在証明」を排し、われわれの学問的知識は、人間一般のもつ感性形式とカテゴリーのもとでの「現象」のみに関わるとした。学問的知識を人間の主観的パースペクティヴのもとのものに限定したのである。しかし私は、これによって学問的知識の視野が狭くなったと考える。われわれの科学的知識は、ますます、人間の知覚様式のもとでの認識から隔たり、人間的パースペクティヴを超出したものに及び、そこから自然現象が解明されつつある。一七世紀の神概念は、このように人間的パースペクティヴを超出して世界や宇宙を見るという見地を可能にする役目を果たしたと考える。もちろん、現代においては、神概念を中心にすえて学問を展開するなどということはできない。私が現在考えているところでは、一七世紀の哲学者達の神概念は、現代においては、諸科学に対する「メタ科学」の概念に変容させうると考える。デカルトやライプニッツには、その内容はまったく違うものの、「神の存在」を体系の頂点におくことによって、人間的パースペクティヴを超えたところ、私に言わせれば「メタ科学」の見地を豊かに展開したのだと考える。

次いで松田毅氏は、デカルトとライプニッツとの知識（とくに数学）観の違いはどこから生じたのかと尋ねられる。たしかに、デカルトにおいては、数学においては「直観」を基軸として、『幾何学』においては、明証な直観に依っては捉えられない超越曲線は正当な数学的対象ではないとしてはずし、またその自然観は人間の身体を含めて一貫して機械論的見地から解明される。これに対して、ライプニッツの学問観は、不確実な表象についても「その種の表象（不確実な表象）にも含まれ諸関係を可能な限り判明にしようと務める」のが「真の論理学」としての「発見法」であると考える（本書82頁）。そしてまた自然観も「知覚を通して現れる「生活世界」を多様な知の土台として復権させ」（本書82頁）るものである。

これについては、まずデカルトの主眼がアリストテレスの自然学を解体してあらたな数学的自然学の建設することにあったということを考えなければならない。そこで彼はまずは数学において自分の理性を開発することになるのであるが、その場合、革新的な構想を展開するためには、ちょうど戦争において敵陣を壊滅するにはまず確実な橋頭堡の確立が必要であるように（デカルトは『方法序説』では、みずからを戦争の指揮官に例えている）、確実な基礎の建設が必要である。それをデカルトは数学においては、明証な直観に求め、『幾何学』では、その対象を、関係が代数的に表現できる代数曲線に限ったのである。そして認識論・形而上学においては、まずは「方法的懐疑」の徹底によってアリストテレス主義の経験論的認識論を一掃し、方法的懐疑が直接与えるコギトの直観を、体系を構成するための不可疑で確実な土台として確立したのである。そして知識一般についても、それが方法的・構成主義的に構成でき、直観をもたらしうるものをその規範としたのである。そして身体を含む自然・宇宙全体を一貫して機械論的見地から説明しようとしたのである。

これらの思想は、デカルトの後に現れ、デカルトの著作を熟知していたライプニッツには、まずは数学に関して狭い見地としてとらえられた。彼はデカルトのものよりもずっと拡大した領域をその「普遍数学」の中にとりこみ展開したのである。ライプニッツは、いわば、すでにデカルト（他にパスカル、ホイヘンスなど）によって確立された橋頭堡から、彼の独創的な「普遍的記号法」を武器として数学の多くの次元を新たに開発してみせたのである。そして自然・宇宙観については、多次元に及ぶ生命世界を、入れ子型の多層的世界として理解し（その究極の実体はいうまでもなくモナドである）きわめて豊かな自然・宇宙感を提示したのである。しかし、その後の、自然・宇宙の科学的探究の論理としては、デカルトの機械論的自然観が制し、その後の科学の発展を促したということは認めなければならないであろう。また「生活世界」あるいは「知覚世界」の豊かさということについては、これは機械論的科学観では対象として取りあげえないものであるが、この点、デカルトは「心身合一」を「数理科学」や「形而上学」とはまったく異質な「原始的概念」とし、その事態で知覚される世界の独自性を明確に認めていたということを付け加えておこう。

さて最後は、「ライプニッツの無限小をめぐる論戦」についてである。この無限小の議論については松田毅氏は、私が論文「ライプニッツにおける数理と自然の概念と形而上学」（小林 2006b）で展開した議論を丁寧に紹介してくれており、最後にライプニッツの「無限小」の概念が、コーシーの路線のものかロビンソンの超準解析の方向のものか「（私が）最終決定は保留している」と言うことも言い添えてもらっている。そこで松田毅氏は、この点について私が現在はどう考えているか教示してもらいたいと述べられている。この事についは私はその後、十分に検討したとはいえず、確信がもてる解釈を示すことまでは提示できないが、ただ、松田毅氏も言及している、私どもの学生であった池田真治君より、ロビンソンが自分の著作で引用しているド・ロピタル宛の書簡のコピーをもらい、そこで松田毅氏も本文で引用している、「非アルキメデス的量」を明快に認めている文面を確認した。そのことから私は、ライプニッツは、ロビンソンが超準解析で展開することになる「非アルキメデス的量」の概念ははっきりともっており、彼の「無限小」の概念はコーシーの方向のものであるとはいえないと確言できると思っている。松田毅氏はしかし、そのことからライプニッツがその超準解析のモデルにあたるものを証明したとはいえない、と述べられているが、それは要求過多ともいうべきことであろう。ここではライプニッツが「比較不可能な量」という概念を打ち出して「非アルキメデス的量」をはっきりと導入させているということの確認で良しとするべきであると思う。

山本氏への答弁

カント解釈の大家である山本氏の論議に、その専門家ではない私が答えるというのははなはだ恐縮な思いであるが、カントは私がデカルトとともに特に尊敬する哲学者の一人であり、また山本氏の論議の「テーマ」が「カントの経験的実在論」という、これもまた私がカントに関してもっとも関心を持つテーマの一つなので、喜んで私の見解を述べる事にしたい。

山本氏はまずカントのいわゆる「経験的実在論」の議論をまとめて提示されたあと、その経験的実在論の射程を論じられ、I・ハッキングのカントに関する見解——すなわち、カントは「観察可能なもの」に対しては実在論者であるが、（電子のような）「理論的存在」については「反経験的実在論」にとどまっていたであろう——に言及されて、カントは「椅子」のような直接知覚の対象のみならず「電子」のような「理論的存在」にも実在性を認めていたと解釈したいとされる。その傍証としてカントが「磁気物質」の現存を、鉄粉が引きつけられることを知覚することから知られると述べていることを挙げられている（本書93-98頁）。

この点については、私は、カントが「電子」のような「理論的存在」にも実在性を認めていた、とするのはむずかしいと考える。まず、「磁気物質」のような存在は、一九世紀の「現象論者」（反科学的実在論者）の存在は認めていた。たとえば現象論者アンペールは、磁気物質と同じような振る舞いをする電気物質の存在を認めていたし、現象論者の手本ともいうべきフーリエは、熱学の対象である現象の存在を認めていた。そして現象論者の代表格マッハは、ボルツマンのような実在論者すなわち原子論者を厳しく糾弾したのである。

私はカントが（経験的）実在論者であるとすることは当然であると考えるが、問題はカントがその場合、それと超越論的観念論とペアーにし、そこでア・プリオリな感性形式（空間と時間）を人間一般の知覚様式としたことである。そしてその考えに則って、「原則の体系」を人間にとって唯一絶対の認識の枠組みとしたことである。そこで、カントに従うならば、人間の知覚様式（人間の感性的直観）に入り来ないものには、科学的知識の身分は与えられないことになる。さらに、「電子」のような理論的存在は、人間の感性形式のもとで直接的に把握されるものではなく、複雑な観測装置を介して探知されるものである。カントには、「観測装置」による対象の「探知」という考えが欠けているのではないか、これは私がカントについて常々感じていることである。

次に山本氏の議論は「第二類推論」から「第二力学的法則論」に移る。ここでの山本氏の議論は、後半の「小林道夫氏のカント解釈について」の後の第二の問題提起に直接関係する。そこで山本氏がとくに指摘されるのは、カントにおける「力」の概念である。しかし、「力」の概念は「第二類推論」に積極的に関わっていない。実際に山本氏が指摘されるように、「力」の概念が展開されるのは『自然科学の形而上学的原理』の、「力学」の章の前の「動力学」（これは「性質」のカテゴリーに対応する）の章においてである。そこで「引力」と「斥力」が根源的な力としてあり、それらが拮抗するところで物体を形成し、それらの実在性を構成するとされる。

次いでカントの『自然科学の形而上学的原理』は「力学」の章（これはカテゴリーとしては「関係」のカテゴリーに対応する）に移り、そこでニュートンと同じく三つの「運動法則」が呈示される。その第一は「物質量恒存の法則」、第二は「慣性の法則、第三は「作用・反作用の法則」である。しかし、ここで周知のように、ニュートンの「力」と「加速度」の因果関係を示す第二法則がない。それは「慣性の法則」に取って代えられているのである。

そこで問題は、この「力」の概念と因果作用の関係、ならびに、私が強調し、山本氏に留意してもらっている因果の非対称性の関係である。より具体的には、カントにおいて、「力」の概念と、「力学」の第二法則（慣性の法則）および因果関係の非対称性との関係はどう説明されるのかということである。

山本氏は、『自然科学の形而上学的原理』では「力学」の章は（力の概念が展開される）「動力学」の章を前提しており、また『第二類推論』の因果関係に関わる因果関係の非対称性ということについては、『自然科学の形而上学的原理』の「力学章」をもって完成すると言われるが、私にはカントの論述が必ずしも判明でないように思われる

いずれにしても、私には、カントの因果関係についての議論はディレンマに陥らざるをえない所があると思われる。第一に、カントはヒュームの因果論から影響を受けて、事物の間に因果関係は実在的にはないという議論を受け入れた。しかし、それで因果関係をヒュームのように恒常的随伴がもたらす習慣であるという説はとらなかった。そこで山本氏のいうように「カントは知覚の客観的継起そのものを可能にするカテゴリーの介入を認めた」（本書100頁）。そうすると事象の因果関係はもちろん人間が事象に写し入れたということになり、その場合、個々のケースについて、どちらが原因でどちらが結果なのかということは、事象の方からではなく、人間の側からのいわば恣意的決定ということになる。しかしこの説は受け入れがたいであろう。そこでもとにもどって個々のケースにおいて事象の因果の非対称関係は事象の方で決められているというと、今度は、それなら、事象間に因果関係は実在的にないとする、ヒュームの説を受け入れたことにならないではないかということになる。以上の点、どう考えられるのか、むしろ私の方が山本氏に教え願いたいと思う。

さて最後に、「小林道夫氏のカント解釈について」における第一の問題提起に答えておかなければならない。山本氏は、私への問題提起で、結局、われわれの認識は基本的に「現象」に関わる他はないのではないか。この枠内で実在論の可能性を探究したところに、カントの「経験的実在論がある」とされ、その立場に、

現状を鑑みても、山本氏は同感されるようである。

しかし私見によれば、「実在論」として、カントの「経験的実在論」に留まる必要はない。確かに私がいろんな所で書いているように、科学的作業は、対象を「数学的記号体系の宇宙」に移しいれてのみ成立する。その作業をア・プリオリに規定する前提があり、これは不変であって、カントの意味で超越論的枠組みであると言える。そのような、科学的作業には超越論的枠組みが設定されるということを示したところにカントの偉大さがあると言えると思う。しかしカントの誤りは、そのような基本的枠組みに、空間や時間及び一定のカテゴリーまでも組み入れたことにある。そのような科学理論自体の基本的概念は科学の進展とともに修正されて行く。そして科学が対象とするのは数学的記号体系のもとでの事象であるといっても、それを通して対象とされるのは、人間にとってのみ主観的に与えられる「現象」であると考える必要はない。われわれはカントの超越論的枠組みの考えを活かしつつ、経験的実在論にとどまらない「科学的実在論」を展開できるのである。

伊藤氏への答弁

伊藤氏からは、今回、改めてパースの哲学についていろいろ教えられることになった。以下では、デカルトとパースとの違いを私なりに整理するとともに、いくつかの点でデカルトを擁護しておきたいと思う。

パースは記号論の一大先駆者であることはよく知られている。伊藤氏が説明されるような、「人間は記号である」といった思想はデカルトにはない。デカルトはいうまでもなく「解析幾何学」の創始者であり、そこで、アルファベットの記号を駆使している。また、それ以前に数学の表記法の改革や次数一致の法則を排除する考えを提示している。しかし、人間の思考は記号であり、記号の連鎖が知的生産力をもたらすという思想はない。その点は、デカルトのすぐ後のライプニッツと比較すると顕著である。ライプニッツは、当初より、『結合法論』や「普遍的記号法」の思想で、「記号体系」の持つ生産性に注目していた。またその認識論では、「記号的認識」を、神のみに可能な「直観的認識」に変わるものとして重視した。これに対して、デカルトの場合、とくに数学において、その主軸は明晰な「直観」であり、記号はあくまで道具にほかならない。そこでデカルトは『幾何学』（一六三七年）で、明晰な直観に入り来ないいわゆる超越曲線を正当な数学的対象と見なさないとまで言っているのである。人間の思考における記号的認識の重要性・生産性の認識という点で、デカルトはあきらかに、ライプニッツやパースに超えられているのである。

次に伊藤氏は、「われわれの認識に絶対的な確実性を要求する認識のモデル」（本書122頁）、あるいは普遍的懐疑、すなわち、すべてに判断の保留を付けようとする過剰な懐疑といった、いずれもデカルト主義の所論に対するパースの批判を紹介されている。パースによれば、「探究とは信念から懐疑へ、懐疑から信念へと進行する連続的でダイナミックなプロセス」（本書122頁）であり、「背景的信念のネットワークの役割と、探究の文脈における懐疑にたいする具体的な動機づけの必要性を強調せずに、精神が純然たる意志の発動によって過剰な懐疑を遂行する事が可能であるように考える思考法は、見方によれば一種の自己英雄視的傾向の露呈」（本書123頁）なのである。

これらの主張は概ねそうであろう。ただここでデカルトを多少擁護するならば、デカルトは『省察』の「読者へのまえおき」で、読者に対して、「私の推理の順序と結合とを理解する」ように強くもとめており、またその「読者へのまえおき」の最後で、『省察』に付した「「反論」とそれらに対する「答弁」とのすべてに最後まで目を通したうえでなければ、これらの省察について判断されないように」と言っている。

コギトの命題は確かに、『方法序説』では「哲学の第一原理」として、『省察』においては哲学の第一の命題としてはじめて不可疑な知識と位置付けられる。しかし、それも「私の推理の順序と結合」の中で理解されるべきものであり、それだけを単独に取り出して「絶対的確実性」と理解されるべきものではない。そのように理解される事から多くの誤った解釈が提示されたともいえる。また、デカルトの意志的懐疑は、アリストテレス主義を排して「精神を身体から引きはなす」という動機に基づいており、最終的には、アリストテレスの自然学を解体して新しい数学的自然学を構築しようということをめざしている。デカルトの懐疑はそのような背景的信念や動機、目的に基づくものであり、その意味で「生きた懐疑」なのである。

さて伊藤氏が提示する、次のパースによるデカルト批判を見よう。デカルトによれば精神の主要な働きは意志と知性の二本柱になるが、パースによると、精神は知性と意志に加えて感情の三部門からなり、この感情の「原初性」を認める事が大切であるという。この点についてデカルトと照らし合せてみると、彼はその認識論においては、確かに知性と意志とを二本柱とする説を展開しているが、第六省察、とりわけエリーザベトへの書簡で、周知のように、「心身合一」の感覚の働きの次元を他の数理科学や形而上学の活動の次元とまったく異質な「原初的次元」として認めており、その観点から『情念論』を著している。その点でパースとの類似性が認められるように思われる。ただし、伊藤氏に従えば、パースの「感じ」は「愛憎」や「恐れ」の「情念」のように、外的な対象からのインパクトを自らの精神の変容「として」感じるものではなく、純粋に質的な意識の発生であるという（本書124–126頁）。

この点についていえば、これは、デカルトによれば、精神の受動であるが、精神にではなく外的対象にのみ関係づけられる受動すなわち「感覚知覚」ではなく、（これに対して精神に帰属され、精神の変容をもたらすものが「情念」である）、情念のレベルでいえば、まだ精神の変容や活動をもたらさないものとしての「驚き」に近いであろう。

それにしても、デカルトによれば「感じの意識」にパースにおけるような重要な役割は与えられない。伊藤氏によれば、パースにおいて「美的感じの意識」は、「諸科学の体系性」の理解において本質的な役割を果たし、それは、物理学、化学から鉱物学にいたる諸科学の体系に交響楽に比すべきハーモニーあるいはタピスリーの模様なような交差した美的世界を感じさせる。一言で言えば、この「美的感じの意識」は「科学の美的展望」という見地をもたらすのである（本書126–127頁）。これに対してデカルトはその『哲学の原理』において、宇宙の生成から始めて宇宙の進化、そして太陽系や地球上の物質の形成を壮大に説明するのであるが、それは一貫して力学的・機械論的見地に基づくものであり、地上の化学的物質や地質、鉱物などのすべてがその見地から解明される。そしてその見地は人間の身体にまで及ぼされ、機械論的生理学の形成をもたらすことになるのである。ここにパースによるような「科学の美的眺望」という見地は入り込む余地はない。ここでデカルトとパースは大きな思想の違いを示しているといえるであろう。

このような違いは、さらに、次に伊藤氏が取りあげる「神の存在」に関する両者の思想の違いに認められる。パースにとって、神についての議論は「神が実在することは確実である」という結論はもたらすものではなく、神の存在は「感じられるもの」である。そこで神が「何であるか」に関して一定の結論が得られ、それはわれわれの人生の成長の糧となる。そこでパースが展開する神の存在の論証において大切な事の一つは、神の省察において感知される美的感じの要素である。「宇宙は（中略）進化する無限大スケールのシステムであり、その秩序の作者である神はこの交響楽の作者にしてコンダクターである。われわれは自然の美とともにその作者の美を感得し、それに魅了される」（本書129–130頁）。そしてパースは神の信仰を本能と感情に帰着させ、最終的に、神の本性については、「神とは愛（アガペー）である」という（本書133頁）。

さてこのような「パースの神」の概念にたいして、伊藤氏は、「デカルトの神」の概念を対置させ、デカルトにおける形而上学的神は「人間における愛への行動を積極的に支援する存在といえるものであろうか」（本書134頁）という疑問を呈される。また「欺く神」の想定のあと、「欺瞞者ではないという否定的な特徴を付与された神という意味でも、なにがしかの不安を残す神であるともいえよう」と述べられる（本書135頁）。

このうち、第一点については、デカルトはエリーザベトへの手紙や『情念論』等で、いわば、当然のこととして、神への愛（献身の情念）を強調しているが、伊藤氏のいうように、そこに「アガペーとしての神」という理解はみられない。デカルトにとって神は専ら、彼が目指す、自然全体について数学に従って真理認識を行おうとする事（数学的自然学）を保証する形而上学の神である。

また第二点についていえば、まさに伊藤氏のいうとおりであって、それはデカルト自身が意図したことなのである。デカルトの神は、その存在証明のあとも、「欺きうるが、欺こうとは欲しない神」なのであり、常に「無差別の自由」を保持し、「望むなら三角形の内角の和が二直角であるということを真でないようにすることのできる神なのである」。一言でいえば、デカルトの神は「無差別の自由」をどこまでも保持し「理解不可能」な神であり、その意味で人間に常に「不安」を持たせ、人間が把握する真理に絶対性を与えない神なのである。

安孫子氏への答弁

（1）

わたしは、学生時代にはベルクソンの哲学に多少親しみ、同感を覚える事も多々あったのであるが、その後、関心がデカルトを中心とした哲学、あるいは科学哲学の方に向ったので、それ以後ベルクソンの哲学に親しむ機会がほとんどなかった。したがって、私はベルクソンの哲学についてはほとんど素人である。そこで、以下、まずベルクソンの哲学に熟知している安孫子氏の論述にしたがって、ベルクソンの哲学を踏まえ、その後でベルクソンとデカルトの対置を試みるという事にしたい。以下の私の論述の前半は従って安孫子氏の論述を私なりにまとめたものである(9)。

安孫子氏はまず、前半で、ベルクソンは一般に「生命の哲学」と称されるが、見かけ以上に歴史について語っており、生命や進化について語ることは、それらが歴史的にどのように語られてきたかという事と切りはなされないと考えていると指摘する。そこで、哲学史をかなり大きく巻き込んでいる『創造的進化』において「古代」や「近代」にどのような内実が与えられているかを検討することから論述が始められる。

そこで哲学史全体を相手取るベルクソンは、「行動すること」と「実在の本質を考察すること」は本來別物のことであり、もっぱら行動のための知性の「静的習慣」が実在の本性に入り込んで二つの「理論的錯覚」を生じ、そしてこの二つの錯覚が古代以来哲学を一貫して支配してきたという判断を下す。

その「理論的錯覚」とは、第一に「空虚から充実へ」と進む思考の習慣と、第二は「不動によって動を」という思考傾向に伴うものである。まず第一の理論的錯覚において、ベルクソンは、行動というものは「空虚を満たし、充実へ」と進み、その空虚は「行動の人」にとっての「空虚」であり、彼の不満に相対的であると指摘する。ところが知性が、この行動の場面を超えて実在の本性を探る作業にまで及ぼされるとき、精神は「空虚」を「絶対視」し、「絶対無」を想定して進むことになり、絶対的な「空虚」を背景におくことになる。しかし「空虚」の想定は、行動の文脈で行動が求めているものと相対的にのみ有意義だったのであり、「絶対無」は精神の操作がもたらしているただの「擬似観念」なのである（本書139頁）。

「不動によって動を」という思考傾向も同様である。行動を司る知性は、まず「結果」に向い、それを「不動のもの」として表象する。その場合、知性が「この結果がはめ込まれる環境」もやはり「不動なもの」としてとらえられ、「固定的な眺め」が布置されることになる。その場合「行動」が問題であるかぎり、この布置は自然であるが、物質の使用からはなれて、実在（持続、生成）の本性の考察に向うとき、そして「不動によって動を考えうると信じる」にいたるとき、人は「錯覚」に陥る。「動」を捉えるには「不動」を介するどころか、そのうちに「一挙に身を置かなければならない」のである。要するに、ベルクソンは、本来「行動」の文脈で機能する「絶対無」とか、「不動によって動を」という思考傾向を「実在の本性（持続）」の解明という場にまで介入させるところに「二つの理論的錯覚」が生じるということ、「充実」や「動」という実在の本性の探究においては、背景に絶対無とか不動という、行動において背景をなす静的なものの概念があってはならないと主張するのである。こうしてベルクソンによれば「理論的錯覚」の支配ということからすれば、古代以来の哲学の諸体系の間にさしたる違いはなく、そこには「理論的錯覚」の大同小異の誤謬の山があるだけなのである（本書140-141頁）。

しかしベルクソンは哲学史を否定的にのみとらえているのではない。そのことは「直観」ということに関わる。ベルクソンは「生命一切、物質性一切の原理」に到達することは不可能なのかという問いを自ら発し、

「不可能ではない。哲学史がそれの証人である、永続している体系で、少なくともその何らかの部分が、直観によって生命を与えられていないようなものはない」（本書141頁、傍点、安孫子氏）という。

ベルクソンによれば、哲学体系は「直観」と「弁証法」という二つの側面を持ち、「弁証法」は「直観」の逆向きのもので、その概念化の中で、当の直観を消失させかねないものであるのに対して、「生命一切、物質性一切の原理」に到達しえていて、体系に生命を与えているのは「直観」であると主張する。彼によれば、哲学史を産出し、したがってまた結果として哲学史でわれわれが出会っているものは、体系ではなく背後の直観なのである。

こうして哲学の「直観」の側面に焦点をあたえるとき、全体として、哲学史の存在意義は回復される事になる。しかしベルクソンによれば、この「直観」とは「一つの真理」の下に「哲学者すべてを」結ぶようなものであり、哲学は全体として「共同的で斬新的なもの」であって、ここには近代の哲学といった特段の切り取りを許すようなものはない。そうであるから「直観」という事から哲学史が一定の存在意義を回復するにしても、近代の哲学がそれとしてそれ独自の意味を得てくる事にはならないのである。

そこで注目すべきは、ベルクソンは、「「古代」から「近代」へといった飛躍的な歴史的変化をもたらしているのは哲学ではない、（中略）それは科学である」（本書143頁）と主張していることである。ベルクソンによれば「近代科学は、動性が独立の実在として打ち建てられたその日に発足した。それが発足したのは、ガリレオが、斜面上の球を転がしながら、落下運動そのものをそのものにおいて研究しようと決意したその日においてなのである」（本書143頁）。

そして近代哲学が古代哲学と区別していわれることになるのも、この近代科学との結びつきによってなのである。すなわち、近代哲学はそれ独自の業績は有してはおらず、先立つ哲学とそれが区別されるとすれば、それはただ近代科学の業績からなにかのものを借りてきた限りにおいてなのである（この点について筆者〔＝小林〕にコメントをさせてもらうならば、これはベルクソンにしてはやや安直な理解である。近代科学そのものが、ガリレオやデカルトたちによる、とくに〔不動（たとえば上下の不動関係）〕という理論的錯覚から成立するアリストテレス主義の解体という哲学的作業のもとで成立したのであって、近代科学が哲学と独立にすでに形成されてあり、哲学はそれから「動性」というものを借りたというのではないのである）

ベルクソンは、この歴史的変化を特に「時間」に関して説明する。すなわち、古代においてアリストテレスは、「特権的瞬間」としての二つの「不動」すなわち上下という概念によって運動を説明できるものとしたのにたいして、ガリレオは「運動」そのものを「独立の実在」とみなして「特権的瞬間」に帰着させたのである。換言すれば、「近代科学は、時間を独立変数として捉えようとする熱望によって定義されるべき」（本書144頁）なのである。こうしてベルクソンによれば、古代と近代を分かつのは「時間」なのである。そうして、近代科学では「時間は自然の文節をもたない」（本書145頁）のであり、その限りで「持続」というものがそこでは確かに直観されていたのである。

ところがベルクソンによると、この「持続」は、把握されたのとほぼ同時に手放されてしまう。「物質の科学」はつまるところ「日常的知識と同様に進」み、「不動」を考える事になる。そうして近代科学の「自然の文節」を持たない時間には、代わりに「任意の瞬間」での停止が持ち込まれることになる。その際、一瞬一瞬の任意の停止点は「質的変化」で分たれてはおらず、「量的変化」しかもたなくなる。しかもそれは日常言語に頼っては行われず、「特別に精密な記号」に頼る事になる。こうして結局、「不動によって動を」をとらえるというところに戻ってしまうのである。

ベルクソンは、近代物理学が、「持続」であるこの「創る時間」を空間化された「長さの時間」で置き換えることで実際に成立していったことを認める。しかしだからこそ「そのような物理学と並行して、その物理学が取り逃がしたものを引きとどめるべき第二の種類の認識が構成されなければならなかった」（本書146頁、傍点、安孫子氏）のである。その第二の種類の認識では「われわれは、生成の内部へと、共感の努力に依って自らを導いて行く」。そこでは「内部に身を置くこと、つまり直観」が遂行されなければならない。結局、「科学は瞬間、つまり持続しないもののみを保持し、他方で、形而上学は持続そのものに向かっており、両者は、相補的ではあるが、対立する認識方法となる」（本書147頁）。

（2）

以上、安孫子氏の精緻な説明に全面的に依拠して、特に『創造的進化』におけるベルクソン哲学の展開を踏まえてみた。次はこのようなベルクソン哲学とデカルト哲学とを対置してみる番である。

安孫子氏は、「デカルト主義のうちには揺れ動きが認められる」というベルクソンの言葉に着目して、その意味を追求する。ベルクソンは次のようにいっているのである。「一方で、デカルトは普遍的な機械論を肯定する。（中略）しかし他方で、デカルトは人間の自由意志を信じる。彼は物理的現象の決定論の上に、人間の行動の非決定論を重ね合わせる。（中略）長さの時間の上に、発明や創造や真の継起の場である持続を重ね合わせる」（本書148頁、傍点、安孫子氏）。ここでベルクソンが、「長さの時間のうえに、発明や創造や真の継起の場である持続を重ねる」といっていることの意味はどういうことであろうか。

安孫子氏は、この意味を『精神の諸理論についての講義』においてベルクソンがデカルトについて説明したことを参照して次のように述べる。「ここでは、デカルトは「精神」の本質（「実体としての性質」）を「持続」に、（中略）「精神の連続的存在」、「精神が自らを捉える不断に更新される行為」に置いた」（本書148–149頁）。

そして、ベルクソンが「私は考える」で強調するのは「どこまでも繰り返す」ということである。彼にとっては「「私は考える」はまさに「持続」なのである」（本書149頁）。

このベルクソンの解釈は、デカルトのコギトの解釈として間違ってはいない。実際に、安孫子氏も引用しているように、デカルトは『省察』で「私はある、私は存在する」と言明したあと、「だがどれだけの間か。もちろん、私が考えている間である」[10]と言っているからである。この解釈を補強する決定的な文面がデカルト自身の著作にある。それは『ビュルマンとの対話』の中の次の一節である。「一つの思考が瞬間のうちに（in instanti）なされること、これは虚偽である。というのも私の活動のおのおのは本性からして時間のうちで（in tempore）なされるからである。それで、私はある時間のあいだ（per aliquod tempus）、同じ思考を続け保持するということを肯定することができる」[11]。この文面に従って（そこに持続という言葉はないが）、一時期支配的であった、「デカルトの時間（あるいは体系全体）＝瞬間説」は訂正されなければならないのである。

さらに「直観」について言えば、デカルトは「コギト・エルゴ・スム」を三段論法に従う推論とみなすことを拒否し、それは「精神の単純な直観によっておのずから知られるもの」である、ということを強調しているのである[12]。

他方で、安孫子氏によれば、ベルクソンは、デカルトが、この私の持続を、創造行為を絶えず更新する神に依拠させていると指摘しているという。これは、いわゆるデカルトにおける神の「連続創造説」あるいは「保存すなわち創造」説のことである。ベルクソンによれば、精神と世界の「連続存在」は神による創造の繰り返しの賜物なのである。このようにデカルトとベルクソンの間に通底している部分が見られるのである。

(3)

しかし、このようにデカルトとベルクソンとの間に通底している部分が認められるにせよ、やはり彼らの間には本質的な相違がある。第一に、デカルトによれば、「私は考える」ということに、「私がある時間の間、同じ思考を続け保持する」ということが含まれているにせよ、その内実は、特にデカルトの思考の典型をなす、「普遍的懐疑」から「私は存在する」にいたる局面についていえば、（思考にとって）外的な対象全体に対して「確実なものは何もない」ということを、自らに説得する「意志的行為」である。その結果、「しかし私は存在する」と断定され、思考の流れは一旦そこで止まるのである。これはベルクソンがいうところの、「実在の本性」としての「持続」や「内的生命の流れに身をおく」ということとはおよそ違う。デカルトの「私は思う」の顕著な側面は知性が呈示するものに対する「意志の肯定・否定の判断」にあるのである。

同様のことがデカルトの「連続創造説」にも見受けられる。確かにベルクソンがいうように、私の存在の連続の根拠は、デカルトによれば、神の「連続創造」である。しかし、それは、時間は無数の時間に分割可能で、しかもその分割されるものは相互に独立であって、あるときに私が存在したということから、続いて今私が存在するということは帰結しないということから導出される。したがって、「私は考える」ということがある瞬間においてでなく、ある時間のうちでなされるにしても、人間の内的時間そのもののうちに持続が一貫して実在の本性をなすものとして感知されるということではないのである。ベルクソンは、人間の内的時間についてそれが無限分割可能で、それらの部分は相互に独立であるとは言わないであろう。

（4）

さて、いずれにしても、以上で、ベルクソンがデカルトの思想のうちに、彼独自の解釈によるにしても、なにがしか同感したであろう側面があることを安孫子氏の論述を参照しながら確認した。そして私は、そのような部分においてもやはりデカルトとベルクソンの違いは認められることを指摘した。しかし、デカルトとベルクソンの異同を、そのような側面の異同だけですますことなどできない。安孫子氏は、ベルクソンが、デカルトにおいて、「持続」を認めうる「私は考える」が、彼が展開する「機械論」のゆえに空洞化していく過程の論述を、『形而上学入門』のなかの、デカルトのいわゆる「蜜蠟の分析」に重なる文面のうちに読み取る。

「蜜蠟の分析」とは、安孫子氏も説明しているように、『省察』第二の後半で物質的事物の本質を知るために暫定的になされるものである（暫定的とは、この段階では「物質的事物」の存在はまだ論証されていないからである）。そこで、デカルトははじめは固い蜜蠟をさまざまに変容させ、それが最後には液状化するまでの過程を追う。それでデカルトはそのようさまざまな変容をとげた蜜蠟に対して、それでも自分が対象としているのは「なお同じ蜜蠟」であると断定する。そして、さまざまな変容を遂げてなお存続するその同じ蜜蠟に属する普遍的本質とは「精神のみの洞見」によってしか把握できない、一言でいえば「（幾何学的）広がり」すなわち「延長」だけなのである。

安孫子氏によると、ベルクソンは『形而上学入門』で、この「蜜蠟の分析」を読みかえて、ここでの人格は「諸状態を通り過ぎ終わっていて、その痕跡を観察するために［ただ］振り返っている」だけの「はたらいていない」人格であると解する。そこでは「私は考える」は「内から外へと向かって球面をなし、広がって外の世界に消失していく傾向をもつ」（本書150–151頁）のである。

そこでまさにここにおいてベルクソンはデカルトと袂を分かつ。ベルクソンによればさまざまな変容を遂げた蜜蠟をふりかえって「なお同じ蜜蠟」であるとみなす私とは「はたらいていない人格」であって、それは内から外へ分散し、最後には「延長」という機械論の「空間」を把握するにいたって「時間を通じてながれていくわれわれの人格」から離れて外界に「消失」してしまったものなのである。ベルクソンは反対に「〔散らばってしまった〕自分を周辺から中心へと集め戻し、私の奥底に、もっとも一様に、もっとも恒常的に、もっとも持続的に自分自身であるものを求めよ」（本書152頁）と主張するのである。デカルトは「私は考える」においで或る「流動」を認め、「蜜蠟の分析」でのはじめの部分には同じ流動を認めたかもしれないが、変化を貫いて存続する蜜蠟を「なお同じ蜜蠟」として把握し、さらに『省察』第三以降、観念を軸にして議論を展開して行く段になるとき、デカルトは「流動」とほど遠い機械論と決定論に支配されることになってしまったのである。

さてこのようなベルクソンによるデカルト哲学に対する根本的批判に対してはどう答えるべきであろうか。安孫子氏が取りあげた「蜜蠟の分析」についての議論がまさに、両者の対立を教示している。ベルクソンは、「蜜蠟の分析」で、最後に「なお同じ蜜蠟」であると判断するデカルトに「はたらいていない人格」を読み取り、そこでの思考形態を「内から外への分散」であるとした。デカルトの意図はまさにそれと反対の立場のものである。デカルトの時代まで支配的であったアリストテレス主義の経験論的認識論によれば、知性そのものは（それ自体みずからは対象をもたず働かないところの）タブラ・ラサであって、認識は感覚対象がその形相を魂に刻印することから始まる。デカルトは、この経験論的認識論を破るために、知性にとって外なるものはいったんすべて普遍的懐疑で否定し、身体を含み外なるものすべてを自らから引き離し、そうしてそれでも「自ら働く（疑う、考える）」ものとしてコギトを獲得したのである。デカルトは、ベルクソン流にいえば、外なるものをすべて無効化して内へと向い、そこで発見されたのが「私は考える」なのである。また「蜜蠟の分析」についても、これは、内から外へと向う形態ではなく、蜜蠟のさまざまな様態を単に通覧するだけでもなく、それらを蜜蠟の本質を構成するものではないとして排除し、その本質は、知性の内にある生得的な「(幾何学的)延長」の概念によって「精神のみの洞見」によって把握されると主張するものである。つまり「私は考える」は、コギトの局面においても「蜜蠟の分析」の局面においても「内なる意志の判断」として「はたらいている」のである。

しかし、これらのさまざまな点での違いも、結局は、彼らの哲学的意図や立場に帰着するものであると言わねばなるまい。その違いとは一言でいえば、それまでのアリストテレス主義の哲学体系を解体することを目的として、普遍的懐疑によって物心二元論と認識論上の生得説を設定し、永遠真理創造説の神によって、あらたな数学的自然学を、「延長(空間)則物質説」を基礎として構築しようとしたデカルトと、そのあと発展した(空間概念を基礎とした)数学的自然学がもたらした「空間中心主義」の人間観と世界観に対して批判意識を強め、「持続」という時間概念を中心として独自の哲学体系を構築したベルクソンとの違いである。

最後に、ベルクソンに関して注目すべきことを付言しておこう。安孫子氏によれば、ベルクソンは『精神的エネルギー』のなかで「デカルトが有していた実在的感覚」ということを強く指摘しているという。それを受けて安孫子氏は次のように述べる。「デカルトは心身問題で、平行論といった形での体系化に訴えず、心身合一については、それを一つの「原始的概念」と見なして「ただ生と日常の会話を行使することによって」理解すべきことを説いたのであった。[13]ベルクソンはそこに、体系構築すなわち概念の空間的配置によって「安定」の獲得を求めていく「形而上学的記号主義」へはなびいていかない、デカルト流の「実在感覚」を見たと言えるのである。さらに言えば、「生の行使によって」と説くデカルトは、心身合一の問題を「空間との関係」ではなく、「時間との関係」で解こうとしていた、ともおそらくベルクソンは言うであろう」（本書152–153頁）。同感である。デカルトは、あらゆる次元の事柄を「空間概念」を下敷きにして一元的に理解しようとした哲学者ではなく、それらのうち異質なものは異質なものとして多元的に理解しようとした柔軟な思考の持ち主であったのである。

文献

Descartes, *L'entrtien avec Burman*, édition, traduction et annotation par Beyssade, J.-M. 1981, puf.
Marion, J.-L. 1981, *Sur La théologie blanche de Descartes*, puf.
Marion, J.-L. 1986, *Sur le prisme métaphysique de Descartes*, puf.
ヒューム『人間本性論』第一巻「知性について」、木曾好能訳、一九九五年、法政大学出版局。

注

（1）本文中の訳について、パスカルの著作に関しては、塩川氏が論文中で引用・翻訳されているものについては、それに従った。それ以外の文章の訳は、『世界の名著』（中央公論社、一九六六年）所収の前田陽一訳に従っておいた。『パンセ』からの引用は、塩川氏もそれの断章番号を記しておられ、私も親しんできたブランシュヴィック版にしたがい、(B 78) というふうに引用箇所を本文中に記した。

（2）*Lettre à Mersenne*, 11 novembre 1640, AT III：233.

（3）*Lettre à Mersenne*, 28 janvier, 1641 AT III：297–298.

（4）このアリストテレスの認識論については、『魂について』、中畑正志訳、京都大学学術出版会、二〇〇一年、一一九頁、その他参照。「表象像」、「表象」という訳語は従来のものを使った。『記憶と想起』、副島民雄訳、アリストテレス全集第六巻、岩波書店、一九六八年、225-226頁参照。

（5）Decartes, *La recherche de la vérité*, AT X：523.

（6）デカルトの永遠真理創造説とその諸問題については、以下の論文で詳述しておいた、「永遠真理創造説とその諸問題」（小林 2000：第二部、第一章、41-91）。

（7）この方向の解釈の代表者はMarion, J.-L.（Marion 1981, Marion 1986）である。

（8）ヒューム、一九九五年、7頁。

（9）この部分の叙述は全面的に安孫子氏の論述によっているので、文中の、ベルクソンからの引用の訳はすべて安孫子氏によるものであり、鍵括弧も氏の論述を考慮したうえのものである。

（10）『省察』、AT VII：27.

（11）Descartes, *L'entretien avec Burman* AT V：148. 訳はJ.-M. Beysssde（1981：22）の訳を参照した。

（12）『省察』第二答弁、AT VII：140.

（13）*Lettre à Elisabeth*, 28 juin, AT III：692.

第二部

現代哲学編

第八章　誰よりも偉大なデカルト
——デカルト＝小林道夫氏の心の哲学について

美濃　正

本章で私は、小林氏の心の哲学について批判的に論じる。同氏の心の哲学は、ほぼぴったりとデカルトの心の哲学に一致すると考えられるので、むしろデカルトを標的としながら論を進めることにしたい。

本章の概要は以下のとおりである。第1節では、デカルトの心の存在論（いわゆる心身二元論）がまったく根拠を欠くものであることを論じ示す。第2節では、デカルトの心身関係論（相互作用説）が彼の信奉した別の基本理念と矛盾すること、いわゆる「デカルトの矛盾」について論じる。最後に結論において、デカルトがこのように徹底的に誤った心の哲学を強力に主張したからこそ、彼は近世以降の哲学史上ならぶ者がないほど偉大な哲学者たりえたのだ、ということを再確認する。

一　デカルトの心の存在論について

心の存在論とは、心とはどのようなものであるのか、心の本性とは何かを明らかにしようとする理論のことである。デカルトが採った心の存在論は、言うまでもなく「心身二元論」（ないし「心と物質の二元論」。以下、「二元論」と略称する）と呼ばれる立場である。しかし、彼がこの立場を採るにいたった根拠はどのようなものであろうか。そして、その根拠はどれほどの説得性をもつものであろうか。本節では、デカルトが自らの二元論に対して与えた論証のうち、もっとも強力と考えられる論証(1)の妥当性について批判的に検討する。

まずはじめに、問題の論証の内容を確認しておきたい。Hooker（1978）の整理・再構成によれば(2)、それは次のような論証である。

（1）私は、私自身は存在するが、いかなる物体（物質的事物）も存在しないという事態を思考することができる。［前提1］

（2）思考可能な事柄はすべて（成立）可能である。［前提2］

（3）したがって、私が存在し、いかなる物体も存在しないということは可能である。［前提1と2より］

（4）もし何かが物体であるならば、それは本質的に物体である（それが存在するすべての可能世界において、それは物体である）。［前提3］

（5）したがって、もし私が物体であるならば、私は本質的に物体である。［前提3より］

（6）もし私が本質的に物体であるならば、私が存在し、かつ、いかなる物体も存在しないということは、不可能である。［「本質的に」という語の定義により］

(7)したがって、私は本質的に物体であるわけではない。[(3)と(6)より]

(8)それゆえ、私は(現実に)物体ではない。[(5)と(7)より]

この論証の鍵を成すのが(ある事態の)「思考可能性」という概念であることは明白である。それゆえ、これを「(デカルトの)思考可能性論証」と呼ぶことができる。[3] はたして、思考可能性論証は二元論の論証に成功しているのだろうか。以下、順を追って、思考可能性論証の批判的検討を進めたい。

前提1の問題点

まず最初に、思考可能性論証の前提1について検討するが、その根拠は明らかに、デカルトによるあまりにも有名な「方法的懐疑」のうちに求められるだろう。つまり、方法的懐疑の一つの産物として前提1は確立されるのだとデカルトは考えた、とみなすのが妥当であろう。

物体についての感覚的信念は誤りうるものである。したがって、感覚的信念にはつねに疑いの余地がある。ところで、少しでも疑いの余地のある信念については、それを誤ったものとみなす、あるいは否定するというのが、方法的懐疑の眼目である。それゆえ方法的懐疑という手続きによって、(物体の存在について知るための最終的手がかりは感覚以外にはないのだから)物体の存在に対する信念は、疑いの余地あるものとして否定されることになる。これは言い換えれば、いかなる物体も存在しないという事態の成立を考えることにほかならない。したがって、いかなる物体も存在しないという事態は思考可能である、ということになるのである。

しかし、いかなる物体も存在しない状況において(考える)私自身は存在しているという事態もまた、同様に明白に思考可能だろうか。デカルトの理屈はこうである。「私があらゆる物体の存在を疑っている、ないし、否定している状況においても、そのように疑い、あるいは否定している私の存在を疑い、否定することはできない。それゆえ、いかなる物体も存在しない状況を考えるということは、結局、私が存在し、かつ、いかなる物体も存在しないということを思考するに等しいのである」。

しかし、デカルトのこの理屈は通らないことを見てとるのは、さほどむずかしいことではない。必要なことは、「思考される状況」と（いわば）「思考状況」との区別である。私が全物体の存在を疑い、否定している状況（「思考状況」）においては、もちろん（疑い、否定している）私の存在を否定することはできない。（「いま私が何かを疑っているとすれば、疑っている私が存在する」というのは、一つのトートロジーにすぎない。）しかし、そのことは、私の思考対象である（いかなる物体も存在しないという）状況（「思考される状況」）においても、私の存在は否定できないということを言うまでもなく意味しない。したがって、デカルトの理屈どおりに、いかなる物体も存在しない状況を考えることは、自動的に、私が存在し、かつ、いかなる物体も存在しない状況を思考するということにはならないのである。したがってまた、思考可能性論証の前提1が確立された真理であるということも、なんら結論づけられない。私が存在し、かつ、いかなる物体も存在しないという事態がはたして本当に思考可能なのかどうか、何らはっきりしたことは言えないのである。デカルトの誤りは、思考状況についてのみ成り立つ事柄を、思考される状況のうちに勝手に密輸したという点にあるということができるだろう。

「心の透明性テーゼ」あるいは懐疑の不徹底

前項で確認したのは次のことである。つまり、たとえ、いかなる物体も存在しないという事態が明白に思考可能だとしても、そこから、いかなる物体も存在しないが（考える）私だけは存在するという事態が思考可能であることを導き出すことはできない、ということである。しかしそもそも、いかなる物体も存在しないという事態は、本当に思考可能だと言えるのだろうか。いや、この事態にかぎらず、他のどんな事態であっても、思考可能だと確実性をもって言えるような事態がはたしてあるのだろうか。

デカルトなら、こう答えることだろう。私はいま現に「いかなる物体も存在しない」という事態（あるいは、「私はいま暖炉の前に置いた椅子に腰掛けている」という事態であれ、他のどんな事態であれ）について考えている。そういう事態について自分が考えていることを、私は確実に知っている。私が現にそれについて思考しているのだから、当然、その事態は思考可能である。そして、自分がそれについて思考していることを私は確実に知ることができるのだから、その事態が思考可能であるということも私は確実性をもって言うことができる。

デカルトがおそらく提出してくるであろうこのような回答は、自分がいま何を考え、何を感じ、あるいは何を欲しているかを、私たちはすべて誤りなく知ることができる、という考えにもとづいている。言い換えれば、自分の現在の心の状態（心的状態）は当人にはすべて明らかであり、かつ、当人がそれについて誤った認識をもつことはけっしてない、という主張である。したがって、このような主張は、「心の透明性テーゼ」と呼ぶのがふさわしいだろう。(4) 細かい解釈上の証拠を示すことは省略するが、デカルトがこのようなテーゼにコミットしていたことにまず疑いの余地はない。そして心の透明性テーゼによれば、私がたとえば「いかなる物体も存在しない」ということを思考するならば、そのことを私は確実に誤りなく知ることができ、そのことによって、いかなる物体も存在しないという事態が思考可能であることも知ることができるのは明らかである。（同じことは、もちろん「いかなる物体も存在しないが、考える私だけが存在する」という事態についても言えることになるだろう。）

しかしながら、心の透明性テーゼはもっともらしい主張ではない。それは、自分の心の状態についての自分の認識が誤りだったことに後になって気がつくという、ありふれた日常的経験からしても明らかだと思われる。たとえば、ある人に対する嫌悪感と思っていたものが、後になって、羨望の念にすぎなかったことが判明するといったことである。[5] 自分自身の心の状態について認識する作用ないし能力を「内観」というが、内観は完全でもなければ不可謬でもないという見解が、日常的経験に照らしても科学的知見に照らしてもより妥当なのである。それゆえ、「いかなる物体も存在しない」という事態は思考可能だというデカルトの考え、したがってまた、「いかなる物体も存在しないが、考える私は存在する」という事態も思考可能だという、思考可能性論証の前提1は、デカルトによって確実な前提として確立されているわけではないのである。

方法的懐疑の眼目は、すでに述べたように、ほんのわずかでも疑い（誤り）の余地のある事柄についてはそれを否定するという懐疑の徹底にあった。もし上述のような経験が示すように、私たちの内観能力にわずかでも疑いの余地があるのならば、デカルトは自分の基本方針に従うかぎり、外的物質的世界の存在に対してと同様に、考える私の存在に対しても疑いの目を向けなければならなかったのである。なるほど、もし私が何かを考えている（疑っている、感じている、欲している等々）と言えるなら、そこから考える私が存在することはただちに導き出される。しかしそれは、ホッブズが喝破したように（『省察および反論と答弁』第三反論を参照）、もし私が歩いていると言えるならばそこから歩く私の存在が導き出されるのと同じことにしかすぎない。問題はこのような推論が妥当であるか否かではなく（妥当であるに決まっている）、そもそも推論の前提である私がいま何かを考えているということを、どのようにして確実に知ることができるのか、である。このことを確実に知る術はないと思われるだけではなく、心の透明性テーゼを認めることはデカルト哲学のもっとも基本的な方法論に真っ向から反するのである。したがって、デカルトのやり方はここでは（物体の存在に対する場合と心的状態の存在に対する場合との間で）まったくバランスを欠いていると言わざるをえないだろう。

すでに述べたことだが、このように、心の透明性テーゼをとおして、思考可能性論証の前提1を確立するというルートもまた、デカルトにはじつは閉ざされていると言わなければならない。要するに、この前提はデカルトによる根拠づけを欠いた主張にすぎない。つまり、思考可能性論証は、そのように不確実な前提を出発点とする論証にすぎないのである。これは言うまでもなく、論証の説得性を大幅に減じることであろう。

思考可能性論証全体の評価

これまでに示されたことは、思考可能性論証の前提1は確実に真な主張とは言えない、ということにとどまる。だから、ここで次のように考える人がいたとしても不思議ではない（実際、そのように考える人はかなり多いだろうと思われる）。たしかに前提1は確実に真とは言えないだろうが、それでもそれなりにもっともらしい（おそらく真な）主張なのではないか。したがって、論証の残りの部分における推論が成功しているならば、思考可能性論証はそれなりに説得性のある論証と言えるのではないか。

デカルト自身は前提1が確実に真であることを求め、かつ、そうであると確信していたものと考えられるが、思考可能性論証が論証としての説得性をもつためには、そのすべての前提が確実に真であるようなものである必要はないのかもしれない。いずれの前提もそれなりに真である蓋然性が高いものでありさえすれば、論証は説得性をもちうるだろう。したがって、この論証を退けようとするのならば、特定の前提の根拠に注目するだけでは不十分であり、残りの部分を含む論証全体についての検討評価が必要かもしれない。そこで、この検討評価の作業を本項でおこなうわけだが、結論を先取りして述べるならば、思考可能性論証の3つの前提は互いに不整合である疑いが濃厚であり、それゆえ、この論証は論証としての価値をもたない、ということになる（粗く言えば、互いに不整合な一組の前提からはどんな結論でも導き出せると考えられるので、そのような論証は価値を失うのである(6)。

では、どうしてこういう結論になるのか、より詳しく見てみよう。

鍵になるのは、思考可能性論証で用いられる「思考可能」という述語の意味である。まず、前提1を明らかに真とするようなこの述語の意味があるとすれば、その代表的なものは「明白な矛盾があるとは思われない」という意味だろう。いかなる物体も存在せず、ただ考える私だけが存在する、ということに明白な矛盾があるとは確かに思われない。しかし、「思考可能」の意味がこのようなものであるなら、おそらく前提2は成立しないだろう。明白な矛盾があると私たちには思われないことが、実際には矛盾を含んでおり、したがって成立可能ではないということは十分ありうるからである(7)。

また、たとえこの場合に前提2が成立するとしても、そのときには、前提3が不成立となるだろう。なぜなら、たとえば次のことに明白な矛盾があるとは思われないからである。私の手元にあるデカルト全集の第1巻が別の可能世界において長さも幅も厚みも、質量、空間的位置さえもたないような対象、要するに一つの非物質的対象であるということについて、明白な矛盾を指摘することは私たちにはできないだろう。もちろん、このような可能的事態を考えても、ほとんど無意味である。しかし、あえてこのような事態を考えたときに、そこに明白な矛盾を見出せるかといえば、答えはノーだろう。つまり、一般化すれば、任意の物体が(別の世界において)非物質的対象であるという事態について明白な矛盾があるとは思われず、したがって、いま考えている意味において、それは思考可能である。しかし、いま前提2の成立を仮定しているのだから、この事態は(形而上学的に)可能であることになる。つまり、物体が物体でないことが可能であるがゆえに、物体は本質的に物体であるわけではない(前提3は成り立たない)ことになるのである。

では、「思考可能」の別の意味を考えてはどうか。特に前提2を問題なく成立させるような意味を考えては

どうだろうか。典型的には、

「思考可能である」＝def.「（実際に）矛盾がない」

と考えれば、よいのではないだろうか。

もちろん、このように考えた場合、前提2は問題なく成立する。のみならず、この意味での「思考可能」は前提3にとっても好都合であるように見える。私が所有するデカルト全集の第1巻が（可能的に）長さ、幅、厚み、質量、空間的位置をもたない非物体であるという事態に、確かに明白な矛盾は見出せない。しかしだからといって、いま考えている意味では、この事態が思考可能になるわけではない。したがって、先ほどの場合のように、前提3の不成立は導き出されないのである。

しかしながら、「思考可能」の意味をこのように考えるならば、前提1はよく言っても真偽不明となる。すでに述べたとおり、いかなる物体も存在せず、ただ考える私だけが存在するという事態に明白な矛盾は見出せない。だがだからといって、この事態に「（実際に）矛盾がない」とは断言できない（つまり、いま考えている意味で思考可能だとは言えない）からである。さらに、明白な矛盾があるとは思えないということ以外に、この事態に（実際に）矛盾がないということに対するどのような説得的根拠がありうるのか、私には考えつくことができない。もし、このこと（つまり、明白な矛盾があるとは思えないということ）だけで、問題の事態に（実際に）矛盾がないと結論するに十分だと言うのなら、こんどは前提3に関して厄介なことが生じるだろう。なぜなら、すでに見たとおり、物体が非物体であるという可能的事態に明白な矛盾は見出せず、しかもそのことがこの事態に実際に矛盾がないと結論するに十分な根拠を与えるのだとすれば、結局（先ほどと類似の仕方で）前提3の不成立が導かれることになるからである。

前提1〜3をすべて同時に問題なく成立させるような述語「思考可能である」の適切な意味は、はたしてあるのだろうか。私自身は思いつかないし、寡聞にして他人がそのような意味を指摘しているのを見たこともない。したがって、思考可能性論証の前提1から3がすべて同時に成立すると明らかに認められる場合を見出すことは困難だと結論できるだろう。むしろ、それらが同時に成立することはありえないのではないかという疑いが強く残る。それゆえ、思考可能性論証は、個々の前提の信頼度はさておいて全体としての構造だけから言っても説得力を欠くのである。しかし、この論証がデカルトが二元論に対して与えた諸論証のうちもっとも説得的と考えられるのだから、結局、デカルトの二元論はいっさい説得的根拠づけを欠いたままに終わっていると言わざるをえないのである(8)。

二　デカルトの心身関係論、あるいは、「デカルトの矛盾」について

前節においてデカルトの心の存在論が根拠を欠くものであることを確認した。こんどはデカルトの心身関係論に目を転じ、それが彼の心の哲学、ひいてはデカルト哲学全体にとってもつ意義について考えることにしたい。それは、いわゆる「デカルトの矛盾」について再考することにもなる。

デカルトの心身関係論は、よく知られているように、(心身)相互作用説と呼ばれる立場、つまり、人の心と身体は密接な因果関係に立つと主張する立場である。この立場は、デカルト哲学にとって大きな困難を生じさせるものであることが、早くから指摘されてきた。しかしながら、まずはじめに注意しなければならないのは、これらの困難(の少なくともほとんど)を生じさせるのは、相互作用説それ自体ではなく、デカルトが相互作用説とともに二元論を採用しているという事実だということである。相互作用説自体は、むしろ私たちの健

全な常識の一つを表現する主張だと言うべきだろう。たとえば、「次の列車に乗ろう」と意志ないし欲求するとき、多くの場合に私たちは実際に次の列車に乗る行動（これは一つの身体的つまり物理的運動である）をとるだろうが、相互作用説の主張どおり、これら両者（意志と行動）の間の関係は原因と結果の関係であるとほとんどの人びとが考えていることだろう。同様に、私たちの身体が傷を負ったとき通常、痛みが生じるが、相互作用説の言うように、傷という身体的・物理的変化が痛みという心的出来事の原因であることを疑う人はほとんどいないことだろう（ただしこれは、哲学者という疑り深い特殊な人種を除いた、一般の人びとについての話である）。このように、相互作用説は健全な常識を支持し、かつ、それによって支持される考え方と見るべきであって、それ自体にどんな困難が伴うかを、少なくともただちに見定めることはむしろむずかしいものである。

では、二元論とともに採用されたときに、相互作用説はどのような困難を生み出すことになるのか、次に確認してゆくことにしよう。そして、その確認作業をとおして、「デカルトの矛盾」と呼ばれるものの正体を明らかにすることにしよう。

「心身分離」と「心身合一」とは矛盾する？

デカルトは一方で「心身分離」（これは、ほぼ二元論の主張に等しい）を主張しながら、他方で「心身合一」を主張した、このことが「デカルトの矛盾」である、という解釈が存在することを、私は何度か聞かされたことがある。これら二つのことを主張すれば矛盾になるか否かは、「心身合一」ということばの意味にかかっているだろう。もしデカルトがこのことばによって、「生きている人間においては心と身体という二つの実体がいわば融合して文字どおり単一の実体となっている」ということを意味しているのならば、「心身合一」の主張は「心身分離」の主張と端的に矛盾することになるだろう。「心身分離」とは、一人の人間の心と身体とは別々の実体であるという主張であり、他方、いま解されている意味での「心身合一」とは、それらは別物ではないという主張だからである。

しかしながら、デカルトに帰される「心身合一」の主張をこのような意味で理解すべき根拠はまったくないと考えられる。おそらく「心身合一」という専門用語の出所であり、この主張がデカルトに帰されるさいの最大の根拠と考えられる「第六省察」の一節を見ても、このような根拠はまったく見出されないのである。

自然はまた、それら痛み、飢え、渇き等々の感覚によって、私が自分の身体に、水夫が舟に乗っているようなぐあいに、ただ宿っているだけなのではなく、さらに私がこの身体ときわめて密接に結ばれ、いわば混合しており、かくて身体とある一体を成していることをも教えるのである。(『世界の名著　デカルト』二九九頁)

少し注意深く読むならば、この一節から読みとれるのは、「私」すなわち人間の心がその身体とたいへん密接な因果関係にあるという主張にすぎないことは明らかだろう。そして言うまでもなく、この主張は相互作用説に他ならない。つまり、デカルトに帰される「心身合一」の主張は、明らかに相互作用説の主張として理解されるべきである。したがって、「心身分離」と「心身合一」の双方を主張することによって、デカルトが「心と身体は別物であると同時に、別物でない」という矛盾を主張することになった、という解釈をとることはとてもできないのである。

二元論と相互作用説とは矛盾する？

しかし結局、二元論と相互作用説という二つの主張を同時に採用するならば矛盾に陥るのではないか、仔細に検討すればそのことが明らかになるのではないか。このように考える人がいるかもしれない。すでに述べたように、これら二つの主張の双方にコミットすることによって、確かにデカルトはさまざまの困難に巻き込まれることになった。しかし、そのような困難のいずれも「矛盾」と呼べるようなものではないことを、この項目において確認したい。

すでに述べたように、早くはボヘミアのエリーザベト王女以来、デカルトの心身関係論（すなわち二元論＋相互作用説）に対して数多の批判が提出されてきたことはよく知られているとおりである。ここでは、そのうち重要な批判二件に絞って考えることにしたい。その二件とは次のとおりである。

（1）特に心から身体に向かう因果関係によって、物理的自然法則（たとえばエネルギー保存則）が破られることになる。

（2）非物質的な心と身体との間の因果関係は、私たちにとってなじみ深い因果関係（たとえば二物体間の衝突によって物体の運動変化が生じること）とはあまりにも異なっているので、そのような因果関係がいったいどのようにして可能なのか理解困難である。

まず批判（1）については、後に見るように、この批判が指摘している事柄から、結局、デカルトにとっての真の困難が生じてくることになる。しかしながら、たとえ心による身体への因果作用が物理的自然法則を破るという帰結を実際に伴うとしても、そのこと自体は何ら「矛盾」と呼べる事態ではない。なぜなら、自然法則はつねに正しい（あるいは完全である）わけではない、というのがこの世界の実相であるかもしれないからである。つまり、批判（1）はたとえ当たっているとしても、けっして二元論＋相互作用説という立場をとる者を正真正銘の矛盾に巻き込むようなものではないのである。

つづいて批判（2）についてはどうだろうか。たとえば、私たちにとってなじみ深い因果関係においては、少なくとも通常、原因である対象ないし出来事は結果である対象ないし出来事の空間的近傍にある。これに対して、デカルトの考える非物質的な心はいっさいの延長的性質をもたず、したがって空間的位置さえもたないのだから、私たちの心は私たちの身体の中にあるわけでも、空間的に近傍にあるわけでもない（ついでに言えば、遠くにあるわけでもない）。そのような対象が、いったいどのようにして私たちの身体に因果的に働きかける（そして後者から因果的に働きかけられる）ことができるのだろうか。たしかに、これは理解困難な事態であるように思われる。しかしながら、いっさいの延長的性質をもたない非物質的対象が物体に対して因果作用を及ぼす、というアイディアがいかに理解困難だとしても、そのうちに、少なくともあからさまな矛盾を見出すことはできないだろう。その意味で、批判（2）もまた、デカルトの所説のうちに（少なくともあからさまな）矛盾を指摘したものだとは言えないだろう。

「デカルトの矛盾」とは何か？

では結局、「デカルトの矛盾」とは何なのだろうか。それは結局のところ、次のような矛盾だと考えるべきであろう。一方でデカルトは、たとえ明示的にそのように語ることはなかったとしても、「物理的自然科学の完全性」とでも言うべき理念を堅く信じ、その哲学的基礎づけは彼の哲学の主要なモティーフの一つであった。もう少し詳しく言えば、それは、物質的自然の全体が数学的に表現可能な法則によって統べられており、したがって、これらの法則を明らかにすることによって、いかなる物質的事象をも説明できる物理的自然学が成立するはずだ、という理念である。[9] しかし他方、すでに述べたように、デカルトは二元論という心の存在論と相互作用説という心身関係論を同時に採用した（採用すべき強い理由をもっていた）。だが、前項の批判（1）がすでに指摘していたように、二元論＋相互作用説という心の哲学上の立場は、非物質的心から物体への因果作用による物理的自然法則の破れ、という帰結を伴わざるをえない。それゆえ、物理的自然科学の完全性という理念と、二元論＋相互作用説という心の哲学上の立場をともに奉じる者は、正真正銘の矛盾に陥らざるをえないのである。

たとえば、デカルトによれば、私たちの（非物質的）心は意志という心的事象、つまり非物質的事象をとおして、直接には松果腺という脳の一部を動かすことができる。しかし、こうして生じた松果腺の運動という物質的出来事を、物理的自然科学はけっして説明できないだろう。それは物理的自然法則に従わない運動だろうからである。つまり、二元論＋相互作用説という立場は非物質的心による物質的自然への因果的介入をいつでも許容するが、おそらくそのような介入が生じるごとに物理的自然法則はそこで破られ、それゆえ、物理的自然科学は介入の結果である物理的事象を説明できない（物理的自然科学は不完全である）ということが帰結するのである(10)。

三　結論

前節で確認したことは、もし「デカルトの矛盾」と言われるものがあるとすれば、それはデカルトが（おそらく）奉じていた物理的自然科学の完全性の理念と、心の哲学における彼の二つの主張、二元論と相互作用説の間に存する、ということである。言い換えれば、これらの理念と主張は、同時に成立することが不可能なトリレンマを構成するのである。本節では、本章の結論として、デカルトはこのように一つの大きな矛盾を含んだ哲学体系を強引とも見える諸議論をとおして強力に打ち出したことによって、近世以降の他のどの哲学者よりも偉大な哲学者たりえたのだ、ということを簡単に再確認しておきたい。

実際、デカルト以降の哲学の主要な諸潮流は、デカルト哲学が含むこのトリレンマを解決するさまざまの試みとみなすことができる。デカルトのすぐ後の世代に属するスピノザやライプニッツらは、相互作用説を退けることによってトリレンマを解決する道を選んだ（エピフェノメナリズムに類するこの流れは、見方によっては現代にまで続いている）。一方、唯物論者たちは、当然のことながら、二元論の否定によるトリレンマの解決という選択肢を採った者たちである（唯物論の流れもまた、さまざまに形を変えながら現代にまでつながっている）。そして最後に、カントを含む観念論者たちが採った選択肢は、結局のところ、物理的自然科学の完全性の理念を拒否する道だったとみなすことができるだろう。たとえばカント哲学では、物理的自然科学の妥当性は「現象界」に制限される。これは、真実の世界（「物自体」の世界）には物理的自然科学は当てはまらないと言っているに等しい。このように、デカルト以降の哲学の主要な立場は、いずれかの仕方での、デカルトのトリレンマの解決の試みとして捉えることができる。つまり、少なくともこのような意味で、デカルト哲学は彼以降の哲学の大きな枠組みを決定したと言うことができる。その点で、デカルトは、彼以降の他のどの哲学者よりも偉大なのである。

しかしもちろん、矛盾を含んだ哲学体系を受けいれることはできない。そんな体系が正しいはずはありえないからである。したがって、問題のトリレンマは何らかの仕方で解決されなければならない。つまり、それを構成する三つの理念および主張のいずれかが拒否されなければならない。そして、拒否されるべきもっとも脆弱なアイテムがどれであるかは、本章の議論によって十分に示唆されているであろう。

文献

野田又夫責任編集『世界の名著　デカルト』、中央公論社、一九六七年。
所雄章他訳『省察および反論と答弁』、デカルト著作集第2巻、白水社、一九九三年。

＊

Armstrong, D. M. 1999, *The Mind-Body Problem : An Opinionated Introduction*, Westview Press.
Chalmers, D. J. 1996, *The Conscious Mind : In Search of a Fundamental Theory*, Oxford University Press.
Hooker, M. 1978, "Descartes's Denial of Mind-Body Identity", in M. Hooker（ed.）, *Descartes : Critical and Intepretive Essays*, Johns Hopkins University Press.
Kripke, S. A. 1980, *Naming and Necessity*, Harvard University Press.

注

（1）この論証を整理・再構成した明確な形で提示したのは、Hooker 1978である。私はこの論文の存在をArmstrong 1999 : ch.2をとおして知った。デカルトが二元論のために提出した、その他の論証については、これら二著作にもそのうちのいくつかに対する的確な論駁が示されている（そしてもちろん、その他の数多のデカルト論においても、その二元論擁護論に対する批判が記されている）ので、ここでは立ち入らない。

（2）Hooker 1978 : 76およびArmstrong 1999 : 20–21も参照。

（3）この論証の各前提をデカルト自身受けいれていた、もしくは、受けいれる理由をもっていたことについては、Hooker 1978に的確な考証があるので参照されたい。関係する主なテクストは「第二省察」、「第六省察」、『哲学原理』第一部五三節などであるが、ここではデカルトのテクストからいちいち典拠を引くことは省略する。

また近年においても、「思考可能性論証」と称しうる論証がKripke 1980 : 144–146 ; Chalmers 1996 : 123 ff. などによって提出されている。これら近年の論証は、形は変わっても、本章で検討するデカルトの論証と、何らかの本質的な共通特性を有していると考えられる。

（4） このテーゼについて、より詳しくはArmstrong 1999：14–18を参照。

（5） さらに、たとえば他人の発話を理解するとき、私たちは（脳において）じつに複雑な情報処理を行っていることが、心理学や脳科学によって明らかにされている。しかし、このような処理過程のほとんどを私たち自身は意識していない。つまり、私たちの心的状態のすべてがリアルタイムで私たち自身にとって明らかであるわけではない、というのが現代科学の知見である。

（6） 言うまでもなく以下の思考可能性論証に対する批判は、つとにアルノーが行った批判（『省察および反論と答弁』第四反論を参照）と本質的に変わるものではない。また、思考可能性論証に対する批判はHooker 1978とArmstrong 1999によってもなされているが、本章における批判は彼らのそれとは少し異なった角度からのものである。しかし、彼らの批判が重要でないというわけではない。特に、Hooker 1978による批判は本質をついていると考えられる。

（7） アームストロングが挙げているのは、「ゴルトバッハの推測」の事例である。数学的主張である以上、この推測は必然的に真であるか、必然的に偽（つまり、矛盾を含み不可能）であるかのいずれかだと考えられる。しかし、この推測もその否定もともに、私たちにとっては「思考可能」である、つまり明白な矛盾を含むとは思われないのである。

（8） もちろん、以上に論じてきたように思考可能性論証に代表されるデカルトの諸論証が正しくないとしても、だからといって二元論の主張自体が誤っていることになるわけではない。しかし、二元論がおそらく誤っているだろうことを示す多数の議論や証拠が存在する。そのうちもっとも分かり易いものは、脳科学の進歩という事実、そして今後のさらなる発展によって心的事象がますます詳しく正確に説明されるようになるだろう、という見込みの存在であろう。要するに、デカルトはその論証によって二元論が真でなければならないことを示そうとしたのだが、その論証は失敗に終わっている。これが第1節において論じられたことである。つまり、二元論は真でないかもしれないということが第1節の示したことである。しかしさらに、本章で詳しく論じる余裕はないが、それがおそらく実際に真でないことを示す多数の有力な根拠を私たちはすでに手にしている、というのが実情なのである。

（9）もしデカルトがこのような理念を奉じ、彼の哲学がその哲学的基礎づけの試みとみなされうるものでなかったとしたら、どうして彼の「新哲学」が当時あのように注目を集めることになったのか、理解がむずかしくなるだろう。（少なくとも一つには）コペルニクスやガリレイたちの仕事をとおして育まれてきた物理的自然科学の完全性という理念を哲学的に確固とした土台に据えつける有望な試みと同時代人からみなされたからこそ、デカルト哲学は大きなセンセーションを引き起こしたのだと考えられる。さらに、彼の哲学をこのように近代科学の哲学的基礎づけの試みとして読むことができないのならば、それがもつ哲学的興味は大いに減じられることになるだろう。

（10）非物質的心による物質的自然への介入は、つねに物理的自然法則に反しない仕方で行われるのだ、とデカルトやその追随者は答えるかもしれない。しかしこのような応答は、形而上学的偶然のアドホックな要請にすぎないうえに、次の困難も伴う。もしかりに非物質的心による介入がつねに物理法則に反しない仕方で生じるのなら、いかなる物質的事象にも何らかの（その法則に従って働く、本来の）十分な物質的原因があることになり、非物質的心による介入はつねになくてもよかった無用の長物の原因ということになるだろう。したがって、そのような原因の存在は、つねに疑惑の眼で見られる（また見られるべきものである）ということになるだろう。

第九章　科学的実在論から超越論的哲学へ

出口康夫

一　はじめに

小林道夫氏は、現代日本を代表する科学哲学者の一人でもある。彼の科学哲学の特徴をあえて二点に集約すれば、次のようになる。（一）電子やクォークといった（成功した）物理理論によって措定されている、直接観察できない「理論存在者」の「実在」を認め、そのような理論存在者についての物理理論の主張を「真」だと見なす科学的実在論を標榜していること。（二）近現代科学（具体的には、力学や電磁気学を含む理論物理学）の〈基本的な前提〉を同定し、それにもとづいて「科学の限界」を明確に確定しようとする姿勢。本章では、小林氏の科学実在論を批判する一方（第二節）、彼の言う〈基本的前提〉を科学の実践を支えるある種の〈超越論的前提〉と捉え直した上で、そこから（「実在論」対「反実在論」という対立に中立的な）〈超越論的中立主義〉ないし〈超越論的主意主義〉とでも呼べる立場を導き出すことを目指す（第三節）。つまり、ここでは、小林氏の科学哲学の批判的検討を通じて、それをある種の超越論的哲学として読み替える作業が試みられるのである。

二　科学的実在論と最善の説明への推論

科学的実在論を巡る論争（「科学的実在論論争」と呼ばれる）の論点は多岐にわたる。その中の一つに、上で挙げた、理論存在者の〈実在〉と、理論存在者に言及する科学の主張の〈真理性〉を巡る対立がある。〈実在〉を巡る論点に関しては、「理論存在者は、石英の結晶（水晶）や恐竜の化石のような直接観察できる対象と同じ意味で実在する」と主張する実在論（存在者実在論）に対し、反実在論は「理論存在者は、せいぜいのところ、たとえば〈完全弾性体〉や〈虚焦点〉のような、現象を説明するための〈有効な道具〉ないしは〈理論の志向的相関者〉にすぎず、水晶や化石と同じ意味での実在性は持たない」と論ずる。[1] また〈真理性〉を巡っては、「たとえば「トップクォークはWボゾンとボトムクォークへと崩壊する」という理論存在者についての物理理論の主張は、現実に起こっているミクロな物理現象に対応し一致しているという意味で〈真〉である」と主張する実在論（真理実在論）と、たとえば「そのような主張は、何らかの実在に対応しているという意味で〈真〉であるのではなく、そこから導かれるさまざまな帰結が、目に見える現象を上手く予測ないし説明するという理由で受け入れられているにすぎない」と考える反実在論が対立している。そして小林氏は、旗色鮮明に、存在者実在論と真理実在論をともに支持するのである。[2]

これら二つの実在論を、小林氏は、さまざまな仕方で論証しようとしているが、その論証のパターンは、〈最善の説明への推論（inference to the best explanation）〉に訴えたものに集約できると思われる。それは、「理論存在者の実在性やそれについての科学的主張の真理性を認める実在論の立場に立てば、物理理論がおさめている成功をうまく説明できるのに対し、反実在論の立場からは説明できないこと」を理由として、実在論が正しいと結論づける論証様式である。言い換えると、実在論が物理理論の成功の〈最善の説明〉であることを根拠に、実在論が論証されるわけである（小林 1988：77–82；1996 a：151–152）。

このような小林氏の論証の一つのポイントは、ハッキングの考えを踏まえ（Hacking 1983）、実在論によって説明されるべき〈理論の経験的成功〉の中に、理論による「現象の統一的説明」の成功に加え、実験的環境において、対象に対して因果的に介入し、狙い通りの現象を「構成」（小林 1988：73, 76, 77, 78）したり、制御したりすることの成功が挙げられている点である。（天体現象など）放っておいても起こる自然現象の予測や説明の成功よりも、理論存在者に対して想定されている因果構造に介入することで、何らかの現象を意図的に生み出すことの成功。それこそが、その理論存在者の実在性の証明の決定打になると、小林氏は考えているようである（小林 1996 a, 151–152）(3)。

しかし多くの論者が指摘するように、最善の説明への推論を用いた実在論の〈論証〉は論点先取に陥っている（たとえば、Fine 1986 a）。このことを理解するために、まずは次のようなケースを考えてみよう。ウィルソンの霧箱内に飛行機雲のような霧が生じ、かつ理論存在者である宇宙線の存在が、その霧の発生を説明する最善のシナリオだったとする。いま、科学的実在論者が、これらのことから、〈最善の説明への推論〉を用いて、宇宙線は実在し、宇宙線についての科学理論は真であると結論づけたとしよう。一方、反実在論者は、たとえ宇宙線の存在が霧箱内の霧の最善の説明であることを認めたとしても、宇宙線が実在し、それについての理論が真であるとは言わない。代わりに彼は、たとえば、宇宙線やそれについての理論は、霧箱内の霧を説明する単なる知的道具だと答えるだろう。霧箱内の霧と宇宙線の存在を巡る、このような両者の対立点を際立たせるために、ここでの実在論者の議論を次のような演繹推論として定式化してみよう。

（前提1）「宇宙線が存在する」という仮説は、霧箱内の霧の〈最善の説明〉である。

（前提２）ある事実に対する〈最善の説明〉は真である。

（結論）「宇宙線が存在する」という仮説は真である。

これに対して、反実在論者は、あきらかに（前提２）を受け入れない。彼なら、それに代えて、たとえば「ある事実に対する「最善の説明」は、便利な知的道具である」という前提を置くはずである。言い換えると、（前提２）は実在論者も反実在論者もともに受け入れる、両者にとって中立的な主張ではなく、実在論の立場に立った前提に他ならないのである。つまり、そもそも〈最善の説明への推論〉自体が、実在論を前提した推論だったのである。

〈最善の説明への推論〉で実在論を〈論証〉するケースでも同様のことが言える。そのような〈論証〉は以下のような演繹推論の形をとる。

（前提１）R「理論存在者に言及するある物理理論Pが真であること」は、Pの経験的成功の〈最善の説明〉である。

（前提２）ある事実に対する〈最善の説明〉は真である。

（結論）　Rは真である。

霧箱のケースと同様、この推論における（前提２）もまた実在論者だけが受け入れる前提である。つまり、この推論自体が実在論を前提しており、それによって実在論を論証しようとする試みは論点先取に陥らざるをえない。最初から実在論の立場に立った推論である〈最善の説明への推論〉によっては、実在論を論証できないのである。

結局、〈実験における現象の生み出しと制御の成功〉を持ち出しても、最善の説明への推論に依拠する限り、実在論の論証は成り立たない。では、それ以外の仕方で実在論を首尾よく論証できるやり方はあるのか。ファインと同じく、この点に関して、私はきわめて悲観的である（Fine, 1968 b）。私としては、話を真理実在論と存在者実在論に限れば、それらを論証することはそもそも不可能だと考えている[4]。では、理論の〈真理性〉と理論存在者の〈実在性〉を巡る論点に関して、われわれはどのような立場をとればいいのか。それについては、近現代科学（のある特定の分野）の〈基本的前提〉に関する小林氏の議論が有益な示唆を与えてくれる。そこで次節では、その議論を批判的に再構成しつつ敷衍してみよう。

三　超越論的中立主義へ

物理理論の基本的前提

われわれの言う〈基本的前提〉について、小林氏はさまざまな表現を用いて繰り返し言及している。曰く、「近代物理学の基本的概念枠組み」（小林 1988：95）、「科学的探求のスタンス」（小林 1996 a：53）「科学的知識の三つの基本的規範」（小林 2009：33）等々。また「前提」という表現も用いられている（小林 1996 a：182；2009：77）。ここで注意すべきは、この〈基本的前提〉によって、次の三つの異なった事柄が互いに重ね合わされるような仕方で意味されている（ように読める）点である。（一）「自然は事実としてこうなっているはずだ」という事実に関する前提。（二）「科学はこのようにして探求されるべきだ」という方法論的規範。（三）「科学はこれこれのことを目指すべきだ」という科学の目標。そして〈事実に関する前提〉〈規範〉〈目的〉というこれら三つの事柄は、どれか一つが残りの二つの〈基礎〉に据えられているのではなく、互いに循環的に規定しあい、相互に読み替えられうる関係にあると思われる(5)。〈基本的前提〉の内容は、小林氏の著作ごとに微妙に異なっているが(6)、〈事実に関する前提〉に即して言えば、次のようにまとめることができるだろう。

自然には、数量化した上で数学によって記述でき、さらにさまざまな観測装置によって再現可能な現象を引き起こしうるような、因果構造が存在している。

小林氏によれば、物理理論が、このような〈基本的前提〉を持つことは、その対象が、この前提で述べられている事柄に限られることを意味する。物理理論は、このような対象についてのみ何かを語りうるのであり、それ以外の事態、たとえば、生涯忘れられない失恋の体験といった〈数量化できない一回きりの出来事〉は科学の対象には含まれないのである。このような適用領域に関する原理的限界を、小林氏は「科学の限界」(小林 2009: 76)と呼び、そのような限界を弁えない「科学主義」(小林 1996 a: 175)を厳しく批判するのである。

小林氏による、〈基本的前提〉の同定や、そこから導かれる科学主義批判は、おおむね妥当であると私は考える。いやむしろ、これらこそ小林科学哲学に含まれる数多くの優れた洞察の中でも、最も高く評価されるべきものだと思う。とはいえ私は、〈基本的前提〉を巡る小林氏の主張のすべてに賛成するわけではない。たとえば、その認識論的ステータスやそれが持つ〈真理性〉に関して私は小林氏と見解を異にする。以下これらの論点を順次見て行こう。

基本的前提の超越論性

まず〈基本的前提〉の認識論的ステータスに関して、小林氏は、それを経験的に確証したり反証したりすることが可能であると考えているようである。[7] それに対して、私は、それは経験的に確証も反証もできないと考える。基本的前提は原理的に言って、経験的に検証不可能なのである。なぜか。まずは確証不可能性から見ていこう。

〈基本的前提〉が言及していた〈因果構造〉は、われわれに知覚される現象の〈原因〉として措定されている事態であり、それ自体は直接観察されない〈措定物〉である（小林 1988：78）。[8] 〈理論的存在者〉について、その実在を否定する科学的反実在論者がいたように、このような措定物に対しても、その実在を否定したり疑ったりする懐疑論者を想定することができる。するとここでのポイントは、「何らかの経験的な証拠によって、このような懐疑論者を退ける仕方で、〈因果構造〉の存在を確証することができるかどうか」にある。措定物としての因果構造の存在を証拠立てるように思われる経験的な証拠とは、そのような構造の〈現れ〉と目される規則性を、一定の条件下で繰り返し示す実験・観察結果だろう。では、このような実験・観察結果から、懐疑論者をも納得させるような仕方で、因果メカニズムの存在を〈論証〉できるだろうか。答えはノーである。というのも、このような〈論証〉で用いられるのは、懐疑論者が受け入れない例の〈最善の説明への推論〉だからである。[9] そして、このような〈論証〉が有効でない限り、懐疑論を退けるような経験的確証はありえないのである。

では〈反証〉はどうか。小林氏は、（われわれの言う）〈基本的前提〉が反証不可能だとするパトナムに抗して、それは「現在のところは知られていない物理的構造によって将来反証される」可能性があると論じている（1988：97）。だが、ここで言及されている「物理的構造」とは、〈基本的前提〉で語られている〈因果構造〉に他ならない。そのような因果構造が、そもそも自らを措定している基本的前提そのものを否定することは、一種の自己論駁的な矛盾に他ならず、現実には起こりえないのである。

また基本的前提の反証不可能性は、統計学を視野に入れて論ずることもできる。小林氏も言うように、近現代の科学においては、個人が抱く単なる「直接知覚」には、理論を経験的に検証する資格が与えられていない（小林 1996a：153；2009：48）。科学的な検証が成立するためには、（小林氏が指摘する）観測装置の使用とともに（小林氏が言及していない）統計的方法論の介在が不可欠である。統計学的に分析されていない単なる〈生データ〉では、科学的仮説を検証できないのである。そして統計学そのものもまた、〈基本的前提〉を受け入れた上で構築されている一種の数理科学（方法論科学）に他ならない。それは〈数学的に記述可能で、繰り返し検証可能な因果メカニズム〉の存在を前提した上で、科学の他の分野に、仮説の検証の方法論を提供しているのである。すると統計的方法論の枠組みの中では、「そもそも（それが依って立っている）基本的前提を反証する」という選択肢が開かれていないことになる。たとえば、ネイマン・ピアソン型の仮説検定では、共に因果メカニズムの存在を前提しつつ、そのメカニズムの具体的なあり方に関して異なった想定を行なっている二つの仮説のうち一方を反証し、他方を受け入れるという作業が行なわれる。そして、このような作業の結果、因果メカニズムの存在そのもの、ひいては〈基本的前提〉が否定される可能性は、はじめから排除されているのである（出口 2002）。このように、科学が現行の統計的方法論を用い続ける限り、〈基本的前提〉が経験的に反証される可能性は封じられ続けることになるのである。

〈基本的前提〉は経験的に確証も反証もされない。ではそれは（経験によらない何らかの仕方で）ア・プリオリに論証（ないし反証）されうるのか。私の答えはノーである。たとえば、科学知の必然性や普遍妥当性を（誤って）前提した上で、（われわれの言う〈基本的前提〉に対応する）〈認識の枠組み〉のア・プリオリな論証（「超越論的演繹」）を行なう。そのようなカント的な論証が成り立ちうる余地はもはやない。これが私や小林氏も含め、今日の多くの哲学者の共通了解なのである。結局、〈基本的前提〉は、経験的な仕方であれア・プリオリな仕方であれ、論証も検証もされない代物、文字通り〈前提〉されざるをえない、〈事実についての基本的な想定〉なのである。

一方、先に触れたように、この〈基本的前提〉は、統計学を支える基本的前提でもある。それは統計的方法論に則った仮説の検証や実験・観察・標本調査の実施という、科学における実証的な営みを可能にする前提、科学的経験の可能性の制約でもあるのである。それ自身は経験的に検証できない、経験の前提となる事実に関する想定。そのようなものとして、〈基本的前提〉を、ここでは（カント哲学の用語を援用して）「超越論的な」前提と呼ぶことにしよう。物理理論は超越論的な前提を持っている。科学一般、ないしは（狭く見積もって）物理学に代表される数理科学は、一定の超越論的な前提の下で営まれている。これが小林哲学を敷衍することで見えてくる、科学の一つの姿なのである。

超越論的中立（主意）主義

次に、この超越論的な基本的前提の〈真理性〉を巡る論点を見てみよう。理論存在者に対して科学的実在論と反実在論が対立していたように、この前提で措定されている因果プロセスに関しても、それが実在すると考える存在者実在論と、その実在を否定（ないし積極的に否定しないまでも実在にコミットしない）存在者反実在論を考えることができる。またもちろん、この基本的前提について、それを〈真〉だと見なす真理実在論、それを〈真〉とは考えない真理反実在論も想定可能である。そして小林氏は、この前提に関しても（科学的実在論論争におけるのと同様に）存在者実在論と真理実在論の両方の立場に立ち、かつ、それらの実在論とも、〈最善の説明への推論〉を用いることで論証可能だと考えているようである（小林 1988：78-81）。（基本的前提に関するこれら二つの実在論を一括して「枠組み実在論」と呼ぼう。）だがすでに述べたように、〈最善の説明への推論〉を用いて実在論を論証することは、一般にできない。

一方、基本的前提に関する反実在論（以下「枠組み反実在論」）もまた論証できない。というのも、（単に枠組み反実在論に止まらず）反実在論一般の出発点となる想定、言い換えると反実在論の哲学的動機そのものが〈論証〉できないものだからである。では、その動機とは何か。小林氏が的確に同定しているように、それは〈直接の知覚のみを知の確実な根拠とし、対象が直接知覚できることをその実在性の唯一の基準とする〉というテーゼとして表現できる（小林 1988：89；1996：153）。このような主張は、〈知の確実な根拠〉や〈対象の実在性の基準〉に対する可能な一つの〈定義〉と見なされるべきものであり、それ自身、他の何らかの前提にもとづいて論証されたり、何らかの経験的証拠によって確証されたりするようなものではない。それは論証も確証もできない哲学的原理なのである。このことは、この原理を踏まえて主張される、枠組み反実在論や科学的反実在論自体が、最終的には論証できないことを意味する。枠組み実在論と同様、枠組み反実在論も、何らかの仕方で論証できる立場ではないのである。

だが、このことは、枠組み実在論と枠組み反実在論が、そもそも哲学的な立場として成り立たないことは意味しない。それらは、維持可能な哲学説として（〈論証〉はできないが）〈前提〉できるのである。このことをまず枠組み反実在論から見ていこう。

「物質的な世界がわれわれから独立に存在している」という、〈日常的な外界措定〉に関しても、それを〈真〉だとする日常的実在論と、〈真〉だと見なさない日常的反実在論が長年対立してきた。その中で、日常的反実在論に対する有力な反論の一つとして知られるのが、〈自然主義的な懐疑論論駁〉である。「外界の存在の前提なしにわれわれは日常生活を営めない。したがって、たとえ日常的反実在論が理屈の上で成り立ったとしても、それはわれわれの日常生活に何らの影響をも与えていないし、またそもそも与ええない。そして日常生活に実質的な影響を与えない哲学的な主張は真剣な考慮に値しない」。このように論ずる自然主義的な懐疑論論駁は、だが、枠組み反実在論に対しては無力である。なるほど〈基本的な枠組み〉は科学にとっては不可欠の前提だが、「それなしではわれわれの日常生活が成立しない」と言えるほど、われわれにとって〈自然〉なものではないからである。実際、北米のアーミッシュ共同体のように、数学的に定式化可能で、実験装置によって繰り返し再現可能な因果メカニズムを前提せず、従って、そのような前提の下で成り立つ科学技術の成果を享受することを拒否して生きることは(困難だが)十分可能なのである。このことは、枠組み反実在論が、(自然主義的論駁を寄せ付けないという意味で)日常的反実在論に比べてもより強力な立場であることを意味する。私に言わせれば、日常的反実在論自体、(それに賛成するかどうかは別として)首尾一貫した一つの見解として十分に成り立っている。「いわんや、枠組み反実在論おや」である。

小林氏は、規約主義、道具主義、現象論、構成的経験主義といったさまざまな科学的反実在論に対して批判を加えている。その批判の当否は置くとして、一旦枠組み反実在論を採れば、そこから、これら従来の立場とは一線を画す、より単純で、したがってそれゆえより強力な科学的反実在論が帰結する。それは、「基本的な枠組み自体が真ではないので、その枠組みの中で展開される科学理論もまた真とは言えない」と主張する立場である。これは「基本的枠組みは真ではない」という(それ自体は論証されていない)単なる〈前提〉ないしは〈条件〉の下で主張される科学的反実在論である。従って、それを「条件付き科学的反実在論」と呼んでおこう。この「枠組み反実在論」と(そこから帰結する)「条件付き科学的反実在論」のセットは、(論証はできないが)科学に対する一つの維持可能な見解なのである。

同じことは実在論の側にも言える。枠組み実在論自体も、たとえば内的に不整合だといった問題を抱えておらず、その意味でそれを前提することは可能である。だが、「そこから健全な科学的実在論を導けるかどうか」に関しては、懸念を抱く向きもあるかもしれない。というのも、〈基本的枠組み〉自体が経験的に検証できない前提だったからである。すると、「その枠組みを背負った科学理論もまた経験的に検証不可能なものになりはしないか」という訳である。だが、心配は無用。先に触れたように、たとえば統計的方法論をもってしては、因果メカニズム一般の存在は検証できないが、そのメカニズムをさまざまな仕方で特定した個々の科学理論は問題なく検証可能なのである。もちろん枠組み実在論から帰結する科学的実在論も（先の反実在論のケースと同様）条件付きの立場にすぎない。それは「条件付き科学的実在論」なのである。いずれにせよ、枠組み実在論と条件付き科学的実在論のカップルもまた、科学についての一つの筋の通った立場なのである。

いまやわれわれは、科学の超越論的前提を前にして、同等に主張可能であるように思える実在論と反実在論を手にしている。このような状況に、われわれはいかに対処すべきか。ここでも小林氏の議論は示唆的である。彼は、ある箇所で、〈基本的前提〉の採用を、「選択」ないし「決断」という言葉で表現している（小林 1996 a：54）。基本的前提は、何らかの論証や証拠立てにもとづいて、われわれに強制的に課されるものではない。それを採用するかどうかは、われわれの自由な選択に委ねられている。われわれとしては、それを採用することもしないことも同等に可能だ。小林氏は、このように考えているようである。私もまったく同感である。その上で、さらに、このような選択の余地は、基本的前提を巡る実在論と反実在論の間にも開かれている。私としては、そう考えたい。われわれの前には、枠組み実在論と反実在論（そして、それぞれの帰結としての条件付き実在論と反実在論）が、共に同じだけの権利を持った〈生きた選択肢〉として存在している。これらのどちらを採るか（ないしはあえて判断停止を選ぶか）は、何らかの論証や証拠立てによって決まる事柄ではない。それは（原理的には）全面的にわれわれの自由な選択ないし〈存在論的決断〉に委ねられている。そのように考えたいのである。

このような考えは、枠組み実在論と反実在論のどちらか一方を採用し、他方を否定するものではない。両者を生きた選択肢として確保している点で、それは、実在論対反実在論という、科学の超越論的前提に関する対立の構図そのものに対して中立的な立場に立つ。ここにあるのは「超越論的中立主義」とでも呼べる主張なのである。

もちろん〈中立〉と言っても、何らの立場にもコミットせずに済ますわけにはいかない。たとえば（「経験主義、意味論、および存在論」のカルナップのように（Carnap 1950））もし誰かが、複数の選択肢を前にして、「（一定の目的に照らして）最も有用なものを選べ」という指令を発したとすると、その人は一種のプラグマティックな立場に立っていると言えるだろう。それに対して超越論的中立主義における〈選択〉は、プラグマティズムの考慮にではなく、個人の決断に全面的に委ねられている。ここに控えているのは、同等の根拠を持った（ないしは同等に無根拠であるような）複数のオプションからの選択は、最終的には（知的な考慮でも感情でもなく）個人の自由意志に委ねるしかない、という〈主意主義〉である。その意味で、この超越論的前提を巡る本論の立ち位置は、「超越論的主意主義」とも呼びうるだろう。

カントやパトナムとの違い

上で素描した超越論的中立（ないし主意）主義は、小林氏も批判的に論じているカントやパトナムの立場と重なりつつも、いくつかの点で異なっている。では、どの点で重なり、どの点で異なっているのか。

まずカントとの異同から。超越論的中立主義の下、基本的前提に対する枠組み実在論を選べば、条件付き科学的実在論が帰結する。このような構図は、超越論的観念論から経験論的実在論を導くカントの主張とパラレルである。

一方、私とカントの間には大きな違いも横たわっている。カントは、自然科学の対象を、その〈存在〉に関して、われわれの認知活動に依存しているものと捉えている。われわれの認識の枠組みが、自然を〈構成〉し〈生み出す〉とされるのである。その上で、その認識の枠組みは、われわれが（その枠組みに則って）作り出した対象に対して、必然的かつ普遍的に妥当すると主張される。他方、われわれから独立に存在している対象（いわゆる「物自体」）に対する、その枠組みの妥当性は、蓋然的であれ何であれ、いっさい保証されない。

超越論的中立（主意）主義者も、科学の対象となる、ある種の現象は、実験的な環境の下、人工的に生み出されると考える。だがそれはあくまで、科学者が、われわれとは独立に存在している（と想定される）自然の因果プロセスを探りあて、それを人為的に発現させているにすぎない。われわれの知的活動に依存しているのは、あくまで特定の現象としての発現のみであって、そこに現れている因果プロセス自体は、われわれから独立に存在しているとされる。そして、そのような独立存在者に対して、われわれは、ある程度以上確証された科学理論という蓋然的な知を現に持っている。もちろん科学知は、どこまでいっても蓋然的な知に止まる。われわれは、独立に存在する対象について、確実な知を原理的に持ちえないのである。このような立場は、カントの用語に照らせば（「超越論的観念論」よりも）「超越論的実在論」に近いものであり、また小林氏の表現に即せば「形而上学的実在論」（小林 1988：82；1996 a：157–159）とでも呼べるものである。

次に小林氏が論じている論点に即して、パトナムとの異同を見届けておこう（小林 1988：93–97）。超越論的中立主義はパトナムと同様、〈基本的前提〉は経験的に検証不可能だと考える。一方、両者はその真理観において違いを見せる。超越論的中立主義の下で、実在論が選択されたとしよう。その場合、〈基本的前提〉という大枠に関しては、「科学理論は、基本的前提に一致する限りで〈真〉となる」という真理整合説が採用される。だがその大枠を超えた、より具体的な内実については、真理対応説が保持される。この点で、本論の立場は、対応説を捨て、全面的に整合説に乗り換えるパトナムとは一線を画すのである。

またパトナムは基本的前提について、一種の文化相対主義を唱えている。それに対して、私もある程度は同意する。基本的前提は、カントの〈認識の枠組み〉のように、人間の本性に根ざした普遍的で生得的な（カントの術語を用いてより正確に言えば「根源的に獲得された」（Kant 1790））ものではない。それは近代科学の歴史の中で生み出され、今日まで伝えられている一つの知的伝統に他ならないのである。またこの伝統は、教育制度や科学者育成システムの中に取り入れられることで、次の世代に対して、ある種の強制力を発揮してもいる。われわれは、その前提を〈真なるもの〉として受け入れることを迫る、文化的圧力にさらされているのである。

だが、このような情勢を前にして、本論は、なお基本的前提について、個人の選択（ないしは選び直し）の可能性を認める。ある種の人々が行なっているように、それを選ばないという選択も、現実に可能なのである。ここで重要なのは、どの選択肢を選んでも、それは合理性に反する選択だとは見なされないという点である。基本的前提に関する選択肢は、いずれも十分な理由・根拠をもたないものであり、従ってどのような選択も（「十分な理由に反した」ないしは「より合理的な選択肢をあえて選ばなかった」という意味で）反合理的（counter-rational）なものとは言えない。それは、不十分な理由・根拠しか持たない複数の選択肢から、合理性を超えた仕方で、あえて一つを選ぶ選択、即ち「超合理的な（super-rational）」選択なのである。

基本的前提の局所性と科学の多元性

最後に〈基本的前提〉を巡る本論と小林氏の違いをもう一点、際立たせておきたい。本論は〈基本的前提〉を、科学一般において例外なく受け入れられている前提とは見なさない。それは（物理理論を範例とする）数理科学において広く受け入れられている前提にすぎない。さらに数理科学に中でも、それとは微妙に異なる前提を背負った営みをいくらでも挙げることができる。たとえば、レヴィ＝ストロースの構造人類学や社会心理学における情報伝播の研究である。これらは、数学を動員して一定の社会現象を記述する試みだが、その記述に際しては、何らの因果プロセスも想定されていない。たとえば、「なぜ」一定の婚姻体系が採用されているのか」という問いを不問に付して、無文字社会の氏族間の婚姻体系を見事に記述している構造人類学は、それ自体、立派な数理科学だが、ここで論じたような〈基本前提〉を奉じてはいないのである。科学では、互いに重なりつつも異なったさまざまな超越論的前提が、多かれ少なかれ局所的に存在し、それらの前提の下で、多元的な活動が営まれている。私としては、このような（小林氏の議論において表立っては語られない）見通しを持っているのである。

四　おわりに

小林氏の科学哲学は、一方では、近代科学の成立時から今日にいたる科学史に対する精確で大局的な知見にもとづき、他方では、英語圏のみならずフランス語圏の科学哲学をも視野に入れ、大規模かつ野心的な議論を展開している。その意味でそれは、世界的に見ても第一級の科学哲学上の業績と評せるし、また本論が着目した論点以外にも、数多くの達見を含んでいる。そのような小林科学哲学に対して、本章では、不遜にも、あえて換骨奪胎を企てた。だが、たとえ科学的実在論から超越論的中立（主意）主義へと読み替えられたとしても、小林氏の科学哲学は、これまで通り、後進を照らす〈知の灯台〉の役割を果たし続けるだろう。それが本論の見通しであり、また小林氏の一教え子としての私の希いでもある。

文献

出口康夫 2002「さいは投げられたのか」、『哲学研究』576：44–89。

出口康夫 2008「活動実在論の擁護」、中才・美濃編『知識と実在』、世界思想社。

Carnap, R. 1950, Empiricism, Sematics and Ontology, Revue Internationale de Philosophie, vol.4, n.2, 20–40.

Fine, A. 1986 a, *The Shaky Game*, ChicagoUP.

Fine, A. 1986 b, Unnatural Attitudes：Realist and Instrumentalist Attachment to Science, *Mind*, vol.95, 149–179.

Hacking, I., 1983, *Representing and Intervening*, Cambridge UP.

Kant, I., 1790, Über eine Entdeckung, nach der alle neue Kritik der reinen Vernunft duch eine ältere entbehrlich gemacht werden soll, im *Kants Werke*, VIII, Walter de Gruyter & Co.

注

（1）　虚焦点とは、たとえば凹レンズで反射された光が、あたかもその一点から放射されているように見える点。レンズに光りが当たる反対側に位置し、実際はそこから光は放射されていない。

（2）　実在論論争の論点としては、たとえば、「直接観察できない措定物の実在へのコミットメントは、科学者の実践を合理的ないし有意味なものとして説明するために不可欠かどうか」という、∧科学的活動をいかに説明すべきか∨に関わるものもある。小林氏も（必ずしも明示的には述べていないが）一部では、この論点に関する議論も行なっているように見える。たとえば、理論存在者を数学的対象として表現した上で、それを反証や検証の対象と見なし、またそれに対する言明に論理的統一や矛盾律を課したりする「近代の物理学の作業」が、反実在論では「説明できない」とする議論がそうである（小林 1996 a：148, 153）。ただし、氏の議論の主軸は、あくまで本文で触れた論点に関わるものである。

（3）　説明されるべき∧理論の経験的成功∨には、「自律的因果過程と疑似過程の区別」の成功（小林 2009：54–55）、力学現象の説明の成功（小林 2009：55–56）、さまざまな現象の予測や説明を新たに生み出す「生産性」（小林 2009：61–62）などのバリエーションもある。

（4） ただし注（2）で触れた、〈科学的活動の説明〉の論点に関しては、実在論を論証することはなお可能だと私は考えており、現に「活動実在論」という実在論を提唱している（出口 2008、他）。

（5） たとえば、〈事実に関する前提〉が〈規範〉と〈目的〉を決定する一方、〈規範〉が〈事実に関する前提〉を要請しつつ〈目的〉を決定し、さらに〈目的〉が〈事実前提〉を要請し〈規範〉を決定するといった関係である。

（6） 小林 1989では、「物理理論の一般的特性」として、（1）「自然現象の普遍的、統一的説明を目指したものである」（小林 1989：71）こと、（2）「その記述方式として数学的記号体系を採用していること」（小林 1989：71）、（3）「自然の因果的構造を明らかにしようとするものであるということ」（小林 1989：74）、（4）観測装置を用いて対象の因果メカニズムに介入することで、その真偽が確証されること（小林 1989：76–77）の四点があげられている。また小林 1996 a では、「物理理論の特性とは、「自然現象の数学的表象による統一的記述」と、「自然現象の因果的構造の究明」、および「ますます広い変換に対する一般的な不変式の追求」を目指すもの」とされている（小林 1996 a：68）。さらに小林 2009で語られる「科学的知識の基本的規範」は、（1）対象を数量化せよ、（2）対象の普遍的な因果構造を、数学を用いて統一的に説明せよ、（3）実験装置を用いて理論を再現可能な仕方で検証せよ、の三つにまとめられるだろう。

（7） 小林氏が、個々の物理理論についてのみならず、物理理論一般において含意されている「基本的前提」に関する経験的確証が可能だと主張していることが読み取れる箇所としては、たとえば（小林 1988：78–81）。また彼が、「基本的前提が反証不可能である」というパットナムの主張を明確に否定している箇所としては（小林 1988：96–97）。

（8） 基本的前提は、数学的に定式化されることで、細部が練り上げられたり、高度に組織化されたものではない。つまり、それは「理論」ではない。従って、それが想定する「直接観察できない事物」も、「理論存在者」とは呼べない。そこで、それを、ここでは単に「措定物」としておく。

（9） 具体的には、「「因果的メカニズムが存在する」という仮説が現象的規則性の最善の説明である」と「最善の説明は真である」という二つの前提から、「「因果的メカニズムが存在する」という仮説は真である」という結論を導く推論。そして懐疑論者は（第一節で触れた反実在論者と同様）二番目の前提を認めない。

第十章　自然主義批判を批判する

戸田山　和久

一　はじめに

科学哲学上のさまざまな立場は、次の3つの対立軸で整理できる。第一に実在論と反実在論、第二に相対主義と反相対主義、そして第三に自然主義と反自然主義である。この対立軸のそれぞれについてどちらの立場を選択するかに応じて、原理的には8つの立場がありうることになる。小林氏は日本では珍しく実在論と反相対主義の旗幟を鮮明にしてきた。ここまでは小林氏と私は同一陣営に属する。しかしながら、第三の軸に関するコミットメントにおいて、二人は異なる。私が自然主義にシンパシーを抱くのに対して、小林氏は自他共に認める反自然主義者である。しかし一方で、小林氏は「科学の進展と成果を踏まえ、その限りで哲学の諸問題を論じる立場」をとるとも明言しており（小林 2001：50）、自然主義スレスレの立場に近づいているようにも見える。科学の進展を気にしながら哲学をする、という点で、単に哲学の伝統なるものに反動的にしがみついている類の「反自然主義者」ではない。

そこで本稿の課題は次の二点になる。第一に、ここまで科学の成果が哲学に対してもつ意義を理解しているはずの小林氏を、ギリギリ反自然主義の立場に留まらせている「譲れない論点」は何なのかを明らかにすること。第二に、小林氏からの自然主義への批判に対して、できるかぎりの応答と再批判を試みることである。

小林氏が自然主義批判を明示的に展開している論考は、「自然主義批判試論——クワインの「認識論の自然化」を中心に」（小林 2001）と『科学の世界と心の哲学 - 心は科学で解明できるか』（小林 2009）である。本稿ではこの二つを対象として、分析・批判を行う。

二　「自然主義批判試論」（2001）を批判する

この論考は日本哲学会大会での共同討議「自然主義 vs.反自然主義」のために書かれた。当日は、自然主義を代表して小林氏と「対決」するはずの丹治信春氏が、学問的誠実さのあまり自然主義に対する率直な「困惑」を表明したために、「vs.」の部分はどこにいったのか、とフロアにいた私はイライラしたのを記憶している。

ともあれ、まずはこの論考をとりあげることにしよう。副題が示すように、これはクワインの「認識論の自然化」の理念を批判することを中心課題としている。そこで、議論の方針についてもう一つ言っておくべきことがある。本節で私は、小林氏のクワイン解釈の正確さについて議論するつもりはないし、クワイン哲学じたいを小林氏の批判から擁護するつもりもない。私の考える自然主義は、クワインの自然主義とは異なる部分があり、クワインに対する部分的批判を含む。そこで本節では、小林氏の批判を、クワインを通り越して私自身に向けられたものと受け取った上で、それに対して私の立場から応答することを目指す。

まず小林氏は、クワインの自然化された認識論の主張を以下のように整理する。

クワインの「自然化された認識論（ないし認識論の自然化）」の主張とは、一言でいえば、「科学より堅固で、科学を基礎づけうる第一哲学というものを夢見るのをやめ」、認識論を「心理学の一章、したがって自然科学の一章」とみなして、人間がみずからのデータ（刺激）からいかにして科学を構成することになるのかという問題を自然科学のなかで提起し追跡しようとするものである。（小林 2001：51）

その上で、こうした自然化された認識論の主張は、「経験主義のふたつのドグマ」で展開された知識のホーリズムを背景ないし論拠にしている、と指摘される（小林 2001：51）。認識論もわれわれの知識体系の一環であるから、科学と身分を異にするものではなく連続したものになる、という具合に知識のホーリズムを認識論に適用したものが認識論の自然化なのだ（小林 2001：52）。

こうした特徴づけに基づいて、小林氏は自然化された認識論の批判的検討に駒を進める。それは、次の2つのステップに分類できる。つまり、心理学の一章とされた自然化された認識論そのものへの批判と、認識論の自然化の論拠である知識のホーリズムへの批判である。これらを順次検討し、批判に答えよう。

自然化された認識論は懐疑論を回避できない

認識論は伝統的に哲学的懐疑論への対決というモチーフに動機づけられてきた。知識はありえないという哲学的懐疑論に対して、知識の可能性を証明し、同時にわれわれはどこまで知りうるのかを確定する、という作業が哲学的認識論の重要課題の一つだった。認識論の自然化は、こうした認識論と懐疑との関係にも影響をもたらす。つまり、懐疑は科学内部の活動としてのみ有意味に存在できるという考え方である。水に入れられた棒が曲がって見えることから、懐疑論者は感覚一般への懐疑へと議論を進めるが、この「懐疑」は棒は水に浸しても曲がらないという科学的事実に寄生している。この意味で懐疑は「科学の派生物」と位置づけられることになる。

これを踏まえて小林氏は次のように、自然化された認識論に疑問を投げかける。

そこで、このようなクワインの見地からすると、感覚に基づく世界像は外的世界とまったく異なるのではないかなどという哲学的懐疑は問題にならず、実際にクワインはこの種の問題を引き受けたりしていないと思われる。しかし、このような見地は、伝統的認識論の懐疑を説得的に退けうる種類のものであろうか。反対に、上に見たようなクワインの自然化された認識論はそれ自体、伝統的な懐疑論を許し、それを招来するものになってはいないであろうか。（小林 2001：54）

この論点を別の言い方で述べると次のようになる。自然化された認識論は、貧弱な感覚刺激からいかなる心理過程によって世界像（「奔流のようなアウトプット」）が生じるのかを探求する。だとすると、この世界像は人間の心の構築物である。この構築物が外的世界についての知識でもあるということを証明できない限り、自然化された認識論は懐疑論に直面せざるをえないのではないか（小林 2001：54）。

さて、この種の批判に自然主義者はどのように答えることができるだろうか。次のような架空の対話を考えてみよう。

懐疑論者：（水の中に入れた棒が曲がって見えたが、取り出してみるとまっすぐだったという「実験」をしてみせたのちに）ね、目で見るということは必ずしも実在の正しい姿を教えてくれないということがわかったろう。だから、感覚は信頼できないんだ。感覚に基づく信念は知識の名に値しないんだよ。

自然主義者：ということは、キミは「およそ感覚は知識の源泉としては信頼できない」という仮説を提案していることになるね。そういう仮説も論理的には可能だということは同意するよ。その上で、それに対してボクは「ときとして感覚は知識の源泉として信頼できない」という仮説を提案しよう。そうして、どちらの仮説を採用するべきかを考えてみようじゃないか。キミの仮説を採用すると、ボクたちの信念体系は大幅な改訂が必要になるね。なにせ、ボクたちの科学的知識の多くは、部分的にせよ最終的には何かを目で見ることによって確かめられているからね。一方、ボクの仮説を採用すると、信念体系の訂正コストはずっと少なくてすむ。しかも、どういうときには感覚が信頼でき、どういうときにはできないかの条件を、光の性質や眼の仕組み、脳の感覚情報処理のメカニズムについての知識を動員して明らかにするという研究プログラムをスタートさせるという点で、生産的な仮説ですらある。キミの仮説を斥けてボクのを採用する十分な理由はあると思うよ。つまり訂正コストという基準を使えば「伝統的認識論の懐疑を説得的に退けうる」と思うんだ。

懐疑論者：キミはずるいな。だって、ボクの懐疑を最初から科学内の一仮説として位置づけてしまうじゃないか。ボクがキミに投げかけているのは哲学的懐疑だってことを忘れてもらっては困るな。

自然主義者：なるほど、ボクだって哲学者だから、哲学的懐疑なるものがありうることは分かっているよ。では、逆に問うけど、キミの問いかけが哲学的懐疑だとして、いまそれを問わなければならない理由をキミはもっているのかい？　デカルトは、あまりに感覚主義的だったアリストテレス自然学をいったんご破算にして、目に見えない自然界の数学的秩序を知性で捉える数理科学の理念を立ち上げるために、哲学的懐疑を有効に利用した。そのおかげで数理科学としての近代科学がスタートしたわけだ。つまり、デカルトには哲学的懐疑を行う歴とした理由があった。そのことはボクも認める。でも、そうしてスタートした科学が、押しも押されもせぬ最も成功した知的伝統として、知識の典型とまで見なされるようになったいまとなって、なぜ哲学的懐疑が必要なんだい。哲学的懐疑が論理的に可能であることは認めてもいい。でもボクたちは可能だからといって何でもかんでもそれをしなければならないわけじゃない。

感覚が信頼できないことを示す証拠がたくさん蓄積してきて、感覚を頼りに世界のありさまを知るのは不可能だという仮説がシリアスなものとして浮上してくるまでは、感覚に対する全面的懐疑は可能だが蓋然性のきわめて低い仮説に留まる。重要なのは、こうして全面的・哲学的懐疑を斥けておく態度は、単なる保守的態度なのではなく、訂正コストの比較考量という合理的根拠をもっているということだ。

自然化された認識論は規範性をもたない

小林氏が自然化された認識論に対して投げかける第二の疑義は、それが認識論に求められるはずの規範的側面を欠いているというものである。その結果、自然化された認識論は伝統的認識論の主要課題であった知識の正当化をその使命としなくなってしまう（小林 2001：55）、と言うのだが……。

しかし、その議論は事実の記述（is）から規範（ought）は帰結しないという、よくある議論の焼き直しにすぎないように思われる。しかも、そこでは「規範」という語がきわめて曖昧に使われている上に、心理学研究の進め方についての誤解も見られるように思われる。以下、小林氏の議論を再構成しつつ、以上の点を確認しながらそれに答えていこう。

小林氏の議論は、知識の概念を巡る話と確証の概念を巡る話の両方にまたがって行われているため、理解しにくくなっているが。私の見るところ、それは二つ合わせて一つのアーギュメントになっている。それは、次のように再構成できるだろう（小林 2001：55参照）。

(a)自然化された認識論は、自然現象としての人間における刺激と認知的アウトプットの間の因果過程の心理学的研究である。

(b)そのような因果過程は多種多様に存在するため、そうした因果過程のなかのどれが外的世界についての知識を生み出すのかを評価せねばならない。

(c)つまり、知識とは何であるかという規範が必要である。

(d)しかし、自然現象としての人間と環境との間の因果過程の記述が、知識の規範をもたらすことはない。（is から ought は出てこない）

(e)したがって、自然化された認識論は知識の正当化（知識でないものから知識の名に値するものを区別すること）を行うことはできない。

この再構成が適切なものだとして、まず私が疑問に思うのは（c）での言い換えである。われわれの心で起きている信念産出過程のうち、知識を生み出すのに成功するケースとそうでないケースを区別する必要がある。それはその通りだ。それをしなければ知識の研究にならないからである。しかし、そのために必要なのは、知識とは何であるかという「定義」と言うべきであって、それを敢えて「規範」と言う必要はない。それは次のおかしな推論を見れば明らかだろう。

(a)光合成研究は、葉緑体におけるインプットとアウトプットの間の因果過程の研究である。

(b)葉緑体内部で起こる因果過程は多種多様に存在するため、そうした因果過程のなかのどれが光合成なのかをはっきりさせなければならない。

（c）つまり、光合成とは何であるかという規範が必要である。

なぜ小林氏が「定義」と呼べばすむものを「規範」と呼ぶのかと言えば、is から ought は出てこないという常識に訴えて、（d）から（e）を導くためである。しかし、小林氏の議論のアンフェアなところを指摘しただけでは、自然化された認識論でも知識の正当化が可能だと反論したことにはならない。有効な反論のためには典型的な心理学研究がどのように進められていくかを見る必要がある。一例を挙げよう。

次のような二つの質問を用意し、二群に分けた被験者たちにそれぞれ考えてもらう。

（i）英語で書かれた小説の四頁分（約2000語）の中に、七文字の英単語で末尾が ing で終わるものは、およそ何語含まれていると思うか、推測せよ。

（ii）英語で書かれた小説の四頁分（約2000語）の中に、七文字の英単語で語頭から六番目の文字が n であるようなものは、およそ何語含まれていると思うか、推測せよ。

興味深いことに、（i）の質問をされた群の被験者たちが与える答えは、（ii）を問われた群の被験者たちの答えよりも有意に大きな数字になる。ホントウは逆になってしかるべきである。なぜなら、七文字の英単語で末尾が ing で終わるものはすべて、七文字の英単語で語頭から六番目の文字が n であるようなものでもあるが、その逆は成り立たないからである（company, tyranny など）。この実験結果から、心理学者は次のように推測する。こうした問題を解くとき、われわれは通常の論理的推論能力ではなく、ある種の簡略化されたアバウトな問題解決プロセスを使っているのだろう。これは「利用可能性ヒューリスティック」と名づけられている。つまり、想起しやすい事例に基づいて判断する、というプロセスである。これは、おそらく人間が認知コストを節約するために進化的に獲得してきた因果過程だろうが、ときにはこの実験のように、想起しやすい事例の生起頻度を実際より過大に評価しやすい傾向（つまり、認知バイアス）を生じてしまう。

こうした一連の実験とその解釈を見ると、たんに頭の中の因果過程を記述することが心理学研究ではないということがわかる。その記述はより大きな文脈に埋め込まれている。「ホントウだったらこう答えなければならないはず」の答えと、実際にされる答えの区別、あるいは「ホントウだったらこんな思考過程になるはず」と現実になされる思考過程の区別が実験の前提となっている。そして前者は「規範的モデル」とすら呼ばれる。心理学は、規範的モデルからのズレ、すなわちバイアスを有力な手がかりとしながら、われわれが現にどのような因果過程によって思考を進めているのかのメカニズムを明らかにしようとしている。因果過程の記述はその一部である。

以上の観察を自然化された認識論に適用してみよう。そうすると、とりあえず二つのことが明らかになる。第一に、自然化された認識論は「心理学の一章」として行われる以上、「知識は何であるか（＝何が知識の名に値するか）」の定義を行い、知識とそうでないものを区別する作業を前提している。心理学研究の一部に組み込まれている因果過程の記述それ自体にこの作業が含まれないからと言って、心理学研究はここでの意味での「規範的側面」をもたないと断ずることはできない。

第二に、自然化された認識論は知識の正当化をもたらすということである。心理学は、われわれにはどのような信念産出メカニズムが備わっており、そのメカニズムはどのような条件のもとでいわば誤作動して認知バイアスに陥りやすいかを明らかにしてくれる。そうすると、その条件が成り立っている場合にわれわれが形成した信念は、認知バイアスの餌食になっている可能性が高く信頼性が低いことになるだろう。逆の場合、われわれの信念の信頼性は高まる。こうした仕方で、心理学は個々の知識の正当化のための条件を与えてくれる。自然化された認識論は、誤信念からの知識の区別という認識論の役割を十分に果たすことができる。それどころか、本人が意識的に気づくことができないバイアスを指摘してくれることで、哲学的認識論よりも遙かに上手に、実質的にその役割を果たすのである。

このように述べてくると、次のように反論されるだろう。百歩ゆずって、心理学が、正解と間違いあるいは知識と誤信念の区別を含む（含まないと研究が進まない）ということは認めよう。しかしそれは、単に実験をデザインする際にその区別を前提しているだけではないか。あらかじめ立てられている知識とそうでないものの区別を単に利用しているだけだ。その「あらかじめの区別」こそ哲学の出番だ。哲学が知識とは何かを定義し、その定義を心理学が利用する。しかしその場合、心理学は規範の利用者であるかもしれないが、規範の制定者ではない。哲学的認識論の課題は規範を立てることにあり、それは哲学にしかできない。

問題は、このような分業がうまく成立するかということである。私の答えは「ノー」である。まず指摘できるのは、哲学は知識を定義するという課題を掲げながら、それにつねに失敗し続けてきたということだ。哲学には未だに知識の定義についての定説は見あたらない。知識の条件には、第一原因を突き止めることが含まれるのか、確実性は含まれるのか、真理は含まれるのか、正当化は含まれるのか、その正当化は内在的であるべきか外在的であっても良いのか等々について一致した見解はない。「正当化された真なる信念」という定説に近かった定義にすら、二〇世紀になってからゲティアの反例が提案された。失敗してきたのは、定義の進め方が間違っていたからだ。つまり、概念分析によってア・プリオリに定義しようとするやり方である。

自然主義者にとって定義は、そのような概念分析によって事前に済ませておくべきものではない。岩石についての探究を例にとって説明しよう。このとき、われわれは石の概念ではなく石そのものを研究する。とはいえ、概念にまったく出る幕がないと言うわけでもない。クリプキに始まる指示の因果説は、言葉の指示対象を固定するには、そのものがもつ本質を偶有性とよりわける必要などない、ということを教えてくれた。硬く、脆く、何種類もの結晶が含まれていて、自分では動かず、地面や地中で見つかる……といった石の概念は、石の典型例を教えてくれる。それに従って探究対象を固定したら、あとは現実の石を探求すればよい。必要なのは、「石ってどんなものか」についての直観的理解が共有されていることだけだ。これは間違いうるし、ましてア・プリオリではない。一方、現に石そのものを研究する段階になると、われわれが石についてもっている概念はそれほど役に立たない。むしろ逆に、経験的探求の進展に伴って最初に用いていた直観や概念が訂正されるということが起こる。

自然化された認識論は、知識も岩のように自然現象として研究しよう、知識概念を分析するのではなくすでにそこにある知識現象そのものを研究しようという提案である。最初は、典型的に知識だと思われている現象について、暫定的・偶有的な定義を用いて指示を固定し、それを可能にする諸条件やそれを生み出す認知メカニズムについて研究していけばよい。そうするうちに、当初使っていた知識概念が研究の役に立たないということも起こりうるだろう。その時は知識を定義しなおせばよい。岩という概念が地球科学的には役に立たず、火成岩、深成岩、堆積岩といった具合に細分化していったのと同様に、知識もより厳密に定義されるいくつかのサブカテゴリーに分かれていくかもしれない。重要なことは、この変化は、科学の発展によるのであって、ア・プリオリな概念分析のやり直しや哲学の進展によってもたらされるのではない、ということだ。認識論的な規範の形成作業は（そう言う名前で呼ぶのが適切だとして）、経験的探求の中でこそなされるべきだ。

自然化された認識論は科学を定義し科学の目的を与えることができない

以上のように、自然化された認識論も懐疑論を回避し、知識の定義にたずさわるという形である種の規範性をもつことができる。こう言っても、おそらく小林氏は満足しないだろう。というのは、自然化された認識論（つまり科学）には不可能で、哲学のみに遂行可能だと小林氏が考えている課題は、おそらくもっと立派な課題、つまり科学とは何かを定義し科学に目的を与える、という課題だからだ。ただし、この論点は明示的には述べられてはない。クワインの規範的認識論の工学化という考え方を批判する際に陰伏的に現れてくる。

クワインは後年になって、いまでは規範的自然主義と呼ばれるようになった見解をもつようになった。それによると、科学の認識論的規範は、定言命法ではなく、「もしXという目的を達成したかったら、Yという方法論をとるべきだ」という形の仮言命法として理解するべきである。そうすると、この規範の妥当性は、この世界においてYすることが現にXを促進するかどうかという事実によって判定されることになる。こうして自然主義の枠内でも認識論的規範についてちゃんと議論できる。認識論は、科学の目的に照らして最適な方法論を設計するという意味で工学に似た営みになる。

さて、小林氏はこのクワインの議論において科学の目的（と定義）が言及されることに注目する。科学とは何かを定義し、科学に目的を与えるという課題は科学じしんにはできない。だから科学の一章である自然化された認識論にはそれはできない、と小林氏は考えているらしい。ある時点では、これはトリビアルに正しい。それは、科学をこれから始めようとしているときである。そのときには、まだ科学はないわけだから、科学を定義し目的を与えるのは科学以外の活動ということにならざるをえない。しかし、科学はもう始まってしまった。その段階で、この理屈は成り立つものだろうか。

小林氏の議論を次のように整理することができる。

(a)クワインの自然化（工学化）された認識論は、科学の定義と目的に言及する。
(b)自然化された認識論は科学の一部である。
(c)科学は可謬的であり訂正可能である。
(d)したがって、自然化された認識論は可謬的であり訂正可能である。
(e)したがって、自然化された認識論に支えられる科学も成立しなくなり、自然化された認識論も実体をなくすことになる。われわれは科学や認識論について定まった概念を持ちえなくなる（小林 2001：56参照）。

正直なところ、私は（e）が何を意味しているのかも、どうして（d）から（e）が帰結するのかもわからないのだが、科学の定義や目的が変化するという事態は科学を破壊してしまうために、それを許すような認識論は認められない、と小林氏が考えているらしいことはわかる。

しかし、これは正しいだろうか。一つには、科学の目的や科学の定義の少なくとも一部は現に歴史的に変わってきていることが指摘できる。たとえば力の原因を求めることは物理学の目標になったりならなかったりしてきた。心理学においても、一時、心の内部メカニズムを明らかにすることは目標とされなかったが（行動主義）、認知革命以降はそれが主目標とされるようになった。また、ラウダンは、科学的事実と方法論と科学の目的は互いに他を制約する関係にあり、三者が不調和になったときには、合理的考慮に基づいてどれか一つを変更することができる、とりわけ科学の目的も合理的に変更可能だという「網状モデル」を提案している。

認識論が可謬的であるために科学の目的（と定義）が変わるとしても、それは漸進的な過程であり、「科学」という語は歴史的現象としての科学を指し続ける。それは「岩石」の科学的定義が変わっても、「岩石」が概ね同じものに当てはまり続けるのと同じである。

この議論は、逆に小林氏が認識論とはどのようなものであるべきと考えているかを明らかにしている。それは、可謬的な科学が訂正されてもそれじたいは無傷で残って、科学とは何かをア・プリオリに規定し続ける不可謬な営み=科学の不動の立法者である。そのようなものがかりにあるとしたら、それは科学ではないだろう。しかし、私にはそのようなものがあるとは思えない。だいいち、不可謬性を認識論に要求したが最後、哲学においていろいろな認識論的立場があることの説明がつかなくなる。それとも、小林氏は自分の認識論だけが正しく、他はすべて論理的に間違っていると言うのだろうか。

クワインが認識論の自然化の根拠にしているホーリズムは間違っている

クワイン自身がホーリズムを認識論の自然化の根拠として用いているのは事実である。また、全面的な知識のホーリズムからは直接的に自然化された認識論が帰結するのも確かだ。認識論もわれわれの知的営みである以上、知識のネットワークに組み込まれており、したがって科学と連続している、証明終わり、という具合である。

このため、「クワインの」自然主義を批判する方針として、ホーリズムを批判するという小林氏の方針は正しいし、それはある程度成功していると思う。小林氏は、経験の裁きは理論全体に及ぶというホーリズムを批判するために、物理学の中にいかなる経験の裁きによっても訂正されることのない要素を指摘しようとする。それは第一に、異なる物理理論で共通に使われている部分（体系に固有ではない部分）、つまり数学理論である。第二は、小林氏が「超越論的なもの」と呼ぶもの、つまり「それを物理学たらしめる基本的前提ないし概念的枠組み」である（小林 2001：58）。この超越論的なものを小林氏はさらに、物理学の対象は記号的・数学的表象体系に従ってのみ指定され理解されるという物理学の目的ないし規範、そして、検証・反証の手続きについての理論の二種類に分けている（小林 2001：59）。

これらが本当に改訂を免れているのかについては議論の余地があるだろう。また、その前の議論では、こうした科学の定義・目的・方法にかかわる話は科学の外部にあるかのように扱われていたのに、今度は科学の要素であるかのように言われているという議論の内的整合性の問題もある。しかし、最大の問題はそこにはない。科学理論に改訂を免れている部分があるかどうかということと、認識論の自然化の必要性との間にはほとんど関係がないからである。次のように議論することができる。そしてこれはクワイン自身が行った議論の骨子でもあると思われる（戸田山 2002：第7章参照）。

（a）基礎づけ主義的な哲学的認識論の課題は二つあった。認識論的に怪しげな理論概念をより認識論的に素性の良い概念で定義し意味を明確する概念的課題と、認識論的に怪しい命題を、確実な命題から導くことによって、前者に確実な基礎を与える学説的課題である。

（b）これに哲学はずっと失敗し続けてきた。

（c）カルナップは、理論語を観察語に翻訳的還元することによって（a）の二つの課題を果たそうとした（この点で最後の基礎づけ主義的プロジェクトだった）。

（d）しかし、理論語を観察語に翻訳的に還元することはできない。

（e）したがって、基礎づけ主義的な哲学的認識論はできもしない目標を掲げていたことになり、何のポイントもない。

（f）観察と理論をむすぶという課題は、われわれの心は観察的入力をどんな仕方で計算して理論を出力しているのかについての経験的研究の方がうまく果たしてくれるだろう（＝認識論の自然化）。

クワインは（d）の論拠としてホーリズムを使った。しかし、それほど強い仮定はじつは必要ない。理論文は観察文を超える内容をもつことを認めるだけでよい。そして、このことには小林氏自身を含む実在論者はみな賛成するはずだ。科学的実在論は、理論は観察に還元できない理論的対象について語っていると解釈した上で、その近似的真理にコミットする立場だからである。

三 『科学の世界と心の哲学』（2009）を批判する

この書物の射程はきわめて広い。実在論・反相対主義・反自然主義を同時に擁護するねらいで書かれている。そのための戦略は、反実在論・相対主義・自然主義はいずれも「近現代の科学の成立の事情やその条件・本性を十分に踏まえていない」がゆえに間違っていることを示す、というものである（小林 2009：ii）。ここでは、本書の内容の一部を自然主義批判のための議論として再構成したうえで、それを批判することを目指そう。

さて、自然主義批判として見た場合、本書における小林氏の議論は意外にシンプルな構造をしている。（a）科学には三つの規範がある。つまり、（i）感覚知覚に与えられた対象のなかで数学的に記述しうるものにのみ着目し、それを取り上げる、（ii）数量化されたもろもろの事実や経験法則を題材とし、それらをより高次な少数の原理によって統一的に説明することで、自然現象の最も普遍的な因果構造を追究する、（iii）理論の検証は、感覚を直接用いることによってではなく実験装置を介して行われる（小林 2009：第二章参照）。

（b）したがって、科学は本質的に、（i）知覚的性質と価値、（ii）日常言語のニュアンス、（iii）一回きりの出来事についての説明と実際に体験してみなければわからないことがら、（iv）視点に依存するがゆえに客観的でないことがらを扱うことができない。

（c）一方、（b）の（i）～（iv）のような性格をもつ心や意識の性質の解明が、哲学に期待される課題である。

（d）したがって、心や意識についての哲学的問題を科学によって解決することはできない。自然主義的な心の哲学は間違っている。

（c）（d）の議論において、小林氏は、チャーチランド、デイヴィドソンら現代英語圏の心の哲学を個別に取り上げて周到に議論を進めているが、その検討は美濃論文にまかせることにしよう。ここでは、小林氏の議論の出発点になっている「科学の規範」なるものの捉え方を批判の主な対象にする。

小林氏の言う「科学の規範」は妥当なものか

まず、全体を通してすぐに言えることは次のことだ。小林氏の言う「科学の規範」は、物理学のそれもごく一部に当てはまるにすぎないのではないか。科学をこんなに狭く理解するなら、科学は扱えない領域だらけになるだろう。その上で科学で心や意識が扱えないと言うのはきわめて簡単なことだ。

小林氏の抱く科学のイメージは、「自然現象の普遍的・因果的構造を統一的に、数学によって把握する」営みというものである。典型的にはニュートン力学が念頭に置かれているだろう。そこでは科学は次のように進む。物理現象の観察・測定→物理的属性が数量化され数値で表される→それが時空に位置づけられ経験法則を述べる現象論的方程式が立てられる→複数の現象論的法則が基本法則から導かれ統一的に説明される（これにより自然の因果構造が明らかになる）。たしかに、科学史の一断面をこのように記述することは可能だ。しかし、それが科学の規範だとされ、すべての科学はこれに従うのだと言われると首をかしげたくなる。以下では、いくつかの論点からこの科学のモデルが一面的であることを示していこう。

（1）科学的説明は一種類なのだろうか

小林氏は、科学的説明をとりあえず、自然現象の「普遍的構造」を説明するものだとしたうえで（小林 2009：44）、それをさらに次のように敷衍している。

第一に、科学的説明は、もろもろの経験法則や個別的な法則を、少数の基本概念や一般法則によって統一的・普遍的に説明しようとするものである（小林 2009：44）。

第二に、科学的説明は、自然現象を統括する「因果過程」の説明であり、「因果的説明」である、ということが挙げられるだろう（小林 2009：46）

問題は、この二つの規定の関係である。小林氏は、科学的説明に統一的説明と因果的説明の二種類があると考えているのだろうか。それとも両者は同じ一つの説明の別の側面だと考えているのだろうか。おそらく後者だと思われる。というのは、小林氏は、物理学が、現象論的法則を「力」の概念を用いて統合していることを、科学的説明が因果的説明でもあることの根拠にしている（小林 2009：46）からである。こうして、科学的説明とは「統一的・因果的説明」を行うものとされる（小林 2009：47）。

たしかに、ケプラーの法則とガリレイの法則がニュートンの法則に統合されたようなケースは、同時に統一的説明でもあるし因果的説明でもあると言ってもよいだろう。しかし、この二つはつねに一致するとは限らない。解析力学から例をとってみよう。解析力学では系の力学的状態はラグランジアンという関数で表現される。ラグランジアンは座標と速度だけを変数にもつ。このラグランジアンに時間の一様性という条件を課すとエネルギー保存則が、空間の一様性を課すと運動量保存則、空間の等方性を課すと角運動量保存則が導かれる。三つの保存則が、一つの関数から同様の仕方で導かれるわけで、これは非常に見事な統一的説明になっている。しかし、この説明は因果的説明だろうか。これらの保存則の導出には「力」の概念は少なくとも陽に現れることはない。

科学的説明にはいくつかのサブカテゴリーがあると考えるのがよいだろう。より一般的な法則に統合するのも、原因を突き止めるのも説明である。両方いっぺんに行う説明もあるし、どちらかだけの説明もある。さてそうすると、小林氏にとっては問題が生じる。因果的説明が、ときに重なるとはいえ統一的説明とは別のカテゴリーをなすものだとすると、一回限りの出来事を科学は扱えないとか、科学は自然現象を数量化して扱い、その普遍的構造を数学で表現するものだといったテーゼが怪しくなるからである。

（2） 科学は一回限りの出来事も扱う

小林氏は、日常的な因果的説明と科学の因果的説明を区別して、日常的因果説明は一回限りの特定の出来事についてなされるのに対し、科学的因果説明はそうではない、と述べる（小林 2009：75）。これは、因果的説明を普遍的・統一的説明重ね合わせておくためだろう。しかし、科学は一回限りの特定の出来事に対して説明を与えない、というのは端的に誤りである。地球科学、太陽系形成論や進化学など、歴史を扱う科学がある。これらは、確かに当初は自然誌的記述あるいは哲学的思弁（カントの星雲説）だったかもしれないが、現在では実証科学として成熟し、さまざまなことがらについて因果的説明を行う。たとえば、恐竜の絶滅の原因は現在のユカタン半島付近に落下した小惑星だった、という説明は歴史とした科学的説明だろう。しかし、これは一回限りの出来事である。

日常的な因果的説明と科学の因果的説明の違いがもしあるとしたら、それは被説明項になっている出来事が再現可能かどうかにあるのではない。その違いは説明の仕方に求めるべきだ。科学的な因果説明は、個別の出来事の原因と結果の因果過程を結ぶために、科学的方法によって確かめられた一般性・普遍性の高いモデルを用いる。小林氏が日常的因果説明の例に挙げているカント氏の規則正しい生活にしても、カントの体内時計の正確さや几帳面な性格を決定づける遺伝的・環境的要因についての生物学的・心理学的モデルを用いて説明すれば、科学的説明と言えるはずだ。

（3）科学において数量化が果たす役割も一つではない

前項で引き合いに出した恐竜の絶滅の因果的説明の例は、科学において数量化が果たす役割について、小林氏とは異なる見方を促す。小林氏が念頭に置いているような仕方で、数学が科学において役割を果たすことは確かにある。つまり、自然の構造を数学的構造として表現するという役割だ。このとき、現象を数量化して捉えることは、その数学的表現のための前提として機能している。私が主張したいのは、科学において数学が果たす役割はもっと多様であり、対象のなかで数学的に記述しうるものを取り上げる、とか自然現象の普遍的構造を数学的構造として表現するということを「科学の規範」とまで呼ぶことはできないということである。

ここでもやはり、そういう科学もあるが、そうでない科学もある。

恐竜の絶滅についての小惑星衝突説を確証したり正当化するためには、さまざまな数値シミュレーションが行われる。チチュルブ・クレーターの形成時期を見積もる、このクレーターを形成した小惑星の大きさ・衝突速度、衝突時のエネルギーを見積もる（直径一〇～一五キロメートル・秒速約二〇キロメートル・広島型原爆の約一〇億倍）、衝突による環境変化の大きさ（地震規模・津波の高さ・放出物の量・太陽光が遮られることによる寒冷化の程度と時間）を見積もる。これによってはじめて、チチュルブ・クレーターをつくった小惑星の衝突が大量絶滅に十分だったかどうかが評価できる。これらの個々の数値シミュレーションには、それぞれ異なる適切な物理モデルが使われる。それぞれの物理モデルは、初期条件が異なると異なった結果を与える。このことによって、現実に起きた因果ストーリーは、物理モデル群が張る可能性の空間の中に置かれる。こうして地球科学における歴史的因果的説明は、同時に科学的な説明力の豊かさも獲得する。そうなのだが、あくまでもここで本質的に重要なのは「恐竜を滅ぼしたのは小惑星の衝突だ」という自然言語で表現される、一回きりの出来事因果なのである。

さらに、数量化可能性は「数量化」の理解の仕方によってはほとんどトリビアルに、どの現象にも当てはまってしまう。「男性であること」「女性であること」は数量化可能かと言われても、当惑する他はないだろう。ところで、心理学研究では、ダミー変数というものを使う。たとえば、あるテストの成績にジェンダーとサークル活動への参加の有無という二つの変数がどのように関わるかを知りたいとする。このとき、サンプルが男性であるとき1で女性であるとき0になるような変数を導入する。サークル活動についても同様。これがダミー変数である。このような「数値化」をほどこす理由は、それをすれば回帰式をつくることができて、重回帰分析という統計手法が使えるようになるからだ。しかし、重回帰分析によって知りたいことは「テストの成績がジェンダーとサークル活動への参加の有無で予測できるか」とか「予測できるとすればその精度はどのくらいか」なのである。

ダミー変数の例により私が主張したいのは、世界のさまざまな現象のうち、何が数量化可能で何がそうでないかをあらかじめ決めておくことはできない、ということだ。心の領域に属するから、個人の一回きりの出来事だから、主観的だから、価値に関わるからということで、数量化できないなどとは言えない。

四　まとめ

反自然主義者は次のような議論をしがちである。科学は本質的にA、B、Cなる特徴を備えている。領域Xには A、B、Cが妥当する。そのため、科学は領域Xに関しては大きな成功を収めてきた。ところが領域Yには A、B、Cが妥当しない。したがって、科学は領域Yを扱うことができない。

しかし、この議論は次の二つの点で間違っている。まず、科学の本質的な特徴を固定しておけると考えている点である。歴史とともに科学は変化する。科学の方法も拡大するし、ひょっとしたら科学の目的も変わる。したがって、科学哲学の役割も変化する。たしかに或る時代、つまりこれから近代科学をスタートさせようという時代には科学哲学は科学に対する不動の立法者としての機能を果たすことができた。デカルトはきわめてうまくその役割を果たしたのだと言える。その意味では第一級の科学哲学者だった。しかし、同じことを近代科学がこれだけ発展・多様化し、強固な知的伝統となった現代においてなしうると考えるのは楽観的に過ぎる。

この議論のもう一つの間違いは、何が科学によって扱うことができないかを領域の単位で考えている点にある。つまり、脳は扱えるが意識は扱えない、といった具合である。これは間違っている。科学に何ができるかを考えたいなら、問題のレベルで論じる必要がある。たとえば、「50 mSv 以下の放射線被曝により突然変異率は0.5%上昇するか」という問題は、科学の領域に属していそうに思われるが、科学によって答えることはできない。なぜなら、これを信頼度95%で実験的に検証しようとすると、数十億匹のラットが必要になるからだ。

逆に意識の領域についても、たとえば逆さメガネをかけてもしばらくすると元通りに見えるようになるのはなぜか、というような問題は科学によりアプローチ可能だろう。だとすると、反自然主義者には次のように問いかけねばならない。「意識／心／意志に関するどんな問いが科学には答えることができないのですか？」そして、「そのような問いがあるとして、科学よりも貧弱なデータと研究手法しかない哲学がその問いに答えられると考える理由は何ですか？」

残念ながら、これらの問いに明確な答えをしてくれた反自然主義者を私は知らない。小林氏も、神経科学的・脳科学的アプローチは、そのような活動の、あくまで、神経や脳の物質レベルにおける相関項の探求であって、「意識」や「心」自体の究明ではないのではないか、と言う（小林 2009：125）。哲学が考えるべきことがらは、科学が問うた問いのいわば残余として、そこから抜け落ちてしまった「〜自体」「〜そのもの」についての問い、というぼんやりとした言い方で表現するしかない、というのは実感としてよく分かる。知りたかったのはそういうことじゃないんだよなあ、である。じゃ、どういうことなのか。哲学はそれを問いの形で表現することにもっと努力を払うべきだろう。それに対して科学は「その問いはこういうことでしょ。だったら科学でもできるよ」と答えるだろう。哲学は「いやそういうことじゃないんだよなあ。こういう問いだよ」。科学は「だったら…」…。この繰り返しを科学とともに生きることが哲学の役割だと私には思われる。

科学の手の及ばない領域を確保するためにがんばる、というのはあまり生産的なあり方ではない。

第二部への答弁

小林道夫

美濃氏への答弁

(1)

美濃氏は、このデカルト(=小林道夫)の心の哲学批判において、その哲学を彼なりに検討した後、結論で、大胆にも、「デカルトはこのように一つの大きな矛盾を含んだ哲学体系を強引とも見える諸議論をとおして強力に打ち出したことによって、近世以降の他のどの哲学者よりも偉大な哲学者たりえた」(本書223頁)という。

まず美濃氏は、第一節「デカルトの心の存在論について」において、デカルトの二元論の論証を取りあげ、それをHookerが整理・再構成した、短い八つの命題(そのうち三つが前提)によって代弁させる、そこで、そのHooker(=美濃氏)のきわめて短い整理・再構成に対して、まずデカルトが「読者へのまえがき」で読者に対して強く要請したことを紹介しておこう。それはまず「私の推理の順序と結合とを理解しようと心がける」ことであり、個々の字句にかかずらわらないでもらいたいということ、およびこれらのデカルトの省察について判断するならば、『省察』本文のみならず（デカルトが『省察』本文に付した）「反論と答弁のすべて」に目を通した上で行ってもらいたいということである（AT VII : 9–10）。この後者は読者に要求するのはややきついことであろうが、前者の「私の推理の順序と結合とを理解しようと（それも『省察』の最後まで）心がける」ということは『省察』を読むのに不可欠である。またデカルトは第二答弁の末尾で、自分はこの『省察』において、先なる事柄は後なる事柄を知ることなしに知られ、後なる事柄は先なる事柄に基づいてのみ証明されなければならない、という「順序」を遵守したといい、また、いかに結果の議論が原因の議論に依存しているかを示す「分析」の方法に従ったという。

さて美濃氏の議論をみよう。彼が依る Hooker が整理した第一の前提とは

（1）私は、私自身は存在するが、いかなる物体（物質的事物）も存在しないという事態を思考することができる。［前提1］

ということである。そこから彼は短い命題を連ねた後、最後に

（8）それゆえ、私は（現実に）物体ではない。

と結論づける。（本書210–211頁）

ここで美濃氏は、「思考可能性」ということがキーワードであることを指摘したあと、議論を展開し（美濃氏の本文参照）、しかし、この議論では「思考可能性論証の前提（1）が確立された真理であること」は結論づ

けられた事にならないという。というのも、美濃氏によれば、私の思考状況において私の存在を否定することはできないが、「そのことは、私の思考対象である（いかなる物体も存在しないという）状況（「思考される状況」）においても、私の存在は否定できないということを言うまでもなく意味しない」（本書212頁）からである（このところの議論が私には十分判然としない）。これは、疑い、否定している（思考する状況にある）私の存在は否定できないということから、「思考される状況」の側にも私が存在するということは帰結しないという意味なのであろうか。そうであるとするならば、それはもちろんである。ここでの「私」は、単に、いかなる物体も存在しないと思考できる私であるどころか、ひたすらそれらを意志的に疑い、その存在を否定までしてみる「私」である。その意味で、この局面での「私」とは独我論の私であり、独我論的状況に意図的に追い込む私である。したがって、「思考される状況」の側の私などというものはここでは問題にならない。

あるいは、美濃氏がいいたいのは、端的にいえば、Hooker の示す「前提1」が確実な真理ではないということであろうか。それならば、デカルトはコギトの局面では、世界のすべての物体は、その存在を疑い否定することができるが、この私の存在は疑いえないというわけであるから、その局面では、「前提1」は確信されている、というべきである。ただし、後でふれることであるが、ここでの独我論的見地が最後まで保持されるのではけっしてない。第六省察において「物体の存在」ははっきりと論証される。私が冒頭で、デカルトの言葉、「私の推理の順序と結合とを（『省察』の最後まで）理解するよう心がける」べし、という言葉を引用したのは、そういう事が懸念されたからである。

さて、それではではなぜ、例の「欺く神」までも想定する「誇張懐疑」から「私の存在」を帰結するという荒技をやってのけるのか。それには、明確な意図と目的がある。それは、あらたな数学的自然学を構成するために、感覚や想像力を主軸とするアリストテレス主義の経験論的認識論を解体することにある。そこでここでのデカルトの目的は、感覚によって知られる物体の存在をあえて疑い否定することによって「私の存在（精神）」の自律性をはっきりと把握することにある。そしてここでは、私の存在は確立されているものの、物体（物質的事物）の存在は、主観的に否定されたままであって、それは、『省察』の「順序と結合」の議論をへて、「第六省察」において、「物体的事物は存在する」（その本質は精神とまったく異なるが）として客観の側から肯定されるのである。またそこでは「感覚」の機能が見直され、それに特有の機能がみとめられるのである。

さて、「思考状況」ということについても美濃氏に一言、付言しておきたいことがある。美濃氏の言わんとする「思考状況についてのみ成り立つ事柄」と「思考される状況」というのが、「思考する私の側の状況」と「思考される対象の側の世界」ということを意味するとすれば、それらを混同するのはもちろん誤りである。しかしデカルトは、そのような間違いを犯していない。彼は、コギトの局面での主観的な「思考状況」と客観的な「思考される状況」とをはっきり区別している。その主観的・独我論的局面から、客観的次元への超出は、周知のように第三省察と第五省察で展開される「神の存在証明」によってなされる。そこで「私の思考状況」を超えた視点が確保されたところで、最後の「第六省察」において、「物質的事物（物体）の存在証明」が長々と展開されるのである(1)そうして新たな数学的自然学の基礎づけがはたされるのである。デカルトを理解するのには、第一、第二省察の文言だけでなく、第六省察までの「推理の順序と結合」に基づく論述をしっかりと辿らなければならないのである。

（2）

次に美濃氏が提示する「心の透明性テーゼ」に関する論述に進もう。彼の解釈によると、デカルトは「私がたとえば「いかなる物体も存在しない」ということを思考するならば、そのことを私は確実に誤りなく知ることができ」る（「心の透明性」）と考えているという（本書213頁）。一言で言えば、デカルトは「あることを思考するならば、そのことを確実に誤りなく知る」（傍点筆者）と主張しているというのである。ここでしかし、美濃氏は、「そのこと」という事で何を意味しているのであろうか。思考している「内容」の事か、それとも「思う」という作用のことなのか。美濃氏は「心の透明性テーゼ」がもっともらしくないということをいうために、次のような例を呈示する。すなわち、「ある人に対する嫌悪感と思っていたものが、後になって、羨望の念にすぎなかったことが判明する、云々」（本書214頁）。この例からすると、「心の透明性テーゼ」に反対して「確実に誤りなく知る」事などはないという場合の「そのこと」とは、思考あるいは心の意味内容をさすと受け止められる。もし、そうであるならば、デカルトはどこでもそのようなことは主張していない。デカルトにとって、（心的現象を含めて）ある事を思考するならば、そのことを確実に誤りなく知りうるならば、「真と偽について」と題される第四省察で「誤謬論」などを展開する必要なかったであろう。また、「心の受動」すなわち「情念」によって誤った信念にかき立てられたり混乱する「心」を矯正するために『情念論』を書く事もなかったであろう。

デカルトにおいて「心の透明性」の概念が考えられるとするならば、それは「Pと思う（疑う）」という場合の「思う（疑う）」という部分のみである。Pにあたる部分はすべて誤謬の対象になりうるものであり、懐疑の対象となりうるものでる。たとえば私が、「ライオンを怖いと思う」というとき、それは実はライオンでないかもしれず、怖い、というのも、後から考えれば、たんに足が震えただけのことだったかもしれない。しかし、デカルトによれば、「…と思う（疑う）」ということ、この作用のみを取り上げれば、これは確実なことなのである。そうして「神の存在証明」がなされ、誠実な神によって真理の規範としての「明証性の規則」が確立される段階になって、真理認識の指針が示され、「いかにして誤謬を正すか」が問題とされるのである。

「あること思考するならば、そのことを確実に誤りなく知る」などという認識論はどこにおいても展開していない。

さらに美濃氏は、デカルトの懐疑は、「何かを考えている私の存在」も懐疑の対象となるべきで、それをやっていないデカルトのやり方はバランスを欠くという。この点については次の事を指摘しておこう。それは、『省察』の前半のクライナックスの「私はある、私は存在する」という命題が発せられる前のところで、「天もなく地もなく、もろもろの精神もなく、物体もないと自らに説得した」が、「それならば、私もまたないと、説得したのではなかったか」という言い方で、「私の存在」への懐疑を試みている、ということである。「私はある」というのは、この「私の存在」に対する懐疑への直接的反動として与えられるのである。

(3)

次に「心の哲学」にとって次に重要な「心身問題」についての美濃氏の所論(第二節)を検討しよう。ここでの美濃氏の理解は正確でなく、また立論にも成功していないと思われる。その事を指摘するために、デカルトのテクストに多少たちいって論じよう。

まずは、テクストの受け止め方についてであるが、美濃氏は、「(心身合一)という主張がデカルトに帰せられる最大の根拠は第六省察」に有りとして、ここから一節引用し、それですまされているが(本書220頁)、これはデカルトの心身問題を論ずるにしてはあまりにも安直である。以下のことはデカルト研究者にとっては常識であるが、確かに第六省察において、精神は、船頭が船のなかにいるように、身体の中にあるのではない、といわれており、また「私(精神)は身体と或る一なるもの(全体)を構成する」とか「精神と身体の合一」という表現も見られる(AT Ⅶ : 81)。また第四答弁ですでに、「精神と身体との間の「実体的合一(unio substantialis, union substantielle)[2]」という表現が見られる。したがってデカルトはこの時点から「心身合一」説は取っていたのである。しかし、ここでは「心身問題」は主要なテーマとはなっておらず、その「心身合一」説も『論駁と答弁』であからさまに問題化されていない。「第六省察」でもっぱら論じられるのは「物心（心身）の実在的区別」であり、「物体の存在証明」であり「感覚の機能」などである。

「心身問題」がはっきりと議論の主題として取り上げられるのは、「非物体的な精神がどうして物体（身体）に作用しうるか」というエリーザベトからの、一六四三年のデカルト宛書簡からである、そこから何度も書簡の往復がなされ、そこで「心身合一」は、「延長」や「思考」とはまったく異質な「原始的概念」であると説明され、それは「日常の会話や交わりを行使することによってのみ」知られるのであると強調されるのである。

そこでこの「心身合一」というのは、美濃氏が誤解しているように「相互作用説」なのではない。美濃氏はこの相互作用説が例の松果腺によって説明されていると解しているようだが、この説は『人間論』や『情念論』の前半で展開される、機械論的生理学からの、外からの理論仮説というべきものである。これでは非物体的精神がなにゆえ物体にほかならない松果腺に作用しうるのかというエリーザベトの質問に原理的に答えたことにならない。それゆえ、デカルトは「心身合一」を「原始的概念」（この「原始的」というのは、それ以上分析したり、それ以外の概念によって説明できないとする、きわめて強い意味のものである）とする説明をはっきりと呈示したのである。

ここで「心身合一（union）」という概念の正確な意味とその意味の重要さを指摘するために、エリーザベト宛とアルノーに宛の書簡から、それぞれ一節引用しておこう。

まずはじめはエリーザベト宛の一六四三年の六月二十八日付け書簡から。そこでデカルトは三つの原始概念

（「思考」）、「延長」「心身合一」）の説明をし、まず、次のようにいう。「二つのもの（精神と身体）の間の合一（union）を理解するとは、それらを唯一のもの（une seule chose）として理解すること」である。[3]

次にアルノー宛書簡から。「物体でない精神が身体を動かしうること（心身合一）、このことは、どんな推論によっても、また他の事物から引かれたどんな比較によってもわれわれには示され得ず、日々のきわめて確かで明証的な経験によって示される」のであり、「それは、それ自身によって知られ、他のことによって説明しようとすると曖昧にされる事柄の一つである」。[4] 要するにデカルトによれば、「心身合一」は、たとえば。実際に自分の意志で自分の手を動かしてみなければ知り得ないのであり、このことは形而上学的思考や数理科学によって知られる事態ではないということなのである。

そうであるから、美濃氏のように、「心身合一」とは心身の「相互作用説」の事であるというのは誤解である。相互作用説では一方で身体があり、他方に精神があって、それぞれがそれぞれの身分を保持しつつ、お互いに作用するということであろう。要するに二つの間での相互作用ということになろう。しかし、デカルトが強調するのは、精神と身体があくまで「実体的に合一（一つになること）」（これは上述のようにデカルト自身の言葉である）するということである。この事態を「精神」と「身体」の間の「相互作用」のことだと説明するのなら、それこそ、「（それ以上分析できない原始的概念）の「心身合一」を、他の原始的概念である「精神（思考）」と「身体（延長）」と、その間の「相互作用」に還元してしまうことになり、デカルトが「心身合一」を「原始概念である」と強調している事が蒸発してしまうであろう。

さて、デカルトがいう「心身合一」は文字通りの「精神と身体の合一（union）」であるということを確認したが、そうすると、すぐにはねかえってくるのが、一方で「心身分離」を認め、他方で「心身合一（美濃氏の意味でなく、デカルト自身の意味での）を認めるというのは正真正銘の矛盾ではないかという懸念である（実際に美濃氏は、その場合ははっきりとした矛盾である主張している）。しかし、その懸念にはまったく及ばない。「心身分離」と「心身合一」は同時に起こせるものではないのである。

たとえば、われわれは、ある時には、医者のような立場にたって、われわれの足の傷の手当をして医学薬品を患部に塗るという事をするが、この時は、われわれは自分の足を文字通り物体なる対象としてみている―すなわち心身分離の立場にたっている。しかし、手当をしたあとの、次の瞬間には、私は身体と一体となって、私の足を動かし、また傷がたいしたことがなければ、私は私の足と一体になって運動にでかけるだろう。身体は私の思考の対象となり「物体世界（延長世界）」に属するとともに、精神と「実体的に合一」して精神と「一つ」になるのである。一言で言えば身体は「両義的存在」なのである。しかし、このことは、われわれが心身分離と心身合一を同時に引き起こしうるという事ではまったくない。二つの異質な事態はあくまで異なる時点に引き起こされるのである。

デカルト自身、そのことは百も承知で、エリーザベトに、「心身合一」は「原始概念」であり、「それは、二つのものを唯一のものと理解すること」であって「それは日常の生と交わりを行使することによってのみしられる」とはっきりと表明した、前掲の一六四三年六月二十八日付けの書簡で、さらに「人間精神には、精神と身体の分離と合一とを十分判明に、かつ同時に理解することは不可能である。なぜなら、そのためには両者をただ一つの事物と理解して、そして同時に二つの物と理解しなければならず、これは矛盾するからである[5]」（傍点筆者）とはっきりと述べているのである。こうして、一方でデカルトは「物心二元論」を打ち出し、物理的世界（これには精神を除く身体も入る）について、現代にいたる数学的自然学をたて、他方で（研究や執筆の時間以外では）、「心身合一」の事態で日常の生と交わりを享受したのである。そうして二つの立場の両立を実践したのである

（4）

さて、美濃氏は続いて「二元論と相互作用説（美濃氏のデカルトについて自己流に解する意味の）は矛盾するか」という問いをたて、それについてそれらは「矛盾」するのではないと論じる（詳細は美濃氏の本文参照）。それでは、デカルトの立場を肯定するのか。そうではまったくない。美濃氏が指摘するのは、この二つが矛盾するかどうかという事が問題ではなく、デカルトの二元論＋相互作用説によれば、非物質的心が物体に因果作用を施すことになり、これでは「物理的自然科学の完全性の破れ」を生じる、ということである。そして美濃氏は物理的自然科学の完全性を擁護せんとしながら、二元論＋相互作用説をとるものは正真正銘の矛盾に陥ると主張するである（本書222–223頁）。

しかしそう考える必要はまったくない。デカルトは物理的因果性と心的因果性はまったく質を異にしており、これらを混同してはならないといっている。心的因果性は、近現代の物理学の特性からして物理的因果性には登場しないのである。この点をもう少し現代的観点から解釈すれば次のような事である。近現代の物理学が教えるところによれば、たとえばよく引き合いにだされるエネルギー保存則というものを考えれば、この場合の「保存」ということは、まずは、物理学的系を構成する物理量の「初期値」が設定され、そのあと、その系が「閉じられている（系の外部からの作用はない）限り」でエネルギーは保存されるということである。そこで、初期値の設定自体は、物理学者が、ある目的を実現しようという意図（この物理学者は自分に心が存在し、心的因果もあると考えていると仮定する）のもとに、実験器具を操作し始めるであろう。そして、その実験対象の系が閉じられているかぎりエネルギー保存則は確かめられるであろう。このとき。当の物理学者は明らかに、ある目的を実現しようとして（心で）意図し、初期値設定の原因として、初期値を決定（結果）し、実験を行うであろう。そしてある成果が出るであろう。

しかし、ここで、誰が、当の物理学者による初期値の設定の意志決定（原因）と初期値設定（結果）の間の心的因果作用を、当の物理学的操作の物理学的説明のなかに登場させなければならないと思うであろうか。この物理学者は、心や心的因果の存在を認めている（と仮定している）。しかし、彼の意志決定（心的因果）は物理的作業において考慮されることなどなく、考慮されるのは初期値の数値や物理量や空間的モデルなどとそのあとの因果過程のみである（その場合、系が閉じられていれば、エネルギー保存則が成立する）。ここに物理的自然科学の破れなど起こっていない。もし破られるのであれば、物理学者が或る意図をもって行う物理学的操作によって、いたる所で物理的自然科学の完全性が破られることになるであろう。

念のため、もう一つ例を呈示しておこう。今、私が。重い鉛の球を頭のあたりから地面に（つまり地上の重力のもとで）落下させるとする。この場合、この鉛の球の重さと位置が決められているのであるから、これを落下させるとき、それの力学的エネルギー（位置エネルギー＋運動エネルギー）は外的作用のない限り、保存される。ところで、落下の途中で私が故意に（私の意志で心的因果のもとに）手を差し伸べ、この鉛の落下を止めたとする。このとたん、この鉛の球の力学的エネルギーの値は変わる。こうして私の心的因果の外化のせいで鉛の落下運動は妨げられたことになる。そして、私が、その位置で鉛の球から手を引けば、その球は再び落下し、その力学的エネルギーは、変更された初期値（この場合、高さ）のもとで保存される。

しかし、このように、私の心的因果の発現によって、物体の運動が変わったとき、物理的自然科学の完全性の破れが生じたなどと言う者がいようか（私がこのように考えているとき、心にオカルトの遠隔作用のようなものがあるなどとは考えてもいない）。

このように、美濃氏が恐れるように、心の存在や心的因果作用は、物理的自然科学の完全生を破ることなどない。他方、物理的自然科学の完全性とは、それには心的なものは登場させないとする、そもそもデカルトが確立した原則や、その他の物理理論が成立のための条件（閉じた系といった）を満足する限りでの完全性である。物理的自然科学が文字通り無条件に、あらゆる領域で成立するなどと考える者はほとんどいないであろう。

最後に美濃氏に次の、エリーザベト宛の書簡のなかのデカルトの言葉を進呈しておこう。[6] 参考にされたい。曰く「私は、人間についてのあらゆる学問は、それら（原始的概念、すなわち、「思考」、「延長」「心身合一」）を十分判明に区別し、それらの内の各々を、それらが属するものだけに帰属させるという事にのみ存する、と考える」。

出口氏への答弁

（序）

出口氏の論文は、私の科学哲学関係の論文や著作によく目を通したうえで、私の科学哲学上の立場のいくつかの重要なポイントをついたものである。私も立ち入って応じたい。そのまえにひとこと、神野慧一郎編『現代哲学のフロンティア』（勁草書房、1990）の中で、私は、他ならぬ「科学的実在論」と題する多少長い論文を書いている。これは、出口氏には読んでもらっていないようである。少々残念であるが、なにぶん二十年以上も前に書いたもので、止むをえないことであろう。

（1）

さて出口氏が最初に取り上げる問題は、「科学的実在論と最善の説明への推論」である。出口氏によれば、私がさまざまな仕方で論証しようとしている立場は結局「最善の説明への推論」に訴えたものになっているという。「最善の説明への推論」とは、「理論存在者の実在性やそれについての科学的主張の真理性を認める実在論の立場に立てば、物理理論が収めている成功をうまくできるのに対して、反実在論の立場からは説明できない」（本書229頁）というものである。ところが出口氏によるとは、この「最善の説明への推論」は、その前提に「ある事実に対する〔最善の説明〕は真である」ということをおいており、科学的実在論が正しいとする主張は、「論点先取」であって、これでは実在論は反実在論者を排除することはできないという（本書230–231頁）。もう少しいえば、実在論者が、最善の説明を掲げ、それは真だと主張しても、反実在論者は、その最善の説明というのも「便利な知的道具である」と反論する事ができ、それゆえ、その説明が真であるとは言えないというわけである。出口氏はそれで実在論の論証には悲観的であるという（それゆえ、彼の議論は、後に言及する超越論的中立主義に発展する）。しかし、私は悲観的でない。なぜか。

第一に、これは後に「超越論的」という事に関わってくることであるが、われわれあるいは科学者は、すべての人に理論的存在や法則の実在性ないし真理性を無条件に説得できはしない。その意味では、無条件に実在論は真であると主張できない。反実在論者の存在価値は、無条件に実在論は真であるという実在論者に、その楽観性を指摘するという事にあろう。

この問題の出発点は、われわれは、このわれわれが面する物理的自然に対してどういうスタンスをとるかという選択の問題である。もし、われわれが、五感にたよって、この柿は甘い、このみかんはおいしい、秋の清水寺の紅葉は美しい、あそこのジェット機雲の先にジェット機が見えるといった、私が五感で直接体験ないし観察できる世界を、この物理的自然そのものだと考えるのなら、そのときは科学的実在論に訴える必要はなく、まして、それが真であるなどと大言壮語する必要はない。ここでは反実在論が勢いづく。

しかし、われわれが面する物理的自然を私の知覚世界を突き抜けて際限なく続く世界、ミクロとマクロの二つの方向にどこまでも続く世界、このような世界を認めて、その両方向の世界の構造を求めて探究しようと思うならば、科学的実在論を取らなければならない。これは科学的探究が取る「大前提」であり、一種の「仮言命法」なのである。そこで最善の説明（私はむしろ最も妥当範囲が広く近似的に厳密である説明という。科学的説明はどこまでも進歩し、これが究極の最善だというものはないからである）は、今後、当の理論より妥当範囲が広くより厳密な理論がでてくるまでは、その最善の（近似的）説明を条件付きで真であるといってよい（物理理論はそれの妥当条件あるいは近似条件と不可分である）。こうして出口氏が紹介する「前提2」に対する、反実在論側からの、「最善の説明なるものは知的道具にすぎない」とする説を偽なる説として排除すればよいのである。

つまり、後者の物理的自然観を取る限りは、理論的存在や法則を退ける「道具主義」をはっきり排除できる。私はすでに一九八八年の段階より、物理的自然現象に見出される、「疑似過程と真正な過程の区別」、また物理的自然現象にみいだされる「非対称性の関係」などは、単なる規則関係ではなく、物理的世界のうちに実在する因果的メカニズムを示すとして実在論を正当化してきた。このようなことは、人為の道具ではなく、物理的自然がわれわれに課し、われわれの勝手にはならない「拘束事項」なのである。道具主義ではこのことを説明できない。

ここではさらに、反道具主義を正当化するいくつかの議論を紹介させてもらおう。（1）デュエムは（ときどき道具主義者と間違われるが）次のようにいう。ある貝類学者が自分の収集した貝をきちんと分類するために色で分類した分類箱を作り、その色にしたがって諸々の貝を分類したとする。そこでたまたま青色の分類箱に青い貝がなかったとする。そこで、この貝類学者が、世界に青い貝が存在するはずだなどと言おうものなら笑止千万であろう。このように貝類学者の貝類箱は純粋に「人為的な道具（分類）」であるが、物理学者の理論は、それによって自然の奥そこに理論に対応するものがあると予測される「自然的分類」なのである。[7]（2）カール・ポパーは次のようにいう。もし、物理体系の理論的部分が「（それを）企画しうる限りのもっとも厳しいテストにかけて、それに通らなかったらその道具を捨ててしまうなどと述べることは、ほとんど意味をなさない」[8]。実際に、道具と道具が応用されるもの間にはには意味論的対応はない。ハンマーやのこぎりなどの道具を調べ尽くして、その中がどうなっているか分からない建築物の内部を探究しようとする者などいないであろう。（3）S・ワインバーグからの「電子の発見」についての論述から引用（これは私が『科学の世界と心の哲学』で長く引用しているので、ここでは要点のみをいう）。J・J・トムソンは十九世紀末に発見された正体不明の陰極線について「それが真空管の中を通る間に、電場と磁場により曲げられる様子を測定した。その結果この線の曲がり方は、この線が一定量の電荷と一定量の質料を持つ粒子から」なると考えた。ところが同じころ、ドイツの物理学者、ワルター・カウフマンが電荷と質料の比の実験をおこなっていた。しかも今日ではカウフマンの値の方が正確であったという事がわかっている。しかし「カウフマンは実証主義者（反実在論者）で（中略）、（直接に）観測できないものについて思索することは、物理学者の仕事ではないと信じていた」。これに対してトムソンは、「基本的粒子を発見したという信念に導かれて、その性質を明らかにするために他の実験に進んだ。（中略）これらの実験の総和が、トムソンが電子の発見者であるという主張を真に正当化するのである」[9]。

　このように、物理的自然の世界が、どこまでも、ミクロとマクロとの両方にわれわれの直接知覚を超えて際限なく広がっており、その世界を探究するのだというスタンスをとるならば、科学的実在論を採用する他はなく、その立場からの探究によって掘りあてられ、探知されたものがそこに適用される科学理論に合致し、しかも、それがそれまでの理論より妥当性が広く厳密であるという事で、「最善の説明」であれば、その意味でその理論は真であると言ってよいのである。

（2）

さて、上で、実在論の当否の第一の問題は、そもそも、どのような世界に面する事を選択するのかということだと述べた。その選択の前ではわれわれはフリーである、しかし、いったん、この五感により、直接知覚観察可能な世界のみではなく、われわれの知覚世界をこえてどこまでも奥行きがあり、ミクロ・マクロの両方に際限なく広がる世界の構造を探究しようと決断すれば、科学的実在論をとるべきであり、その結果得られる妥当条件を明示した「最善の説明」は真なのである。

ついで出口氏は「超越論的中立主義へ―物理理論の基本的前提」という議論に進む。そこで、この「基本的前提」についての論議から始めたい。私は、物理学者は、上述の物理学的自然観を科学的活動の「大前提」として、そのうえで、いくつかの「基本的規範」というものを前提にしていると考える。それは出口氏が第三節（特に［注6］）で詳しく言及してくれているもので、時代により表現が違うが内容は本質的に同じである、いわく「物理理論の一般的特性」（1988年）～「科学的知識の三つの基本的規範（2009年）。その内容は、上で記した出口氏による私の説の紹介もしくは［注］の箇所をみられたい。出口氏はそこでの私の議論は「おおむね妥当だと考える」と述べている。

ただ、この節のなかのの「基本的前提の超越論性」という箇所では、多少の誤解がある。出口氏は、「〈基本的前提〉の認識論的ステータスに関して、小林は、それを経験的に確証したり反証したりすることが可能だと考えているようである」という（本書233-234頁）（それに対して、出口氏は、それは経験的に確証も反証もできないと主張する）。これは端的な誤解である。

　おそらく出口氏は、彼の「参考文献」に載せられていないので、読まれなかったのではないかと思うが、私は（戸田山氏が本書で取り上げ標的の的とされている）「自然主義批判試論――クワインの「認識論の自然化」を中心に」（小林 2001）の後半のクワインのホーリズムを批判の対象としたところで次のようにいっているのである。出口氏の手元にないことを予想して少し長くなるが引用しよう。

> 第二に、物理学がわれわれが理解するようなものとして進行するかぎり、それを物理学たらしめている基本的前提ないし概念的枠組みというものがあり、それは経験による改訂の対象とはならないと考える。言い換えれば、物理学の作業には、それの対象認識をそもそも可能にする超越論的なものがあり、それは当然、経験の対象とはならず、クワインのホーリズムを超えるものである。（中略）ここで超越論的という概念を持ち出すときに二つの意味がある事に留意しておきたい。一つはホーリズムとは矛盾しない意味のものである。それは、ニュートン力学の、時間、空間概念や運動方程式、あるいは、（中略）特殊相対論の、古典力学と電磁気学に理論的統一を与える概念群のような、個々の物理理論の「概念・基準系」を構成するものである。これはある意味でア・プリオリあるいは超越論的機能を果たすものであるが、あくまで個々の物理理論の概念枠をなすものであって、それが経験的知識の獲得や組織化において十分機能しない場合には改訂されるべきものである。（中略）私はこのような意味においてではなく、文字通り超越論的な、物理学が物理学であるかぎり改訂の対象とならない原則的なものがあると考える。(10)

この原則的なものが、一九八八年には「物理理論の一般的特性」として取り上げ、最近の『科学の世界と心の哲学』（二〇〇九年）には「科学的知識の三つの基本的規範」としてまとめたものである。出口氏が、「私が〈基本的前提〉も経験的に確証したり反証したりする事が可能であると考えている」と読み取られる箇所は、私が「超越論的」の第一の意味で使っている局面である、いずれにしても、私は「基本的規範」は、前述の「大前提」のスタンスを取ると選択した場合、取らねばならない「命法」の如きものであって、それは検証や・反証の埒外にあるものであると考える。

したがって、出口氏の立場は、この「基本的前提（私のいい方からすれば基本的規範）」自体は改訂や反証されたりするものではない超越論的なものであるという点で、私の立場と異なっていない。ただ強調しておきたいのは、前述のように、われわれが面するこの物理的世界を、われわれの知覚・環境世界をこえて、どこまでも奥行きがあり、ミクロとマクロの両方向に際限なく広がっている世界と受け止めて、その世界の構造を探究しようと意図するならば、科学的実在論を取る他なく、道具主義はその意図に合致するものではなくして、非生産的で的はずれなものであると主張できるということである。そうして科学的実在論のもとで、（道具主義者の反論は排除されるのだから）「最善の説明」（これは何度もいうように妥当条件とともにある）は真であるといって構わないということである。

（3）

さて続いて出口氏の唱える「超越論的中立（主意）主義」の議論に進もう。出口氏は、私のいう「基本的前提（基本的規範）」について議論を進め、これについて存在者実在論と存在者反実在論、真理実在論と真理反実在論の二つ対が考えられ、私はこれらについても存在者実在論にして真理実在論の両方の立場にたつとし、これら基本的前提に関する二つの実在論を一括して「枠組み実在論」と呼ぶという。そして、その反対の立場を基本的立場についての「枠組み反実在論」と呼ぶという。そこで出口氏が主張したいのは、これらの二つの対立する立場は、いずれもその正否を論証できないということである。そしていずれも哲学的原理として主張可能であるという。

この点を強調するために、出口氏は私の表現を引用し、「基本的前提」の採用とは、「選択」ないし「決断」であるという。そして出口氏は、このような私の考えに「まったく同感である」であると述べる。言い換えれば、そのような「選択」ないし「決断」は、基本的前提に関する「実在論」と「反実在論」に開かれており、どちらを選ぶかは、全面的にわれわれの自由な選択ないし「存在論的決断」に委ねられていると主張する。そこで出口氏にとってもう一つ重要なのは、彼の言う超越論的中立主義とは、「選択」や「決断」に際してはじめは中立であるが、その選択・決断は、あくまで、「個人の決定に全面的に委ね」られており、このような「複数のオプションからの選択は、最終的には（中略）個人の自由意志に委ねるしかない、という〈主意主義〉である」、ということである（本書240頁）。

さて、このような考えに私はどう考えるのかということを言わなければならない。まず第一に、「枠組み実在論」も「反枠組み実在論」もそれら自体は論証することはできない、ということはわれわれは共有している。それらは、経験に対する、文字通り「基本的枠組み」であって、それが経験の方から、検証や反証されることはあり得ないからである。そしてどの選択肢をとるかということには個人の「選択」や「決断」が関与するという事も（私が言っている事だから当然）認めなければならない。

しかし、以上の議論には制約が必要である。たしかに、われわれは実在論をとるか反実在論をとるかということを決定するまえには超越論的に中立な立場をとりうる。しかし、繰り返していえば、われわれが、われわれの面する物理的自然を前にして、それをわれわれの知覚世界を貫いてどこまでも奥があり、ミクロとマクロの両方向に際限なく広がる世界であるとし、その世界の普遍的な構造を探究するのだという立場にたてば、もうその時は、道具主義を否定して、科学的実在論をとらなければならない。そして、たとえば、私がまとめてみた「科学的知識の基本的規範」に従わなければならない。この段階では選択の余地はない、

他方、この同じ物理的自然を前にし、またわれわれの日常世界にあって、五感によって直接知覚できる世界、またわれわれの身体によって直接経験できることに独自の「意味」ないし「価値」を求めると選択した場合には、科学的実在論をしりぞけて、広い意味の反実在論を取らなければならない。春の桜の美しさを鑑賞しようとしながら、桜の生物学的・化学的構造を分析しようなどというものはいないであろう。夕空に照らされた美しい富士山を描こうとして、地球物理学や天文物理学のテクストに従って描こうとする画家がいようものならわれわれは仰天するであろう。また、友人とおいしいワインを飲もうと意図して、あるレストランにいき、そこでワインを飲む時に、その友人がそのワインの化学的組成の話をテクニカルな用語を使って延々としようものなら、私は今後、彼と二度と一緒に食事に行くまいと思うであろう。さらに、私には、私の意志や能動性ないし主体性をもっと増進させて、諸々の事柄についての私の知見や判断力を高めるために、脳科学の本に頼ろうなどということは考えられない（これらの事が、私を科学的実在論者でありながら自然主義者たらしめない理由の一環である）

このように、この目の前に広がる物理的自然を前にして、第一のスタンスをとるか、あるいは第二のスタンスを取るかは個人の自由であり、また同じ個人でも、たとえば昼は研究室で第一のスタンスにたって物理的世界の構造を探究しようとし、夕方からは家で第二のスタンスにたって日常生活を享受するという事が可能であ

る。しかし、第一のスタンスを選べば、科学的実在論をとるべきであり、科学の「基本的前提」にその「規範(命法)」として従わなければならない。また第二の立場にたつのならば、科学的実在論はお呼びでないし、反科学的実在論の立場にたって、もろもろの現象に直接、接し経験することに意義を見出せば良いのである。

このように、実在論論争において、まずは超越論的に中立な立場にたちうるがが、いったん自然に対するスタンスを決定したならば、その限りで、上述のような制約が課せられる。出口氏にはその点を述べておきたい。なお「超越論的主意主義」という表現には多少の困惑を覚えざるをえない。「主意主義」というのは、私がしるかぎり、中世から一七世紀にかけて、神や人間の精神にかんして、「意志」と「知性」のどちらが優位であるかという事が問題になり、それに関して解釈者が使う用語である。たとえばドゥンス・スコトゥスやオッカムは神の属性に関して主意主義者であるとか、デカルトは神に「無差別の自由意志」を認め、また「人間においては意志はある意味で無限であるが知性は有限である」といったコンテクストで使われる。出口氏が言わんとすることを汲んで言うとするならば「超越論的決断主義」とでも表現したほうが良いのではなかろうか。それにしても、ここでの「選択は個人の自由意志に委ねるしかない」という出口氏の主張には、「実存主義的な、あまりに実存主義的な」という言葉を連想してしまう。

(4)

出口氏の論文の主旨は、まさにそのタイトル「科学的実在論から超越論的哲学」へというものである。その超越論的哲学とは、「実在論」と「反実在論」のの対立に中立的であるという意味で「超越論的中立主義(主意主義)」と称せられる。そして知識の「基本的前提」についても、個人の選択(ないし選びなおし)の可能性を認める。そこで出口氏は、その基本的前提に関する選択肢は、いずれも十分な理由・根拠を持たないと考え、したがって、どの選択肢を選んでも、それが合理性に反する選択肢とはみなされないと主張する。そこで出口氏はさらに、この選択を超合理的な選択と呼ぶ（本書242頁）。これに対する私の考えの主旨は以下のようなことである。

まず、「実在論」を巡る論争で、はじめに踏まえなければならないのは、繰り返しになるが、われわれが面する世界として、知覚経験を超えて、ミクロとマクロの両方向に無際限にひろがる科学的世界像をとるのか、あるいは感覚知覚によって直接観察され、身体によって直接経験される日常の世界像を取るのか、という「選択」の問題である。この最初の局面では出口氏のいうように、われわれは超越論的に中立である事ができ、どちらを選ぶかは個人の選択の問題である（個人についても。異なる時間にであれば、異なる世界観をとることができる）。しかし、いったん前者の見地にたてば、科学的実在論をとるべきであり、（それ自体は経験的に検証もされない）基本的前提（私のいう「科学的知識の三つの規範」）に従うべきである。そうしないのは合理的でないとはっきり主張できる。また、後者の立場を選択した場合は、日常の、科学的実在論を退かせて、反科学的実在論（あるいは素朴実在論）の立場にたてばよい（いや、たつべきである）。

最後に出口氏は、私が数理科学を、それも物理理論を凡例にして「基本的前提」を論じていることを指摘し、数理科学の中にも、まして社会科学やその他の科学には、私の説がそのままでは適用できないものがあるといわれる。それはその通りで、時々、物理学の分野以外の人にも指摘されることである。これは、私の関心と知性のキャパシティの狭さのなせる業である。ご容赦ねがいたい。そのあたりの仕事は、「科学の多元論」の見通しをお持ちの出口氏にこそ期待したい。

戸田山氏への答弁

物だけが実在し、われわれの表象は実在しないと言う者たちが、かくも自明なように表象世界の中で活動し、そこから出たいとも思わないというのは、驚くべきことではないか――これが私の言いたいことだ。

ウィトゲンシュタイン『哲学的考察』四七節（飯田隆訳）より

（序）

戸田山氏は、論文のはじめで、戸田山氏と私の立場の違いを簡潔にまとめてくれている。すなわち、彼と私とは、実在論（科学的実在論の事であろう）と反相対主義（科学的知識の客観性と進歩を認めるという事なはずである）は共有するが、自然主義については、彼がそれに与するのに対して、私は反自然主義の立場にたつので、その点がちがう、と。しかし、戸田山氏は、私が一方で「科学の進展を踏まえ、その限りで哲学の諸問題を論じる」という立場を鮮明に打ち出している（それはそうである）のに、ギリギリ反自然主義の立場に留まらせている「譲れない論点」は何かと問う。これは私の立場のポイントを突いた問いである。そうして私からの自然主義批判への応答と再批判を試みるという。その彼の議論を彼の論述の順序に従って踏まえて私の答弁を展開しよう。

そこで詳細な議論に入る前に一言、いっておきたいことがある。それは、そもそも「自然主義」とは何か、ということがメインな論点になるべきであるということである。私の「自然主義」理解ははっきりしている。それは、戸田山氏が私の文章を引用してまとめてくれているように、クワインが「自然化された認識論」といって展開しており、それを原点としてチャーチランドの消去的唯物論へと発展していく立場のことである。これに対して、戸田山氏は、「私の考える自然主義は、クワインの自然主義と異なる部分があり、クワインに対する部分的批判を含む」という。しかし、論文全体を読んで、実は、戸田山氏自身の自然主義とは正確に何か、クワインの自然主義とどう違うのか、ということが、どうも私には判然としないのである。

（1）

それはとにかく彼の批判を彼の論文の順序に従って順々に検討してみよう。

はじめの論点（本書249頁）は、哲学的懐疑についての議論である。確かに私は、クワインが認識論について「それは、物理的主体における「貧弱なインプット」と奔流のようなアウトプットとの間の観察」であり、そこで形成される世界像とは「貧弱なインプット」から創られる「人工の構築物」ないし「われわれの側からの投影である」といっていると指摘し、また認識論の自然化は、「外的世界についてのわれわれの知識の因果的メカニズムのみを求め、科学に先行する用語によってその知識を正当化する事は認めない」という言葉を引用している。これをうけて、それならば「貧弱なインプットと奔流のようなアウトプットとの間」にはきわめて多様な流れあるいはメカニズムがあって、どれが知識のベースとなりうるのか、わからない。つまり、その間の情報が非常に交錯して何が優先されるべきメカニズムなのか、何が知識なのか指定できなくなる。そこでこのようなクワインの自然主義は「懐疑論」の槍玉に挙げられざるを得なくなるといったのである。

しかし、これに対して戸田山氏は、対話調の文章で、懐疑論者と自然主義者を対決させ、自然主義者に懐疑論者に対して次のように発言させている。「キミは「およそ感覚は知識の源泉としては信頼できない」という仮説を提案してることになるね。（中略）（しかし）キミの問いかけが哲学的懐疑だとして、いまそれを問わなければならない理由（傍点戸田山氏）をキミはもっているのかい？　デカルトは、あまりに感覚主義的だったアリストテレス自然学をいったんご破算にして、目に見えない自然界の数学的秩序を知性で捉える数理科学の理念を立ち上げるために、哲学的懐疑を有効に利用した。そのおかげで数理科学としての近代科学がスタートしたわけだ。つまり、デカルトには哲学的懐疑を行う歴とした理由があった。（中略）そうしてスタートした科学が、押しも押されもせぬ最も成功した知的伝統として、知識の典型とまで見なされるようになったいまとなって、なぜ哲学的懐疑が必要なんだい」（本書251–252頁）。

ここで戸田山氏は何か勘違いをしているように思われる。私は、クワインのような自然化された認識論を取るなら、クワイン自身は懐疑から始める事に反対していても、それは、感覚的刺激によるインプットとアウトプットの間のきわめて多様なメカニズムを観察し、知識の正当化は求めないという単純な見解からして、懐疑論者に、それでは「何が知識なのか」という問題を突きつけられ、簡単にそれに答えられなくなる、といっているのである。言い換えれば、私は、クワインの安直な自然化された認識論にしたがうと、懐疑論者の執拗な追求に窮する羽目になるといっているのである。

私自身は、まさに私が方々で書いている（そして戸田山氏もここで言及してくれているように）、デカルトが、普遍的懐疑を有効に使って、アリストテレス主義の経験論的認識論を排し、近代科学をスタートさせ、それで今の科学の知的伝統が築かれてあると考えている。そして、それによって、大量の雑多な感覚刺激を訂正コストの見地からよりよく処理できてきていると考えている。私がデカルトの、アリストテレス主義を排する認識論や形而上学の形成を研究してきたのも、主に、近代科学の成立根拠や枠組みあきらかにする事によって近現代の科学像の条件や特質（規範）を浮かび上がらせようとしたからに他ならない。私は、今になって（すでに一定の条件や規範を満たす科学の知的伝統が確立されているにも拘らず）、われわれはデカルトと同様に真剣に「およそ感覚は知識の源泉として信用できない、世界は存在しない、……」とまで想定する「哲学的懐疑」をやり続けなければならないなどと、どこでもいっていない。私は懐疑論者ではない（ただしデカルトの意志的懐疑は、「私」の存在の認識には格好のモデルであるということは何度も強調している）。要するに、私は、クワイン流の自然主義では安直すぎて、懐疑論者の攻撃に対処できない、対抗するためには、「知識とは何か」、とくに「科学的知識とは何か」、「科学的知識と常識の知識とはどう違うのか」といったことの答えの用意が必要であるといっているのである。

（2）

さて、このところの戸田山氏の議論にもう一つ一つ聞きたいことがある。それは、いま上で引用した戸田山氏の対話調の議論で、私にはたいへん喜ばしいことに、近代科学は、デカルトによって、アリストテレスの自然学がご破算にされ、彼が発進させた科学が押しも押されぬ最も成功した知的伝統となったと言われていることである。そうすると、近代科学はアリストテレスの自然学をご破算にして、あたらしい基礎を築くということで成立したことを戸田山氏は認めていることになる。実際に、アリストテレスの自然学は現代生きるわれわれの環境世界の有り様にきわめて良くマッチしており、それを排して現代に続く数理科学の理念と枠組みを立ち上げるのは大変なことだったのである。

そこで戸田山氏に聞きたいのは、現代の環境世界に合致するアリストテレスの自然学とデカルトたちによって立ち上げられた近現代の数理科学の根本的な違いは何か、なにゆえに後者が近代科学として最も成功したのか、その場合の成功というのはどういうことなのか、といった当然発せられるべき質問に答えるのは誰か、ということである。私は、その作業とは、科学が、多少とも数量的表現を伴う事象を直接扱うのとは違って、知識それ自体を分析の対象とする、したがってレベルを異にする学問すなわち認識論（メタ科学）でなければならないと考える。そのようなレベルの違いを無視して、あらゆる探究は、同じレベルでの活動である（したがって、認識論も諸科学の一章である）とするならば、われわれの知識体系は生産的であるどころか。まったくの無秩序と化すであろう。

　昔、アリストテレスは、人間と世界のさまざまな分野を「類」の概念を活用して、それぞれの類の特質の違いによってさまざまな学問を分類し、それらの後に（メタ）それらの特性や違いを論述する学問として、しかし、それ自身は固有の対象領域すなわち「類」をもたない学問として「形而上学（メタ自然学）」をうちたてた。私は、このような先人の知恵を活かしたいと思っている。私は、認識論は、常に進展する科学の成果と視野とを収め、科学を考察の対象にするのでなければ痩せる他ないと考える。しかし、この認識論の「メタ性」をしっかりと心得るのでなければ、そのような認識論は自然科学の広大な海のうちに埋没しかねないだろう（もちろん、認識論者と自称するのをやめて、自らが一人前の科学者になればその海で浮かぶ事ができるであろうが）、しかし、この問題は自然化された認識論と規範性の問題となるので、論を次に進めよう。

（3）

　戸田山氏の第二の疑義は、私が、自然化された認識論には、認識論に求められるはずの「規範的側面」を欠いていること、その結果その認識論は伝統的認識論の主題であった「知識の正当化」をその使命としなくなってしまうといっていることに対するものである。そこで戸田山氏は、典型的な心理学研究を引き合いにニュアンスのある批判を展開する（本書254頁以下）。いわく、「以上の観察を自然化された認識論に適用してみよう。そうすると、とりあえず二つのことが明らかになる。第一に、自然化された認識論は〔心理学の一章〕としておこなわれる以上、〔知識は何であるか（＝何が知識の名に値するか）〕の定義をおこない、知識とそうでないものを区別する作業を前提している。心理学研究の一部に組み込まれている因果過程の記述それ自体にこの作業が含まれていないからといって、心理学研究はここでの意味での〔規範的側面〕を持たないと断じる事はできない」（本書255頁）。

さて、ここが問題である。私は戸田山氏が自然化された認識論が規範的側面をもつと言われた事には一応歓迎したい。クワインも晩年は遂に「自然化された認識論」の規範というものを認めるにいたったが、それは「はじめに感覚のなかにないものは精神のなかにない」という、何のことはないアリストテレスの格言であった。

そこではじめに戸田山氏が、わたしのいう「規範」というのは「定義」といってすまされるものではないかという質問に、一言、答えて、本題「自然化された認識論と規範性」の問題に進みたい。

まず「定義」には「指令性」が明示的にないという事を指摘したい。それに対して「規範」には指令性を伴う。たとえば、たまたまアリストテレスの自然学に親しんで、「僕は物理学を本格的にやっています」と称する学生がいようものなら、専門の物理学者は、「現代の物理学はそういうものではない。現代の物理学の教科書を読みなさい」と指令するであろう。このような指令性を含むという点で規範は単なる定義ではない。

さて、以下のことは私の「自然主義批判試論」で「超越論的」ということの説明のなかではっきり言ったことであり、また、戸田山氏が論文の後半でとりあげてくれている書物でも「三つの規範」ということで論述したことであるが、私は、近代の物理学を物理学たらしめており、物理学者なら従わなければならないところの最も基本的な「前提」あるいは「規範」ないし「超越論的なもの」と、物質概念や、時間概念、空間概念、運動方程式、個々の理論仮説といったもののように、基本的概念であるが、現実の物理学の進展とともに改訂されていく概念と区別しておいた。私はカントのように、時間や空間の感性形式やカテゴリーまでもが、今後とも不変であるなど考えたことはない。戸田山氏は、心理学研究において「規範的モデル」というのを使うということを指摘してくれたが、それは、上述の中の後者にあたるものであろう。それは規範的役割を果たすが改訂されうるものである。

さて議論を元に戻そう。問題は次の点である。戸田山氏も、心理学研究で、「知識とは何か」ということの定義がなされ、「知識とそうでないものを区別する作業を前提にして」(傍点筆者)おり、そこには規範的側面があるといっていることである。しかし具体的に心理学の事象と直接向かいあう段階(それには「規範的モデル」も含まれる)と、その心理学そのものの「知識とは何か」、「心理学の知識とそうでないものの区別はどこにあるか」ということの、つまるところ、事象そのものと直面する心理学のスタンスと、心理学の知識や心理学とその他の学問との違いそのものを対象とする学問(認識論)のスタンスにはレベルの違いがあるのではないか。その間にレベルの違いがあるのであれば、認識論はその特質からして科学の内に組み込まれえない。

これに対して戸田山氏はどう考えられるのか。私も認めているように、個々の学問のなかでの具体的規範は経験的探究と並行して改訂されうる。しかし科学を科学たらしめている根本的規範(前提)は改訂されえない。それは科学を科学たらしめ、科学の枠組みを規定するものだからである。

そこで戸田山氏が論文の後半で取り上げてくれる私の本の主要な内容の一部を、ここで必要上、前もって簡単にいっておくことにしたい。それは、科学で改訂されえない根本的規範とは、①科学は数量化あるいは測定しうるものを対象とすること、②物理学を典型とするような数理科学は、科学言語として、数学的記号体系ないし抽象的空間的モデルを採用し、それによって事象の説明を行うこと、③科学理論は一定の理解と観測の手続きを踏まえれば原則的に誰によっても検証・追試しうるものであること、ということである。これらの事が否定され改訂されれば、「科学的探究」とは何のことか分からなくなるであろう。そして「科学の一章」としての「自然化された認識論」なるものも蒸発してしまうであろう。

このようなことは、戸田山氏も暗黙のうちに認められているのではないかと思われる。それは戸田山氏が、すでに言及したことだが、アリストテレスの自然学がデカルトによってご破算とされ、そうしてスタートした科学が最も成功した知的伝統となり現代にいたっているといわれることから、推察されうる。これは、アリストテレス主義の科学と、デカルトが創設し、その後、多岐にわたって発展した科学との間の原理的相違をわきまえているという事のはずである。そうでなければ、「アリストテレスの自然学と近現代の科学の本質」はどう違うのか、「なにゆえ、近代の科学が大きな知的伝統となり、なお進展するのか」、すなわち、なにゆえ、「デカルト以前の自然学はいわば前科学で、近現代の科学はデカルト以降に構築された押しも押されぬ知的伝統である」といえるのか、説明できないであろう。そして、そもそも、「科学の一章」であるはずの「自然化された認識論」、「自然主義的（科学的）探究」とはいったい何なのか。戸田山氏には答えられない事になるであろう。

「戸田山氏は、「自然化された認識論」以外の認識論、とくに知識の定義を科学の進展を無視して「ア・プリオリな概念分析」によってなそうとする哲学（本書256–257頁）に対する反感にあふれているように思われる（ただし、私は戸田山氏によれば、その論文のはじめに明記してくれているように、その類いの人物ではない）。その感情はかなり正当であるし、わたしはその感情を分有できる。しかし、私と戸田山氏との唯一の違いである「自然化された認識論」に関しては譲れない。戸田山氏の「自然主義」は、風呂敷が大きすぎて、その対象に「日常の事実から、科学的事実、個々の科学の規範、知識の正当化…。心の哲学」までも含むものになっており、その構造が全体として判然としないのである（ついでに一言、戸田山氏の自然主義は科学主義と違うのか同じなのか、違うのなら何処が違うのか、お聞きしたい）。

さてこの第二節の最後（本書258頁以下）についても少しふれておこう。そこでは「科学の定義ないし目的」という事が問題である。戸田山氏は、私がこれまでにすでに言及してきた、（超越論的意味での）科学の規範（科学を科学たらしめているもの）というようなものはない、という。いいかえると、科学の定義や目的も将来変わるかもしれず、そうすると、近現代の科学をベースにして私が取り上げる規範なるものも、科学の進展とともに変わるであろう。したがって、科学の目的や規範というものを考えることは有意味なことでない、というわけである。

この種の議論はよく耳にするところである。たとえば、「心や意識などの心的現象もやがて脳科学の進歩によって全面的に解明されることになろう。ただ今の段階ではできないけれども、云々」。私はこれを「見込み論法」（たしか、K・ポパーがどこかで使っている言葉である）あるいは「ユートピア論法」と呼ぶ。これによれば、今現在では内実も何も見当のつかない未来を想定し、確実に現在存在する状況に対して、未来では状況が全面的にかわるかもしれないから、現代の状況に従う議論は確実でないというものである。

しかし、これは、不確実な未来を想定し、現在の確実な状況を信用しないとするまったく理不尽で無責任な論法であり、これ以上議論のできるものではない。「見込み論法」によれば、「人間は将来羽根をもつかもしれないから、人間は羽根を持たないと確信し続けて考察するのはよした方が良い」といっているのと同じである。私は、科学についてあくまで。ガリレオやデカルトによって創設され現代にいたる科学の進展にしたがって「科学の目的や規範」を考える。

（4）

戸田山氏の論文に従って次に進もう。私は戸田山氏が第二に取り上げてくれている『科学の世界と心の哲学』で、確かに、先に私が前もって呈示し、戸田山氏もまとめてくれているような、三つの、科学の対象、科学的説明、科学における検証に関わる「規範」を示した。これに対して戸田山氏は私の定式化の欠落を指摘される。しかしこれは、やや、反論のための反論という印象を免れえない。私のこの本の筋は、「科学概論」といった広範囲の分野に通じた科学者でないと書けないような書物を書こうとすることではなく、広い読者層を考えて「新書」として、物理学を典型にしながら、それの最も顕著で規範的な事柄をとりだし、そのことをふまえて、それでは「私」、「こころ」、「日常世界」といった問題群が、「自然主義（むしろ科学主義）」によって解きうるかという問題意識の下に書いたものでる。したがって、これは後半を念頭において前半を書いたものであり、その前半で、私には後半までの本筋に入らないと思われることに立ち入らないのは当然であろう。

しかし戸田山氏に指摘されたからには、私なりに、簡便に答えておこう。第一は「統一的・因果的説明」についてである。私はここで、統一的説明がすべて因果的説明であるなどとはいっていない。『科学の世界と心の哲学』（二〇〇九）で書いたように、ボイルの法則や、ケプラーの法則、ガリレオが発見した限りでの落体の法則や、ヘンペルが好んで引用する振り子の長さと周期の関係（これはそれぞれの現象に関して統一的説明である）は因果的説明ではない（そこには因果的説明に特徴的な「非対称性がない」）。十九世紀になっても「力」といったものを登場させないいわゆる現象論者が一時勢力をもったことがあった。しかし現象論者が、ボルツマンのあとの原子物理学者たちによってほぼ退却せざるを得なくなったのは歴史の示す通りである）。私の（規範としての）言明としては、科学的説明には、因果的説明でない統一的説明があるが、全体としては統一的かつ因果的説明を目指したものである、というべきであろう。

次にラグランジュアンL（=T-V. Tは運動エネルギー、Vはポテンシャルエネルギー）についてであるが、ラグランジュはこれを使い見事な運動の一般方程式を定式化した。戸田山氏はこのラグランジュアンを取り上げて、これによる説明が因果的説明であろうか、これから導出される保存則に「力」の概念は陽に現れることはない、といわれる。すなわちラグランジュ方程式による説明は因果的説明ではないとされるのである（本書265頁）。しかし第一に、この一般方程式は、ダランベールの原理に仮想仕事の原理を適用して得られた方程式である。その過程でニュートンの$F=ma$、という「力」を核とした運動方程式が登場する。しかもこのラグランジュアンには問題とする力学的情報がすべてふくまれており、系の力学的構造を決める力学関数である[11]。したがってラグランジュアン自身やそれからの諸々の保存則の導出に力が陽に登場しないからといって、これが因果的説明を構成することにはならないという事にはならない[12]。このような解析力学の段階では、一つ一つの記号や方程式にだけ注意するのではなく、いわばホーリスティックに理論の中核部全体を見なければならない。そうすれば、それらが「力」に関わる力学現象の説明であること、すなわち因果的説明である事が了解できると思われる。いずれにしても、物理学の典型である「力学」において大切なのはファインマンに教示してもらうとするなら「力の特性のなかで一番大切なことは、それが現実の源を持っているということであって、単なる定義ではないということである[13]」。いずれにしても、力学は最終的に求められるのは「力」を問題とする「因果的説明」であると言ってよいと思われるのである。

さて次に戸田山氏は、私が「科学は一回限りの現象は扱わない」といったのに対して、これは端的に誤りであって「地球科学、太陽系形成論、進化学などの歴史」は一回限りの特定の出来事ではないかと指摘される

（本書265–266頁）。そこでそれをいうために、戸田山氏は「恐竜を滅ぼしたのは小惑星の衝突だ」という一回きりの歴史的事象を挙げて、それは、小惑星の大きさ・衝突速度、衝突時のエネルギーなどを見積もり、そこからさまざまな物理モデルをつくり、現実に起きたであろう因果ストーリーを「その物理モデル群が張る可能性の空間なかに」おいて想定し、そうして恐竜の絶滅についての小惑星説の確証がなされる、という。そうしてこの科学における「（一回きりの事象についての）歴史的因果的説明は、同時に科学的な説明力の豊かさをも獲得する」（本書267頁）ものであるという。

それはその通りであり、その事に私は一言でもふれるべきであったであろう。しかし、これは釈明になるが、私の頭に、地球科学、太陽系形成論、進化学が関心事としてなかったわけでない。とくに、宇宙形成や太陽系形成どの宇宙生成論には興味があった。それは我田引水になるが、他ならぬデカルトが、宇宙の生成から宇宙の進化過程、太陽系の形成、さらには地球自体の形成や、地球上のさまざまな物質の形成をはじめて大々的に論じた人物だからである。これは彼の『哲学の原理』の第二部から最後の第四部までに及ぶ。このことは彼の宇宙論的物理学がこの書物の大半を占めるということである。[14] ちなみにニュートンは宇宙生成論を拒否し、神が現に見る形の地球や宇宙を創造したものとして、彼自身、地球創造の年を計算していたほどである。

いずれにしても一回切りきりの出来事因果を扱う宇宙生成論や地球科学において科学的説明力の豊かさが確かめられていることは事実である。科学は一回限りの現象は扱わないとした私の言明は厳密ではなかった。しかし、宇宙生成論などの歴史を含む科学以外の科学には、私の定式化は有効であろう。また、この宇宙生成論や地球科学で扱われる事象が一回きりのものであっても、その対象・事実自身の推定や確定は、数量的になされる他ないであろうし、その対象の活動や変化、それが与える環境への影響なども数量的規定や数量的物理モデルによって説明される他はないであろう。そして、これが大切なことなのであるが、宇宙生成論や地球科学においては一回きりの事象を扱うといっても、その事象や説明は、然るべき観測方法やその領域の知識を修得すれば理解可能であろう。その事象を再現させることは不可能でも、それの痕跡やそれについての証拠、あるいは、それについての因果的説明は、原則的に、然るべき知識と心得があれば誰にでもアプローチ可能なもののはずである。その点が、科学以外の、一回きりの、「人間の心的活動」や「私」が能動的に活動することなどと異なるのである。

（5）

さて、最後の「まとめ」の戸田山氏の所論に入ろう。そこでのはじめの問題提起は、反自然主義者は、科学の本質的な点を固定し、それに属するものだけを扱おうとしているということである。戸田山氏によれば、先に論じたように「ひょっとしたら科学の目的も変わる。したがって科学哲学の役割も変化する」（本書268頁）。この問題提起については私は先にすでに答えておいた。それは、繰り返していえば、私が「見込み論法」あるいは「ユートピア論法」とよんだものである。それによると「未来においては、人間も世界も科学も根本的に変わるかもしれない。ただし、その内実は今からが何もわからないけれども。だから、現代の人間や世界あるいは科学（の本質）の有り様を固定化して、人間とは何か、世界とは何か、科学哲学とは何か、などということを考えるのは無意味な事だ」ということになる。要するにこのような「見込みユートピア論法」によれば、これまで歴史や現代の状況をベースとして信頼し、そこからなにがしかの堅固な知識を得ようとすること自身が意味のない徒労なことになるのである。その点、戸田山氏はどう考えられるか。

次の私からの疑念は、これも、すでに言ったことの繰り返しになるが、戸田山氏は、論文の「まとめ」においても、デカルトがアリストテレスの自然学を崩して近代科学をスタートさせ、それが発展して、現代の強固な知的伝統が構築されるにいたっているという。となると戸田山氏自身、デカルト以前の非科学とデカルトの後、発展する科学との本質的な違いが分かっているということになる。実際に戸田山氏がいろいろと例に出す話でも、これは科学だと言う暗黙の認定が含まれている。となると、科学と非科学の違いを鮮明にすること(すなわち、私のいう科学の規範)をわきまえているということになろう。しかし、このような違いを鮮明にする仕事は、事実自体を直接対象とする科学の外(メタ)の見地のものである(したがって自然主義の外のものである)。私には戸田山氏が「科学の一章」としての「自然化された認識論」の内側から発言したり、その外から「これは豊かな説明力を持った科学だ」と発言したりして、同じ事を論じるのに、内にあったり、外にあったりで、なかなかその本体がつかまえられないのである。

また戸田山氏は、他方で、「科学が、これだけ発展・多様化して強固な知的伝統となった現代」において、デカルトのように、科学者であって同時に科学哲学を打ち立てうると考えるのは楽観的すぎる、という(本書268頁)。実際に、専門の科学者でもない私にはもちろんそんな芸当はできない。しかし、戸田山氏は、デカルトからニュートンへという時代の科学と、現代の先端の科学とは、その最も基本的な筋においても根本的に変わったと考えられるのか。戸田山氏は(私と同様)反(科学的)相対主義者だろうから、この二つの時期において、政治体制がかわるような(パラダイム)チェインジがあったとは考えられないであろう。そうであるならば、デカルト以来現代にいたるまでますます強固にされる科学という知的伝統の基本的な筋(前提=規範)というものをどれだけシンプルであろうが(私にはシンプルであっても、それが本筋を取り上げているのであればちっともかまわない)見出しうるであろう。「科学が、これだけ発展・多様化して強固な知的伝統となった現代」であるからこそ、そして、それゆえに、一般に「科学」というものについてのイメージが捉えにくくなっているからこそ、科学の基本的で顕著な側面ないし規範を求める努力が必要とされるのではあるまいか。そしてそのような努力は、現代の最先端の科学者は、過去のデカルトやアインシュタインのようにはできないであろうから、われわれが進展する科学を踏まえつつ、認識論の伝統を受け継ぎ行う他ないのである。そして、それは、事象そのものを直接対象とする科学とはレベルが違うという特質からして、「科学の一章」としての「自然化された認識論」とはならないのである。

（6）

最後に、戸田山氏は、やや唐突に「心の哲学」にふれて、反自然主義者に対して、「意識／こころ／意志に関するどんな問いが科学には答えることができないのですか」、あるいは「そのような問いがあるとして、科学よりもな貧弱なデータと研究方法しかない哲学がその問いに答えられると考える理由はなんですか」（本書269頁）と問うことができるという。そこで、私（小林）も「神経科学的・脳科学的アプローチは、そのような活動の、あくまで、神経や脳の物質レベルにおける相関項（correlate）の探究であって、意識や心自体の究明ではないのではないか、と考えている、と紹介してくれている。

それでは戸田山氏にお尋ねしよう。脳の活動は fMRI で、今どこが活動しているかということは指示できる。しかし、そこに脳物質の活動（たとえば、そこだけある特定の色を帯びるようになっている）を示す現象以外に何か認められるであろうか。まして、被験者が、脳科学者の求めに応じて、何ごとかを意志して、脳のなかで意志の活動を示す領野が活動しているのが観察できるとしても、その現象のなかに被験者の意志の「意味・内容」が文章として現れるなどという事が想像できようか。これができれば fMRI で人の思想の内容も意図もすべて具体的に分かるということになろう。

問題は、意識や心や意志というものは、それが活動しているかどうかは外から探知できるが、「それらの具体的な意味内容」は外から探知できないということである。また、私が『科学の世界と心の哲学』（二〇〇九）のなかで紹介しているように、認知神経科学の専門家の下條信輔氏によれば、脳の中枢に神経科学の方法で迫ろうとしても、捉えられるのは、こちらからの刺激に対する「受動」としての反応のみで、「能動性」や「意図」、「主体性」というのは、その中枢への神経科学的アプローチの本性からして捉えることは不可能なのである。

戸田山氏は、反自然主義者は、自然主義者による「心の科学」の説明に対して、それでは「〜自体」とか「〜そのもの」はわからないというぼんやりした答えしかしないという。しかし、人にもよるが、私はぼんやりとした答えなどはしない。「心（具体的には私）」や「意志（これも私の意志）」や「意識（これも私の心や意志の働きに伴うもの）」などの「そのもの」を知ろうとすれば、それらはすべて「私」のものであるから、私が自分で作動させればよいのである。そしてその作動を内的に感知すればよいのである。たとえば、デカルトは、例の「普遍的懐疑」を意志的に行使することによって「私」なるものの直観を得た。そこに「私」というものを把握するモデルがある。パスカルは、さまざまな考察のうえで「私とは憎むべきものである」という事実認定を得た。そうして「憎むべき私」から「神の愛」に目覚めた。このような自己認識は哲学史上さまざま展開されてある。それらをモデルとして、実際に自分の頭を動かし、何ごとかを能動的に考え、何ごとかを意志すればよいのである（ただし、これらの思考は「意味」持つのでなくては作動しない）。私には一部の脳科学者やそれに賛同する自然主義者の話をきいていて痛感したことがある。それは、彼らは、心や意識を問題にしながら、けっして「自分の心」や「自分の意識」のことは問題にしていないということである。また、「私」というものを痛感するのには、クオリアどころか、「情念」というものが取り上げられて然るべきだと思われるが、私の知るかぎりその兆候はあまりみられない。

親愛なる戸田山氏よ。「意識／心／意志」そのものが何かを知ろうと思えば、今、私と論駁・答弁を行っている時の貴兄自身、すなわち、あるところに同感を感じても他のところで反論しようと意志している貴兄（＝戸田山氏の私）をみいだせばよい。そうして「行為遂行」や「命題的態度」を実現している貴兄を感知すればよい。あるいは、学内の雑事で多忙であることに困惑や怒りを感じる戸田山氏、その戸田山氏を内的に感じれば良い。それが「心であり、意志であり意識そのもの」なのである。自分個人の「心や意志や意識」を自分自身以外の所に、第三者的に自然主義的（科学主義）見地から求めても、そのようなものはどこにも見出されえないであろう。

文献

Gueroult, M., 1953, *Descartes selon l'ordre des raisons*, 2 vols., Aubier.

Lagrange, J.-L. 1973, *Téorie des fonctions analytiques*, Œuvres complètes（reprint）tome 4, Olms.

Lagrange, J.-L. 1965, *Mécanique analytique*, A. Blanchard.

菅野礼司 1983『物理学の論理と方法（上）』、大月書店。

田中正 1988『物理学的世界像の発展』、岩波書店。

P・デュエム 1991『物理理論の目的と構造』、小林道夫・熊谷陽一・安孫子信訳、勁草書房。

R・P・ファインマン 1967『ファインマン物理学』第一巻、力学、岩波書店。

K・ポッパー 1980『推測と反駁』、藤本隆志・石垣壽郎・森博訳、法政大学出版局。

S・ワインバーグ 1994『究極理論への夢——自然界の最終法則を求めて』、小尾信彌・加藤正昭訳、ダイヤモンド社。

注

（1）この、コギトの主観的見地とその後に展開される客観の側からの議論の区別の重要性については、Gueroult, M. 参照。これには英訳がある。
（2）AT VII：228, AT IX：177.
（3）*Lettre à Elisabeth*, 28, juin 1643, AT III：692.
（4）*Lettre à Arnauld*, 29 juillet 1648, AT V：222.
（5）*Lettre à Elisabeth*, 28 juillet 1643, AT III：693.
（6）*Lettre à Elisabeth*, 21 mai 1643, AT III：665.
（7）デュエム1991：393–401.
（8）ポッパー1980：179–180.
（9）ワインバーグ1994：199–201.
（10）小林 2001：58–59.
（11）田中 1988：59–69, 菅野1983：62–75.
（12）ラグランジュについては、奇しくも、二〇年以上も前に書いた以下のかなり長い論文のなかで、「ラグランジュの『解析力学』と数学的形式化」と題する節を設けて原書に従って論じておいた。参照されたい。小林 1988 a：62–64. J.-L. Lagrange 1973, J.-L. Lagrange 1965.
（13）ファインマン 1967：163.
（14）ちなみに、このデカルトの『哲学の原理』の、その中でも最も複雑な「宇宙生成論」と「地球の生成」の部分を訳して本邦初の全訳を編集し出版したのは、故井上庄七先生と私（編者兼訳者）、および水野和久氏、平松希伊子氏である。『デカルト・哲学の原理』、「科学の名著」シリーズ所収、朝日出版社、一九八八年。

戦いを終えて

デカルトをめぐる一〇の論戦、お楽しみいただけただろうか。論戦が終わり、ノーサイドの笛が鳴ったいま、本書で現代のデカルト役を務めていただいた小林道夫氏を、改めて皆さんにご紹介しつつ、本書の内容をも振り返っておきたい。

われらが現代のデカルトこと小林道夫氏は一九四五年旧朝鮮のお生まれ。京都で青少年時代をすごされた後、京都大学文学部と同大学院で、主として野田又夫教授の下で哲学を学ばれた。さらに氏は、フランス政府給費留学生として、リヨン大学およびパリ第四大学（ソルボンヌ）において、ジュヌヴィエーヴ・ロディス＝レヴィス教授の指導を受けつつ、デカルトの永遠真理創造説に関する学位論文で博士号を取得された。小林氏は、野田教授とロディス＝レヴィス教授という日仏両国をそれぞれ代表するデカルト研究者の下で研鑽を積まれたのである。

その間小林氏は、パリのコレージュ・ド・フランスでジュール・ヴュイユマン教授の下で助手を務められ、その後、大阪市立大学文学部の哲学教室、京都大学大学院文学研究科の西洋近世哲学史教室の教授等を歴任され、現在、龍谷大学特任教授にして京都大学名誉教授。また日仏哲学会の会長を始め、日本哲学会、科学基礎論学会、日本科学哲学会、関西哲学会等で理事や委員を務められている。

以下、小林氏の業績の概要を紹介し、その後、本書第一部（哲学史編）と第二部（現代哲学編）の内容を振り返っておきたい。

（出口康夫）

一　小林道夫氏の業績の概要

小林道夫氏は身体的にはどちらかと言えば小柄であるが、知的には勇壮であり、その勇壮さの背後には、哲学者および科学者としてのルネ・デカルトという思想史の巨峰が聳えている。我々はこの「あとがき」で、小林氏の、デカルトを中心とした哲学史研究における業績と、デカルトの認識論・自然学を土台とした科学哲学・科学認識論における業績を、ごく概略的にではあるが紹介したい。ただし、浅学な我々にとってはそのようなごく概略的な紹介ですら〈手に余る〉作業であることはお断りしておかなければならない。

（1）デカルト研究

小林氏のデカルト研究は、デカルトという知的巨人の哲学体系を総合的かつ整合的に解釈する大規模なものである。言い換えれば、それは形而上学・自然学・道徳論の有機的な大きな連関を視野に収めた周到なデカルト研究である。改めて言うまでもなく、そのような有機的な連関はデカルト自身が折に触れ表明しているところであった。例えば、彼が自らの『省察』がアリストテレス自然学に取って代わる新たな自然学の基礎であることをメルセンヌ宛書簡で表明していることは良く知られているし、『哲学の原理』序文に登場する「知恵の木」もそのような有機的連関の表明のひとつである。小林氏のデカルト研究は、デカルトの形而上学が自然学を基礎づけ、そして形而上学と自然学が道徳論に結実するというダイナミックな関係性に照明を与えるものなのである。

以上のような事情は、小林氏の五〇〇頁を超える大著『デカルト哲学の体系――自然学・形而上学・道徳論』（1995年、勁草書房）によって典型的に表れている。そこにおいて著者は、デカルトの『規則論』がまだアリストテレス主義の影響を残すものであることから説き起こし、『省察』の形而上学がどのような意味でアリストテレス主義を全面的に乗り越えるものであったのか、またその形而上学が用意し『哲学の原理』で展開された自然哲学・自然学が具体的にいかなるものであったのか、そしてそれら形而上学と自然学が『情念論』においていかなる心身関係論と道徳論へと結実しているのか、を文字通り徹底的に議論している。とりわけ、『省察』の形而上学の解釈は、小林氏が一九七九年にパリ第四大学（パリ・ソルボンヌ大学）に提出した学位論文“Le rôle de la volonté dans la philosophie de Descartes–La thèse de la création des vérités éternelles et la liberté humaine”（「デカルト哲学における意志の役割――永遠真理創造説と人間の自由」）をベースとした極めて用意周到なものであり、『哲学の原理』の自然学の解釈はその第三部・第四部の天体論・宇宙生成論・重力論・潮汐論・磁石論をも対象範囲に含めた極めて包括的なものである。なお、この『デカルト哲学の体系』の「あとがき」には、小林氏自身が自らの研究者としてのキャリアないし遍歴を丁寧に振り返っておられる文章があることを申し添えておきたい。

いま、小林氏のデカルト自然学の解釈が「包括的」である、と書いたが、この関連で是非言及しなければならない氏の仕事が二つある。第一は、『哲学の原理』全訳に関するものである。『哲学の原理』はすでに野田又夫・責任編集『世界の名著27　デカルト』（中央公論社、1978年）において、井上庄七氏と水野和久氏による明快な日本語訳が出ていたが、それは第一部と第二部のみの訳であり、実は『哲学の原理』全体の三分の二以上は訳し残されていた。小林氏は、やはりデカルト自然学の研究者である平松希伊子氏と協力して、井上・水野訳の文体に合致させるように配慮しつつ第三部と第四部の翻訳を推し進め、井上・水野・小林・平松の四人の共同訳の形で『科学の名著　哲学の原理』（朝日出版社、1988年）として発表したのである。そのさい小林氏は、同書の冒頭に第三部・第四部についての非常に入念な解説を置いたが、この解説がその後に『デカルト哲学の体系』に吸収されることとなる。

第二の仕事は、一九九三年にフランスのヴラン社から刊行されたフランス語著書 *La philosophie naturelle de Descartes* である。これは、一九九一年に小林氏がパリのコレージュ・ド・フランスで行った八回にわたる連続公演を基にしたものである。本書において小林氏は、デカルトの形而上学と自然学との連関を改めて取り上げ、また、近代科学に対するデカルトの積極的・具体的な貢献、さらにホイヘンス、ニュートン、オイラーに与えたその影響を綿密に跡付けている。そしてこの著書は、小林氏自身の手による翻訳によって一九九六年に岩波書店から『デカルトの自然哲学』というタイトルで出版され、二〇〇一年に日本学士院賞を受賞した。

デカルト研究に関する小林氏の業績は、その他まだまだ多い。ざっと挙げれば、デカルト生誕四〇〇年を記念して刊行された論文集『デカルト読本』（法政大学出版局、1997年）の編著（湯川佳一郎氏との共編）、ご自身の関連論文を集められた『デカルト哲学とその射程』（弘文堂、2000年）、フランスのデカルト研究の大家であり小林氏の恩師でもあるG・ロディス＝レヴィス氏の著書の翻訳『デカルトの著作と体系』（紀伊国屋書店、1990年、川添信介氏との共訳）などがある。ちなみに、『デカルト哲学とその射程』は二〇〇一年に和辻哲郎文化賞（学術部門）を受賞している。

さて、最近数年の小林氏は、以上に見たような専門的なデカルト研究のみならず、デカルト哲学あるいは西洋哲学史を一般読者に分かりやすく解説するというところにも力を傾注しておられるようで、その具体的な成果として、『デカルト入門』（ちくま新書、2006年）と『哲学の歴史』（中央公論新社、2007〜08年）を挙げることができよう。前者は小林氏が初めて書かれたデカルト入門書であるが、その中身は、科学革命の経緯や現代の心の哲学をも取り込むかなりハイレベルなものである。後者は、小林氏が内山勝利氏、中川純男氏、松永澄夫氏と共同で編集委員を務めた全一二巻（および別巻一冊）からなる壮大な西洋哲学通史である。取り扱われているのは、ソクラテス以前から二〇世紀の分析哲学・実存哲学・構造主義に至る西洋哲学のページェントであり、小林氏自身はその第5巻「デカルト革命」を責任編集した。『哲学の歴史』は二〇〇八年に毎日文化出版賞を受賞した。

哲学研究の方法についての小林道夫氏の持論のひとつは、哲学史の古典の研究こそが哲学そのものの研究にとって最も有益である、というものである。そしてこの方法は、小林氏自らがそのデカルト研究を通して実践し、その実践を通して我々にその模範を示しているところのものである。次に我々は、小林氏が、デカルトとの対話を思考の原点として、どのような科学認識論・科学哲学を展開してこられたかを概観したい。

（2）フランス科学認識論研究

一般に、英語圏（とりわけアメリカ）の科学哲学には、日常的な経験と科学の営為をいわば〈地続き〉なものとして捉え、科学の世界を生活世界をもとに解釈ないし構成しようとする傾向が見られる。その典型が、二〇世紀アメリカの科学哲学を代表するクワインのホーリズムであり自然主義である。すなわち、この立場からすれば、科学理論と神話との質的な差異は否定され、また、科学理論は日常を生きる我々の意識経験に対しても適用可能なものとされることになる。小林氏は、このようなタイプの科学哲学に対して一貫して異を唱え、強力な論陣を張ってこられた。そして、その論陣の背景にあるのは、もちろん、心身合一の次元と哲学（自然学）の次元とを峻別するデカルトの思想であり、また、そのデカルトに発する知的伝統において豊かに展開されてきた現代フランスの科学認識論である。小林氏のデカルト研究についてはすでに言及したので、ここでは、フランス科学認識論をめぐる小林氏の仕事について概観したい。

今「仕事」と表現したが、実は小林氏は、フランス留学中にまさに当地の科学認識論に自らの「仕事」において密接に係わった経緯がある。すなわち氏は、フランス政府給費留学生を終了した後に、既述のように、コレージュ・ド・フランスのジュール・ヴュイユマン（Jule Vuillemin, 1920–2001）教授の助手を務めたのである。ヴュイユマンは、若い一時期に実存主義や現象学を研究したが、その後、デカルトやライプニッツ等の碩学マルシアル・ゲルーに出会い、それを契機として研究の方向性を一大転換した。彼は、ゲルーから学び取った手法、すなわち研究対象となるテクストや思想の内在的構造を精緻に分析するという手法でもって哲学史研究および科学認識論を大規模に推し進め、数々の著書を精力的に発表し、二〇世紀フランスを代表する哲学者の一人となった。ヴュイユマンは英語圏の科学哲学とも積極的な交流を図ったが、科学の営みを経験論的に基礎づけるという英語圏で有力な見地とははっきりと一線を画した。彼は、近現代の科学が取り扱う抽象的数学的対象は感覚与件から直接導出できるものではないことを強調したのである。そして、このようなヴュイユマンの思想を日本に（おそらく）初めて本格的に紹介したのが、小林氏の一九八四年の論考「現代フランスにおける科学と認識の哲学——グランジェとヴイユマンをめぐって」（『理想』第616号）である。そしてその後も小林氏は、『フランス哲学・思想事典』（1999年、弘文堂）、『哲学の歴史』第12巻（2008年、中央公論新社）の担当箇所などを通じてヴュイユマン哲学の紹介・解説に努め、その結果、現在われわれはこの哲学の要諦に日本語で接することができるのである。

フランス科学認識論に関する小林氏の業績としては、ジル＝ガストン・グランジェ（Gilles-Gaston Granger,

1920–）の思想の研究についても触れなければならない。グランジェは、対独レジスタンスの渦中で夭逝した数理哲学者ジャン・カヴァイエス（Jean Cavaillès, 1903–44）の直接の弟子である。グランジェは、ヴュイユマンと同様に、英語圏の科学哲学の限界を超えて科学という営みのダイナミックな現実を把握しようとする。論理実証主義に淵源する英語圏の科学哲学においては、ややもすれば、論理学や数学という形式科学をまさしく「形式（構文論）」に還元し、他方、物理学や化学といった経験科学を「感覚経験」に還元しようとするナイーヴな傾向が認められ得る。しかし実際の科学の現場においては、そのような「形式か感覚か」というような単純な図式とは全く異なる極めてダイナミックな操作・探求が行われている。すなわち、数学においては構文論と意味論との相互作用が新しい理論を産出する原動力となっており、また物理学においては対象規定の段階において（単なる感覚経験に還元され得ない）高度な数学的処理が施されているのである。このような科学の現場のダイナミズムに肉薄するところに、グランジェの科学認識論の意義と迫力が存する。小林氏は、このようなグランジェの思想を、先ほど言及した「現代フランスにおける科学と認識の哲学」、『フランス哲学・思想事典』、『哲学の歴史』第12巻を通じて紹介するとともに、その主要概念を、二〇〇〇年の論考「現代フランスの認識論の哲学――G.-G. グランジェの哲学を中心に」（『哲学研究』第569号）においてかなり詳細に考察している。

小林氏が京都大学を退職するちょうどその頃に発表した著書『科学の世界と心の哲学』（中公新書、2009年）は、デカルト、ヴュイユマン、グランジェ等を吸収した氏の科学認識論の最終的な立場を凝縮するものである。そこで小林氏は、ガリレオやデカルトが推し進めた科学革命の考察を通じて近代科学の規範および目的を規定し、そしてその規定と表裏一体の事態として〈自然主義的な心の哲学の不可能性〉を強力に主張している。

なお、フランス科学認識論研究に関連しては、小林氏が、上述の『フランス哲学・思想事典』の編集委員のお一人（他の編集委員は、坂部恵氏、小林康夫氏、松永澄夫氏）であること、また、同書においてグランジェの師「カヴァイエス」の項目をも担当し、その数理思想のエッセンスを明快に描出しておられること、さらに、フランスの物理学者・科学哲学者ピエール・デュエムの『物理理論の目的と構造』（1991年、勁草書房）の翻訳者の一人（共訳者は、安孫子信氏と熊谷陽一氏）であることを補足しておきたい。

（3）科学哲学研究

小林氏の科学哲学上の立場は「科学的実在論」に集約される。これは、科学（とりわけ物理学）に登場する、われわれの感覚知覚の直接的対象とはならない理論的存在（典型的には原子やクォーク）や自然法則について、それらに対応するものが物理的自然に実在する、と主張する立場である。そして、これとは逆に理論的存在や自然法則の客観性を否定するのが「反実在論」であり、この立場――あるいはそれに類する立場――に属するものとしては、帰納主義や実証主義、現象論、規約主義、道具主義などのさまざまな見解がある。これまで小林氏は、いささかの揺らぎもなく、実在論を判然と擁護し反実在論を厳しく批判する立場を貫いてきた。

実在論の是非を問題と論じるときに小林氏が着目するのは、物理学の現場における以下のような事態である。すなわち、物理学者が対象を扱うとき、ある特定の座標系から対象記述を行うのみならず、座標系をさまざまに変換することによってその変換を貫いて不変な対象の属性や関係をも追及する。そのようにして物理学では「不変量」や「不変式」と呼ばれるものが獲得され、物理学者はまさにこれらに立脚することで、対象の因果的振る舞いを正確に予測することや操作・再現することができるのである。そして、小林氏によれば、反実在論の見地からはこのような事態を十全に理解することはできない。言い換えれば、不変量や不変式の存在およびその機能が科学的実在論の決め手となるのである。

小林氏の科学哲学上の仕事からいくつかをピックアップして以下に紹介する。それら著書や論考は、それぞれ扱うテーマの幅や角度が異なってはいるが、主旋律あるいは通奏低音を構成するのは、一貫して、近代科学（とりわけ物理学）の実際の発展過程を根拠として科学的実在論を擁護し、それと同時に反実在論の理論的な限界あるいは不備を指摘するというスタンスである。

論考「物理学の哲学的諸問題」（内井惣七氏と小林氏によって編集された『科学と哲学』、昭和堂、1988年に所収）は、おもにガリレオ以降の力学の発展史に立脚しつつ、物理理論の一般的特性を整合的に説明しうる哲学的立場を考察するものである。論考「科学的実在論」（神野慧一郎氏によって編集された『現代哲学のフロンティア』勁草書房、1990年に所収）は実在論擁護にテーマを絞り込んだものである。論考「科学者による科学哲学」（やはり神野氏によって編集された『現代哲学のバックボーン』勁草書房、1991年に所収）では、一九世紀から二〇世紀にかけての科学者（マッハ、ボルツマン、ポアンカレ、デュエム）の科学哲学が論じられている。一九九三年の論考「科学的説明と実在論」（『科学哲学』第25号所収）では、「科学的説明」に関するファン・フラーセンやW・サモンなどの理論が取り上げられ評価されている。著書『科学哲学』（1996年、産業図書）は、大学教科書用として刊行されたものであるが内容はかなりハイレベルである。そこで小林氏は、科学革命や物理学の実際の営みを解説した上で、実在論と反実在論の対立をさまざまな角度から取り上げ、最後に科学的世界と日常の生活世界との関係について論じている。一九九六年の論考「デュエムの科学哲学における道具主義・実在論・ホーリズム」（『科学哲学』第29号所収）では、デュエムの科学哲学が論じられ、いわゆる「デュエム＝クワイン・テーゼ」に関してホーリズムをめぐるデュエムとクワインの見解の相違が指摘されている。

（松田克進）

二　第一部を振り返って

本書第一部は哲学史編である。デカルトと見立てた小林道夫氏に対して、七人の古典的な近世哲学者の立場から、その哲学者の研究者が論戦を挑んでいる。デカルトに対峙する七人とは、パスカル、スピノザ、ヒューム、ライプニッツ、カント、パース、ベルクソンである。彼らは、デカルトから多大な影響を受けながらも――そもそもデカルトから多大な影響を受けなかった近世の古典的哲学者などいようか――それぞれ猛然とデカルト主義を批判しデカルト主義と闘った哲学者たちである。そして、さまざまなテクストにおいてデカルトに言及し決然とした対決姿勢を書き残した。彼らのうち生前にデカルトと実際に相まみえたのはパスカルだけである。本書第一部では、いわば、パスカルにとっては二度目の、そしてスピノザ以降の哲学者たちにとっては生涯初めての、デカルトとの生身の〈論争〉がセッティングされたのである。以下に、読者の便宜に供するために、七組の論駁と答弁の要約を掲げる。ただし、それらが必ずしも論点を網羅するものではないこと、また筆者たちによってオーソライズされたものでもないことはお断りしておかねばならない。

第一章は、デカルトとパスカルの自我論をめぐる〈論争〉である。塩川徹也氏によると、パスカルはデカルトのコギトの思想や心身二元論を否定したわけではなく、むしろその独創性を高く評価する。しかし、パスカルの究極の関心は、心身二元論を足場に展開される自然学ではなく、救済の問題、死後の〈私〉の運命に集中している。そして、パスカルにとっての救済の対象とは、デカルトの言う精神的実体としての〈私〉ではない。救われるべき〈私〉とは、単なるレス・コギタンスでも知性でも理性でもなく、むしろ、さまざまな精神的諸属性の向こう側にある孤独な存在であり、誰かに見られる存在、誰かに愛される存在、そして誰か――とりわけ神――に愛されることを希求する存在である。しかしながら、そのような意味での「この私（ce moi）」

は、属性としての美質（真善美）を何ももたない存在であるゆえに愛の対象とはなりえず、「憎むべきもの」とならざるをえない。このような一連の議論を塩川氏は一種の「帰謬法」と捉える。すなわち、この議論は、「知性と認識と評価が先行し、愛はそれに対応して生まれる」ということを前提としているが、この前提は神の愛には当てはまらない、とパスカルは言いたいのである。「神の愛は、価値の評価に応じて注がれるのではなく、逆に注がれることによって価値を創出する」。このような見地、すなわち理性と信仰の境界線を攪乱する見地に対してデカルトはどのように応答できるであろうか。

小林氏は、デカルトの〈私〉とパスカルの〈私〉が大いに異なることについて同意する。すなわち、『省察』の主目的はアリストテレス哲学を解体し数学的自然学の基礎を構築することにあり、そのさいデカルトが描き出す〈私〉は、普遍的懐疑を遂行し自らの自由意志の自覚に至るという徹底した「能動的状況」にあり、それゆえ、この局面におけるデカルトの〈私〉は、「受動的状況」において捉えられるパスカルの〈私〉とは確かに「根本的に異質なもの」である。ただし、小林氏によると、デカルトの〈私〉の理解にはそれ以外の側面もある。第一に、デカルトは神の存在証明において、〈私〉が無限者（神）によって支えられそれに依存することでのみ存続しうることを認める。第二に、デカルトが『情念論』で描き出す「愛」とは、愛の対象と〈私〉とが構成する「全体」に対して自らを（その部分として）自己否定的に同化しようとする情念である。とはいえ、デカルトが〈私〉を捉えるさい意志を軸としていることは事実であり、彼の哲学体系においては理性と信仰の境界線はほぼ堅持されていると言ってよい。

第二章は、デカルトとスピノザの〈論争〉である。争点は心的因果と自由意志である。要するに、私の意志作用が私の腕を動かすのか、また、その意志作用たるものは私の精神によって無差別的に創出されるものなのか、という問題である。周知のように、スピノザは両方の問いに「否」と答え、デカルトは「是」と答える。

松田克進が注目するのはスピノザによる経験分析である。心的因果に抗して彼が繰り出す論拠は、脳神経科学者リベットの実験を想起させるものも含め複数あるが、なかでも、夢の中で感じられる心的因果の実感的直接性は心的因果性をなんら担保しないという論拠が最も強力である。なぜならば、デカルト（および小林氏）にとっての心的因果の論拠はまさにそれについての実感的直接性に帰着するからである。他方、自由意志をめぐるスピノザとデカルトとの最大の対立点は、方法的懐疑（とりわけ誇張的懐疑）において経験される数学的真理に対する判断保留という意識経験をどのように解釈するかという論点に存する。デカルト（ひいては小林氏）は、この経験は数学的真理以上に明証的であり、それゆえ自由意志の存在を如実に示していると捉える。しかしスピノザに言わせれば、あらゆる懐疑（判断保留）は何らかの懐疑理由への気付きによる必然的結果であり、そのような気付きなしに意のままに疑うことなどは不可能である。懐疑理由への気付き無しの懐疑が不可能である以上、懐疑は自由意志の証拠としては無効なのである。

小林氏は返答する。まず、スピノザの〈夢における場合と同様に覚醒時における実感的直接性も心的因果を担保しない〉という議論については、「第六省察」の末尾でデカルトが論じる「夢と覚醒の区別」に注目すべきである。そこでデカルトは、「日常の生の行使と交わり」において反復的に整合性が確認されるならば現実経験は夢から区別されうる、という趣旨の議論を展開しているのである。次に、〈懐疑という心的状態が自由意志の存在を証明しうるとすれば、それが懐疑理由に対する気付きを必要とするのはなぜか〉という反論に対しては、小林氏は次のように答える。デカルトの懐疑とは、懐疑理由に対する気付きからの必然的結果などではない。それは、自然な思考に対してそれと反対の「対立項」をあえて立てるという行為であり、まさにそれゆえにデカルトの懐疑においては中立性（無差別性）ないし偶然性が確保され、このことが彼の自由意志論にとって本質的なのである。

第三章は、懐疑の役割をめぐってデカルトとヒュームを対比する。中釜浩一氏はヒュームの懐疑にも「方法的懐疑」と見なされうる側面があることを認める。しかし、何のための方法かという点で両者は鋭く対立する。デカルトの場合、懐疑は、偶然的諸条件によって獲得された感覚的信念を捨て去りいわば「神の視点」に与ることで「数学的自然学の可能性の基礎付け」を行うための方法である。他方、ヒュームの場合は、まず、人間が「知識」ではなくあくまでも「信念」を獲得する心理的メカニズムについての因果的研究——すなわち、知性に関する「人間の学」——が構成され、その後に、この「人間の学」を足場にして、デカルトが懐疑の果に獲得した「知識」を切り崩す方向で懐疑的議論が実行される。具体的には、「実体」「外部存在」「人格の同一性」は、それらに見合った印象に由来していない錯覚に過ぎないと評価されるのである。同時にヒュームは、それらの錯覚が不可避的なものであることを認める。なぜならば、人間知性において理性はその想像力の圧倒的な力の前に無力だからである。いずれによせ、中釜氏によると、デカルト的な「純粋な探究」という試みは「失敗を運命づけられている」。さらに中釜氏は、小林氏に重要な疑問を提示する。デカルトの議論の「最大の弱点」は「神の存在証明」であるが、それにもかかわらずデカルトの目指した数学的自然学がそれ自体の持つ「推進力」によってその後圧倒的成功を勝ち取ったということは、デカルトの「自然学の形而上学的正当化」という試みが現実の科学の発展と密接なかかわりを持っていなかったことを示しているのではないか。むしろ現実の科学の営みは、「人間的なパースペクティヴ」に相対化される「ローカルな正当化」以上のものを求めないのではないか。

小林氏は、デカルトとヒュームそれぞれにおける懐疑の役割について、基本的に中釜氏の見解に同意するが、デカルトの神の存在証明が成功しているか否かという問題については、評価の立脚点を『省察』の一連の議論の内部に置くか外部に置くかによって結論が異なる、と答える。大切なのは、デカルトが『省察』において「コギトの独我論的・主観的パースペクティヴから、神の存在証明をへて、客観的メタの見地（神の視点）を確保した」ということである。また、デカルトの「自然学の形而上学的正当化」が現実の科学の発展と密接なかかわりを持っていなかったという見通しに対しては、小林氏はそれをはっきりと否定する。確かに、数学的自然学は、いったん発進すれば自律的に進展する。しかしながら、抽象的数学が具体的自然学を構成しうることを示すためには、プラトニズムやアリストテレス主義からの思想的な大転換が必要だったのであり、そのような転換をガリレオ、そしてとりわけデカルトが遂行したのである。彼らの仕事がなければ、「われわれは現代も〔略〕アリストテレスの『自然学』に従っていたであろう」。

第四章は、デカルトとライプニッツの対立を多面的に追うものである。まず松田毅氏は、デカルトの永遠真理創造説に焦点を当てる。小林氏のデカルト解釈によれば、永遠真理創造説こそがデカルトによる数学的自然学の基礎づけの基軸であるが、松田氏はむしろその教説がデカルトの目論見通り機能していないのではないかと疑義を呈する。なぜならば、小林氏も認める通り、（数学における）直観主義と永遠真理創造説に立脚するデカルトにとっては、神のイデアの世界は存在せず、人間精神は数学的真理の必然性の根拠を自らのうちの直観的構成に求めざるを得ないことになるからである。そこで松田氏は、永遠真理を人間精神に刻み込むが自身はイデアの世界をもたない神が科学の基礎を担保するとどうして言えるのか、と小林氏に問う。要するに松田氏の解釈によると、数学的真理をも神は別様に創造し得たとするラディカルなデカルトの見地は、「科学の土台に対する形而上学的な不安」を喚起するものなのである。また松田氏は、質的なもの、生命的なものをデカルトが形而上学と認識論から切り捨てたことと、ライプニッツがそれらを「最大の多様性」という概念のもとに自らの哲学に回収したことを対比する。すなわち、「人間の知と神の知の収斂を目指す」という側面においてデカルト哲学はいかなる展望を有するのかと問うのである。そして最後に、松田氏は、ライプニッツの無限小をいかに解釈するかという論点を取り上げる。小林氏は、ライプニッツが無限小を「真の量」と見なし、いわばロビンソンの超準解析を先取りする着想をいだいていたと解釈するが、松田氏は、そのような解釈が充分な論拠をもっているかを問う。無限小はライプニッツによって有限量の極限として――そしてそれゆえに非十全な認識対象として――捉えられていた、と考えることもできるのではなかろうか。

小林氏は、まず永遠真理創造説について、それがプラトン・アウグスティヌス的伝統における「（数学的イデアの）範型主義」とは異なり、物理的自然の内部に厳密な数学的規則性を求めようと動機づけるものである、として擁護する。他方で、小林氏は、デカルトの神が、人間を欺きうるが欺こうとは欲しない神であり、それゆえ「人間になにがしかの不安を持たせる神」であることについては認める。しかしながら、だからこそデカルトの神は、現在の知識は絶対不変なものではないという反省を人間に与え、「真理探究の進化を促す効用をもつ」とされる。また、小林氏は、ライプニッツの普遍数学がデカルトのそれよりも拡大した領域をもつこと、ライプニッツがデカルトとは異なり多元的・多層的な自然観・宇宙観を提示したことを認める。しかし、彼ら以後の科学的探究の論理としては、「デカルトの機械論的自然観が制し、その後の発展を促した」のである。最後に、ライプニッツの無限小をいかに解釈するべきかという問題については、小林氏は、ライプニッツのド・ロピタル宛書簡によって、彼が（ロビンソンが超準解析で展開することになる）「非アルキメデス量」の概念をはっきりと持っていたことが確認できる、と返答する。

第五章は、デカルトとカントの実在論をめぐる〈論争〉である。小林氏のカント解釈によると、カントの「コペルニクス的転回」は「プトレマイオス的転回」に戻されるべきだとされる。すなわち、小林氏はカントの観念論的なスタンスを批判するのである。これに対して山本道雄氏はカントを次のように擁護する。第一に、カントの経験的実在論の射程は一般に想定されているよりも奥行きが広い。すなわち、カントの立場では、観察不可能な理論的存在（例えば電子）についてもその実在性が認められる。このことは、「根源的力」（これはもの自体のレベルに位置する）に派生する「運動力」（これは現象のレベルに位置する）についてのカントの論じ方から確認されることである。ただし、山本氏も、カントにとって、「有機的存在者」の概念や、それによって正当化される「目的」の概念が、いわば「発見的虚構」ないし「道具的な概念」であることについては認めると言う。次に、山本氏がカントを擁護する第二の論拠は以下のようなものである。カント認識論の根本問題は、デカルトの永遠真理創造説のような神学的・形而上学的なテーゼがもはや成立しがたい状況において実在論はどこまで可能か、というものであった。そして、この問題状況は現代でも不変である。それゆえ、「人間的認識の有限性という制約の枠内で実在論の可能性を探求した」カントの経験的実在論は現代でも説得的である、と山本氏は判定するのである。

小林氏は、カントが電子のような理論的存在の実在性を認めていたと解釈することは難しいとする。そのような判断の背景には、カントがその実在性を認めていた「磁気物質」等については、一九世紀の現象論者（例えばアンペール）もがその実在性を認めていたという事情が存する。さらに、小林氏は、因果関係についてのカントの議論が、因果関係の非対称性を説明し得ないという点で問題を抱え込んでいることを指摘する。因果関係の非対称性は事象のレベルにおいて客観的に存するにも係わらず、ヒュームの因果論に縛られているカントの見地からすると、因果の非対称性は人間の主観による恣意的決定に依存することになるのではないか、というのが小林氏の見解である。小林氏は、科学的作業に超越論的枠組みが前提されていることを指摘した点でカントを評価する一方で、カントがそのような枠組みのうちに時空間およびカテゴリーを組み入れたことを批判する。すなわち小林氏にとってのあるべき実在論とは、経験的実在論にとどまらない「科学的実在論」なのである。

第六章は、〈神の存在証明〉をめぐるデカルトとパースの〈論争〉である。伊藤邦武氏によると、パースには、パスカルの場合に見られるのと同様のデカルト批判が見出される。それは、デカルトの〈神の存在証明〉がたとえ形式的整合性をそなえているとしても「心を打つところがない」という批判である。パースのこの批判の根底には、人間精神の働きをデカルトのように意志と知性の二本柱で捉えず、意志と知性と感情の三部門からなるものとして捉えるという見地がある。そして、パースにとっての「感じ」としての美醜の感得は、知性や意志に還元されない、独立した原初的意識の働きである。この美的な感じ（美学）はさまざまな役割を担っている。ひとつには、倫理学に基礎を与える（そしてその倫理学が論理学に基礎を与える）という役割であり、また、諸科学が織り成すタピストリーに対する「美的眺望」を可能にするという役割であり、そしてさらには、この「美的眺望」を形而上学的次元にまで拡張して神の存在を感得せしめるという役割である。もちろん本章における伊藤氏のデカルト批判は「感じ」の三つ目の役割に焦点を当てたものである。パースによると人間精神は、三段階の「瞑想」を経て、神の存在が蓋然的であり、それを信じることに価値があり、それが科学的探究にとって有意義であることを確認するにいたる。そして、パースのこのような議論は、科学と宗教的信念とが実は同じ出発点をもっていることを意味しており、それゆえに反デカルト的なのである（のみならず、それは、進化を偶然と自然淘汰に還元したダーウィン主義に反対するものでもある）。デカルトが〈証明〉した神は、果たして、パースが〈感得〉する神との対比において、人間を愛し人間を愛の行動へと促す存在と言えるのであろうか。

小林氏は、パースが重視した「感じ」に似たものがデカルトの『情念論』における「驚き」に見出されることを指摘しはするものの、デカルトがその哲学体系において、パースが述べる意味での「感じ」に重要な役割を与えていないということを認める。デカルトは『哲学の原理』で大規模な宇宙生成論を提示するが、それは一貫して機械論的見地にもとづくものであり、そこにはパースに見られるような「科学の美的眺望」が入り込む余地はないのである。パースは、神への信仰を本能と感情に帰着させ、神の本性については「アガペー」であると言うが、このような見地はデカルトには見られない。むしろ小林氏は、デカルトの神が、数学的自然学を保証する形而上学の神であること、そして、「なにがしか不安を残す神」であることを認めるのである。小林氏によるとデカルトは、まさに意図的に、自らの哲学において神をそのような「人間が把握する真理に絶対性を与えない神」として描き出したのである。

第七章は、近代哲学史の大きな流れを背景としたデカルトとベルクソンの〈論争〉である。デカルトに対するアンビヴァレントなベルクソンの評価を見定めるために、安孫子信氏はまず、ベルクソンが近代哲学をどのように解釈したかを振り返る。ベルクソンによれば、近代哲学も古代哲学と同様に、いかにして空虚から充実を説明するのか、あるいは、いかにして不動から動ができるのか、といった「疑似問題」との格闘——大同小異の誤謬の山——以外のなにものでもなかった。しかしながら、ベルクソンは近代哲学を全否定するわけではない。哲学体系には「直観」と「弁証法」という二側面があり、哲学史を産出する推進力は「弁証法」ではなく「直観」の方であって、こちらに着目するとき哲学史は存在意義を回復する。では近代哲学が有する存在意義としての「直観」とは何か。それは近代哲学が、「時間は自然の分節を持たない」という近代科学の見地から刺激を受けることで「持続」に対峙し「動性」を見出したという点に存する。しかしながら、ベルクソンによると、近代哲学はその後すぐにこの「直観」を手放してしまい、あるべき姿から滑り落ちる。そして、古代哲学以来の、不動によって動を捉えようとする「映画的手法」に後戻りしてしまう。それでは、このような近代哲学評価において、デカルトはどのように位置づけられるのであろうか。ベルクソンは、デカルトが持続と機械論との間で「揺れ動き」の状態に陥っている、と判定する。確かにデカルトはコギトにおいて持続を正しく捉えたのだが、「蜜蝋の比喩」を契機として「持続」としてのコギトが「はたらいていない」人格へと空洞化していった、とベルクソンは見立てるのである。千変万化する蜜蝋を「なお同じ蜜蝋」と判断するのは無意識ないし習慣のなせるわざであり、そのような局面において人間精神を捉えるというのは、「時間を通じて流れていくわれわれの人格」から離れていくことなのである。

小林氏は、デカルトのコギトが持続を捉えているというベルクソンの解釈を肯定的に評価する。しかもそれは、『ビュルマンとの対話』からも補強されると言う。しかし、小林氏によると、デカルトとベルクソンとの間には本質的な差異がある。まず、懐疑のすえに「我あり」とデカルトが自己説得するとき、そこで決定的な判断が下され、思考の流れは一旦止まる。これはベルクソンの言う「持続」とはおよそ異なる。また、デカルトの「連続創造説」においては、時間は無限分割可能であり、その部分は相互に独立であると考えられているが、これはベルクソンの時間把握とは全く異なる。さらに、「蜜蠟の分析」に関しては、安孫子氏の言うようにベルクソンはそこに「はたらいていない」人格を読みとっているが、「蜜蠟の分析」におけるデカルトの意図はベルクソンの解釈とは全く異なり、人間精神が物体を認識するプロセスを、機械論や決定論に沿ってではなくむしろ「内なる意志の判断」といういきわめて能動的な側面において把握する点に存するのである。小林氏によると、これらの相違は、「延長（空間）即物質」説を土台として数学的自然学を成立させようとしたデカルトと、その成立後において「空間中心主義」を批判したベルクソンとの哲学的意図の相違に帰着するものである。

（松田克進）

三　第二部を振り返って

「デカルトをめぐる論戦」は、第二部で、その前線《バトルライン》を現代哲学に移す。当たり前だが、デカルトは現代哲学者ではない。なので、ここでは、デカルトその人の哲学とならんで、彼の哲学のエスプリを受け継ぎつつ、それを独自の仕方で展開している現代のデカルト主義者《カルテジアン》・小林道夫氏の哲学的立場にもスポットライトが当てられる。第二部では（第一部に比べても）小林哲学がより全面に出る展開となるのである。

そこで、第二部で討議されるテーマのいくつかを概観するに際して、まずは、デカルト哲学の基本テーゼを以下の四点にまとめ、それらに即して、小林氏の哲学的スタンスを簡単に確認しておこう。

（一）心身二元論（コギトの確立）
（二）心身合一
（三）数学的観念の生得性
（四）神による科学理論の真理性の保証

これらのうち、小林氏は、最後の（四）を除いた残る三つを、独自の仕方で読み直しつつ継承する。特に、現代哲学者の間で悪名高い、（一）「心身二元論」は、氏によって、周到に、何重もの仕方で読みかえられることになる。ちなみに、ここで言う、「読み直し」ないし「読みかえ」とは、デカルト自身がテーゼから導いた帰結や、彼の哲学全体の中で、そのテーゼが果たしている役割の強調だったり、そのテーゼの（デカルトが表立っては語っていない）含意の摘出だったりと、その内実はさまざまである。いずれせよ、氏はデカルトの基本的立場を、そのニュアンスを変えつつも、部分的に継承しているのである。一般に、デカルトの哲学とデカルト主義は、重なりあいつつも同じではない。小林哲学とデカルト哲学の間の関係もまた同様なのである。

以上の見取り図を踏まえ、第八章とそれに対する小林氏の答弁で繰り広げられる、心の哲学をめぐる小林道夫vs.美濃正の論争の一つの焦点を見てみよう。両氏とも、デカルトの心の哲学は（一）「心身の二元性」と（二）「心身合一」という二つのテーゼからなると見る。これらのうち前者は、デカルトにおいては、なによりも、「コギト（われ、思う）」という言葉で集約的に表現される〈知的な思惟作用〉を本質とする「心」は、〈空間的な拡がり〉を本質とする「身体」（ないし物体一般）とは別個で別種の実体であり、前者は後者がなくとも、独立に存在する」という〈存在論的ないし形而上学的なテーゼ〉であった。それを小林氏は、〈われわれの行為を説明する一つのやり方〉——具体的には、われわれの行為を〈（われわれが意識する）信念・欲求・意志といった（物的プロセスと独立・別種の）心的な原因によって引き起こされたもの〉とする説明様式——として読み替える（小林 1998：325 f. 参照）。氏は、（一）「心身二元論」を、「心的因果」に訴えるタイプの「行為論」として解釈するのである。その上で、このようなタイプの説明は、行為を〈（われわれによって意識されない）何らかの未知の神経生理学的なプロセスによって引き起こされたもの〉と見なす物理主義的な説明様式よりも、よりよいものだとして擁護されるのである。

だが、このように理解された（一）「心身二元論」は、なお、そのままでは（二）「心身合一」テーゼとの間に矛盾を孕む。互いに「合一」したものの間には、（心的因果といった）因果関係は成り立たないからである。そこで、小林氏は『エリザベートへの手紙』におけるデカルトの議論を参照しつつ、それぞれ（「思考」「延長」「心身合一」という）異なった「原始概念」を持つ「人間の活動の異なった複数の次元」という概念を持ち出し、行為の説明様式としての（一）「心身二元論」と、（二）「心身合一」を、それぞれ異なった次元で成り立つ事態だとすることで、両者の間の矛盾を解消しようとする（小林 1998：327 f. 参照）。

それに対し、美濃氏は、やはり、デカルトと小林氏の心の哲学は矛盾に陥っていると高らかに断言する。美濃氏の見るところ、(一)「心身二元論」と(二)「心身合一」からは、「物体とは根本的に異なった心が、物体における何らかの変化を引き起こす」という意味での「心的因果」が帰結し、それは、「物体における全ての変化は、物理現象のみを視野に入れる物理学によって残らず説明できる」という(デカルトや小林氏が採用しているとされる)「物理学の完全性」という考えと相容れないのである。

もちろん、小林氏も黙っていない。(二)「心身合一」や「物理学の完全性」についての美濃氏の理解に異を唱えつつ、「異なった原始概念」という概念装置に再び訴えることで、美濃氏の言う矛盾を真っ向から否定するのである。

次に、科学的実在論をテーマとする小林道夫vs.出口康夫論争(第九章とそれに対する答弁)を見てみよう。小林氏によれば、デカルト哲学の最大の目的は、アリストテレス以来の、日常的な感覚にもとづいた経験的な自然学を解体し、数学的な近代科学を新たに樹立することにあった。つまり氏は、デカルトを、なによりも、科学革命の哲学的基礎づけを行なった人物として描くのである。で、この基礎づけ作業の主な道具立てとされるのが、(一)「心身二元論」、(三)「数学的観念の生得性」、(四)「神による科学理論の真理性の保証」という三つのテーゼ。これらのうち、小林氏は(四)を退けつつも、(一)と(三)を「仮説演繹法」という一種の科学方法論として読み替えることで、デカルトと同様、近代科学の基礎付けを行なうとする。

(三)「数学的観念の生得性」は、デカルトでは、そもそも、「図形や数といった数学的対象についての観念を、われわれ人間は(経験によらずに)生まれながらに有している」という〈心理学的なテーゼ〉として主張されていた。それを、小林氏は、脱心理化し——言い換えると、「生まれか育ちか」(Nature or Nurture)という問題圏から切り離し——「数学的な記号体系としての科学理論の起源は、過去の感覚的経験ではなく、それとは独立に働く知性の内にある」と読み替える。加えて、先に一種の行為論と解釈された（一）「心身二元論」は、ここでは、まず「数学的体系としての科学理論の構成や展開は、感覚的経験に依拠することなく自律的に行なわれる」という主張として捉え直される。さらに、（一）「心身二元論」は、「物体的自然が、知性とは独立に存在している」という主張をも導くとされる。後者からは、「知性の産物である科学理論が、物体的自然に合致しているかどうかは、単なる知的思弁によってではなく、物体的自然に由来する感覚経験に照らして検証されなければならない」という科学に対する方法論的要請が帰結すると、小林氏は主張する。結局、このように解釈された（一）「心身二元論」と（三）「数学的観念の生得性」は、互いに重ね合わされることで、「科学理論は、感覚経験からの帰納的一般化によって正当化されつつ生み出されたのではなく、はじめは過去の経験から自由な仕方で仮説として設定され、そこから演繹された観察可能な帰結が検証されることで、初めて検証される」という、「仮説演繹法」と呼ばれる科学的方法論の主張として再編成されることになる。そして小林氏によれば、この「仮説演繹法」は現実の科学的営みと適合しているという意味で正しいものである。このように氏は、科学的方法論の文脈においても、デカルト哲学の重要なテーゼ（一）と（三）を擁護するのである（小林 1998：317-324 参照）。

しかし、われわれが経験と照合することで検証できるのは、理論が主張する一般的な数学的構造ではなく、そこから演繹された個々の観察可能な帰結のみである。では、観察可能な帰結が実際に検証されたとして、それを導いた理論が想定している数学的構造そのものが、物体的自然の構造と一致していると、いかにして言えるのか。デカルトならば、ここで、全能で誠実な神の存在を持ち出すだろう。神は、われわれが明晰判明に理解する数学的観念と実在の構造とを互いに対応するように創造したと主張することで、デカルトは、感覚経験とは独立に作られた数学的な科学理論が、対象に合致しているという意味で「真」であることを論証しようとしたのである（四）「神による科学理論の真理性の保証」）。これがデカルトによる、近代科学の認識論的、存在論的な基礎付けである。

先に触れたように、小林氏は、この（四）「神による科学理論の真理性の保証」という方策を採用しない。一方氏は、科学理論の感覚可能な帰結が経験と合致していること——理論が現象の予測や説明に成功していること——が確認できれば、その理論じたいが実在に対応しているという意味で真だと論証できると主張する。小林氏によれば、全能の神を持ち出さなくとも、科学理論の真理性は、理論がおさめた経験的成功によって保証できる。氏は、近代科学の神なしの基礎付けが可能だと考えるのである。このことは、氏が（今日の言葉で言えば）科学的実在論（より詳しく言えば、真理実在論ないしは存在者実在論）の立場に立つことを意味する。

では果たして、神による担保なしに科学理論の真理性は保証できるのか。第九章における出口の答えはノーである。小林氏と出口の論戦の一つの焦点は、理論の経験的成功にもとづいて、その理論の真理性を論証できるかどうかに当てられている。

小林氏はまた、（一）「心身二元論」と（三）「数学的観念の生得性」から、近代科学の本質規定を導き出し、その本質について論ずる（科学とは区別された知的営みとしての）哲学の存在を擁護する。ここで語られる科学の本質とは、その方法と対象に関わるものである。（一）と（三）が、氏によって、「仮説演繹法」と読み替えられたことは上で見た。そして氏によれば、科学者は、単に、たまたま、ないし時々、仮説演繹法に従っているのではない。近代科学は、デカルトによって、そもそも仮説演繹法に従う知的営みとして始められた。このような歴史的経緯から言って、仮説演繹法という方法論に従うことは、近代科学にとって「構成的」な性質である。科学は、最初から、仮説演繹法をその本質に組み込んだ活動として船出したのである。すると、ある人が、デカルトによって創始された意味での近代科学の研究者である限り、その人は、好むと好まざるとにかかわらず、本質的ないし必然的に、「仮説演繹法」に従うことになる。これが小林氏の見解のようである。同じような仕方で、小林氏は、（二）「心身二元論」から、「科学知が本質的に物体、そして物体のみを対象とする」という主張を導き出す。心身二元論のテーゼによれば、物体と心とは、まったく異なった別個の対象であった。そして、対象の量的性質に着目し、その性質の間の数学的な関係を解明するという科学者の常套手段は、量的性質をもった延長体としての物体に対してのみ当てはまる方法である。科学の対象は、本質的に延長体である物体に限られる。逆に言えば、延長体ではない心は、これまた本質的に、科学の対象からは除外されるのである。科学は、その本質からして、心について語ることはできない。「語り得ないことについて、語ってはならない」。小林氏は、心について科学的に論ずることを、科学の越権行為として、厳しく告発するのである。

このような科学の本質規定は、それ自身、科学的な知というよりも、科学についての知、言い換えると、メタ科学的な知に属する。そして氏によれば、このような科学についてのメタ知として、科学に対してその本質を規定すること――そして、その本質を踏み超える試みを、科学の「分」を弁えない「科学主義」として弾劾すること――こそ、哲学の重要な役目なのである。

このような小林氏の考えについて、これまた真っ向から反対するのが第十章で登場する戸田山和久氏である。戸田山氏によれば、そもそも科学には万古不易の本質などはない。科学は、確かに、その出発点において、特定のあり方をしていただろうが、それは、歴史の進展とともに、いかようにも変わりうるのである。すると、過去の歴史的経緯を持ち出すことで科学の本質的限界を吹聴する知の営み自体、無意味となる。本質規定という、上から目線をいい加減やめて、哲学は科学の一部へと発展的に自己解体すべきである。言い換えると、哲学は自然科学化、即ち「自然化」されるべきなのである。

もちろん、このような意味での「自然主義」の主張を、小林氏が大人しく黙って聞いているはずがない。小林氏は、その答弁において、戸田山氏の立場を、悪しき「科学主義」として厳しく批判することになる。

以上、駆け足で見てきた論点は、あくまで第二部で論じられる事柄のごく一部にすぎない。本書で展開される現代哲学をめぐる議論は、これら以外にも、さまざまな論点におよんでいるのである。とはいえ、こうやって一瞥しただけでも、ここでの議論は、何からの仕方で、デカルトの考えやデカルト主義哲学としての小林哲学の基本的なテーゼに深く関わっていることが分かるだろう。ここにあるのは、瑣末な論点をめぐる言い争いでもなければ、単なる揚げ足取りや、批判のための批判でもない。「われわれの行為はいかに説明されるべきか」「科学とは何か」「哲学とは何か」。こういった、現代において哲学する者が、誰であれ避けて通ることができない、極めて真っ当な問題群が、ここで問われているのである。また、これらの問題群をめぐる哲学者の間の応酬も、容易に勝ち負けが判定できるような類いのものではない。むしろ、それは、それぞれ筋の通った異なった立場を背景とする、真摯で原理的な対立とも言える。ここで繰り広げられているのは、まさに、古典的で基本的な哲学的問題をめぐる本格的なガチンコ・バトルなのである。

そして、これら多重の論争が交わる交差点、ガチンコ・バトルのまっただ中に屹立しているのが、他ならぬ小林道夫氏であり、また氏の姿を借りて現代に降臨したルネ・デカルトである。彼らの堂々たる立論に、どのような角度から、いかにして切り込むか。そのことによって、彼らに論戦を挑む論者たちの哲学的なスタンスもまた明らかとなる。この意味で、デカルトとその哲学は、近世ヨーロッパにおいてそうであったように、現代日本においても、様々な哲学の立ち位置を測る座標軸の役割を果たし続けているのである。このような「知のデカルト座標」の存在もまた、本書によって浮き彫りになるのである。

（出口康夫）

*

本書成立の経緯について述べておきたい。本書は、小林道夫氏の京都大学文学部からの定年退職（二〇〇九年三月）を記念して、氏の薫陶を受けた者が中心となって企画された。ただし——ここはアンダーラインを引いて強調しておきたい点なのだが——本書は、よくある退職記念論文集ではない。

小林氏は、世界的なデカルト研究者であり、日本を代表する近世哲学史家である一方、現代哲学の第一線で首尾一貫した持論を鋭く展開してきた論客でもある。またその人柄も、なによりも談論風発。特に、氏がこよなく愛するフランスワインが入ろうものならば、その哲学談義にも一層熱が籠もり、その賑やかで人懐っこい性格もあいまって、長らく「文壇バー」ならぬ「学壇バー」の「西の王者」として君臨し、また畏愛されてもきた存在である。

このような小林氏に捧げる書物ともなれば、単に氏の研究テーマに関連する論文を大人しく並べるだけでは芸がない。デカルトの『省察』のひそみにならい、氏の主張に真っ向から挑戦する論考をつのり、それに対して氏には、これまた真正面から反論して頂く。そのような打々発止のやり取りを繰り広げることで、ややもすれば、論戦を忌避し、ジメジメとした陰口の応酬に陥りかねないわが国の知的風土に一石を投じよう。それが編者三人の一致した考えであり、小林氏の意向でもあった。このような主旨に、諸手を挙げてご賛同頂いた方々からのご寄稿を得て成ったのが本書なのである。

さらにまた、小林氏の京大時代の恩師である野田又夫教授（1910–2004）は、デカルトを始め、近現代の幅広い哲学に通じた哲学研究の泰斗であり、門下からは、主としてデカルトからカントまでの近世哲学に通ずる一方、現代哲学としては、分析哲学を始めとする英語圏の哲学にも親しむ哲学者が輩出した。小林氏もその一人である。心身問題、懐疑論の問題、意志の自由の問題など、現代哲学が近世哲学と共有する古典的な哲学問題に対して、一方では近現代の古典的な哲学者の議論を踏まえ、他方では科学や科学史に目を配りつつ、独自の解釈を試みる。そのような気風を共有する論者、またそれに共感を抱いている人々が集い、小林氏を中心に論戦を繰り広げたのが本書である。異なる意見や立場の間で交わされる論争によって新たなエネルギーを得るのが、哲学という営みの一つの特徴である。本書が日本の哲学にさらなるエネルギーを与え、その知的テンションを高めることに貢献できれば幸いである。

京都大学学術出版会の國方栄二さんには、以上述べた本書の主旨に全面的にご賛同頂き、刊行にいたるまで万端にわたってお世話になった。また本書は、京都大学教育研究振興財団の研究成果物刊行助成を得て出版されることになった。合わせて、心からお礼申し上げたい。

（出口康夫）

二〇一三年二月

出口康夫
松田克進

訳，1990年12月）紀伊国屋書店。

ピエール・デュエム『物理理論の目的と構造』（安孫子信・熊谷陽一と共訳，1991年1月）勁草書房。

15頁。

“Création et contingence selon Descartes et Duns Scot”, in *Descartes et le moyen âge*, éd. par J. Biard et R. Rashed, janvier 1998, Vrin, Paris, pp. 75–89.

「近代科学のテイクオフと＜方法的制覇＞」岩波講座『科学／技術と人間・第1巻・問われる科学／技術』1999年1月，岩波書店，65–91頁。

「現代フランスの認識論の哲学――G.–G. グランジェの哲学を中心に」,『哲学研究』(2000年4月，第569号）京都哲学会，71–104頁。

「《対話》中川久定先生「デカルトと西田――二つの哲学の言語的前提」に寄せて――中川先生への手紙」,『日本の哲学』(特集西田哲学研究の現在)（2000年11月，第1号）日本哲学史フォーラム，90–101頁。

「自然主義批判試論――クワインの「認識論の自然化」を中心に」,『哲学』(2001年4月，第52号）日本哲学会，50–63頁。

「デカルト哲学の三つの次元」,『アルケー』(2003年6月，関西哲学会年報，第11号）関西哲学会，1–20頁。

“La philosophie de Descartes et son intuitionnisme”, in *Philosophie des mathématiques et théorie de la connaissance-L’œuvre de Jules Vuillemin*, éd par R. Rashed et P. Pellegrin, A. Blanchard, novembre 2005, Paris, pp. 311–328.

「ライプニッツにおける数理と自然の概念と形而上学（上)」,『哲学研究』(2006年4月，第581号）京都哲学会，1–28頁。

「ライプニッツにおける数理と自然の概念と形而上学（下)」,『哲学研究』(2006年10月，第582号）京都哲学会，1–24頁

「自然科学の哲学――フランスにおける展開」,『哲学の歴史　第11巻　論理・数学・言語』2007年4月，中央公論新社，84–126頁。

「ヴュイユマン／グランジェ」,『哲学の歴史　第12巻　実存・構造・他者』2008年4月，中央公論新社，703–735頁。

「自然主義の限界と哲学の役割（認識論の観点から)」，岩波講座哲学第15巻『変貌する哲学』2009年7月，岩波書店，111–135頁。

「西田とデカルト」,『日本の哲学（特集昭和の哲学)』(2009年12月，第10号）日本哲学史フォーラム。

（3）主な翻訳

ルネ・デカルト『哲学の原理』(井上庄七・水野和久・平松希伊子と共訳，1988年11月）朝日出版社。

ジュヌヴィエーヴ・ロディス＝レヴィス『デカルトの著作と体系』(川添信介と共

頁。

“La position de la philosophie naturelle du *Discours* dans les œuvres de Descartes”, in *Problématique et réception du* Discours de la méthode et des Essais, éd. par H. Méchoulan, juin 1988, Vrin, Pars, pp. 225-236.

「物理学の哲学的諸問題」,『科学と哲学　論理・物理・心・言語』(1988年10月), 昭和堂, 53-109頁。

「デカルトの自然哲学と自然学」,『デカルト・哲学の原理』(井上庄七・小林道夫編訳, 1988年11月), 朝日出版社, 5-100頁。

「自然観の変遷——近代自然科学の成立とその本性」, 岩波講座『転換期における人間』第2巻『自然とは』(1989年9月), 岩波書店, 189-224頁。

「科学的世界と日常的世界——デカルトとウィトゲンシュタイン」,『哲学』(1990年4月, 第40号) 日本哲学会48-68頁。

「科学的実在論」,『現代哲学のフロンティア』(神野慧一郎編, 1990年10月), 勁草書房, 68-99頁。

「科学者による科学哲学」,『現代哲学のバックボーン』(神野慧一郎編, 1991年9月), 勁草書房, 56-76頁。

「科学的説明と実在論」,『科学哲学』(1993年11月, 第25号) 日本科学哲学会, 39-51頁。

「心身問題——その所在と展開」,『心理学評論』(1995年9月, 第37巻第4号), 心理学評論刊行会, 419-436頁。

“L'articulation de la physique et de la métaphysique dans les *Principia*” in *Descartes: Principia Philosophiae (1644-1994)*, éd. par J.-R. Armogathe et G. Belgioioso, octobre 1996, Vivalium, Napoli, pp. 381-408.

「デカルト形而上学の基本構造」,『思想』(1996年11月, 第869号) 岩波書店, 9-25頁。

「現代フランスにおけるデカルト研究の現状」,『思想』(1996年11月, 第869号) 岩波書店, 271-283頁。

「デュエムの科学哲学における道具主義・実在論・ホーリズム」,『科学哲学』(1996年11月, 第29号) 日本科学哲学会, 1-13頁。

「現象学批判試論——「超越論的現象学による学問の基礎づけ」と「生活世界論」をめぐって」,『現象学年報』(1997年10月, 第13号) 日本現象学会, 67-82頁。

「神の創造と偶然性——デカルトとドンス・スコットスの場合」,『中世哲学研究・VERITAS』(1997年11月, 16号) 京大中世哲学研究会, 75-98頁。

“Réception et critique de Descartes au Japon-Le cas de Kitarô Nishida”, in *Chemin de Descartes*, éd. par Ph. Soual et M. Vetö, décembre 1997, L' Harmattan, Paris, pp. 43-56.

「デカルトの心の哲学」,『科学基礎論研究』(1997年12月, 第89号) 科学基礎論学会, 9-

小林道夫　関連著作一覧

（1）主な著作

『自然観の展開と形而上学』（共編著，1988年４月），紀伊國屋書店。

『科学と哲学　論理・物理・心・言語』（共編著，1988年10月），昭和堂。

La philosophie naturelle de Descartes, mars 1993, Vrin, Paris.

『デカルト哲学の体系――自然学・形而上学・道徳論』（1995年５月），勁草書房。

『科学哲学』（1996年５月），産業図書。

『デカルトの自然哲学』（1996年９月），岩波書店。

『デカルト読本』（共編著，1998年10月），法政大学出版局。

『フランス哲学・思想事典』（共編著，1999年１月），弘文堂。

『デカルト哲学とその射程』（2000年５月），弘文堂。

『デカルト入門』（2006年４月）筑摩書房（ちくま新書）。

『哲学の歴史　第５巻　デカルト革命』（編著，2007年12月），中央公論新社。

『科学の世界と心の哲学――心は科学で解明できるか』（2009年２月），中央公論新社（中公新書）。

（2）論文（博士論文を含む）

「フッサールの現象学的反省の二面性の問題」，『哲学論叢』（1974年２月，第１巻），京都大学哲学論叢刊行会，109-122頁。

“Le rôle de la volonté dans la philosophie de Descartes - La thèse de la création des vérités éternelles et la liberté humaine”, octobre 1979.（パリ第４大学博士論文）

「現代フランスにおけるデカルト研究の諸問題」，『理想』（1982年６月，第589号），理想社，66-82頁。

「現代フランスにおける科学と認識の哲学――グランジェとヴイユマンをめぐって」，『理想』（1984年９月，第616号），理想社，188-201頁。

「近世における自然哲学とコスモロジー」，新岩波講座哲学第５巻『自然とコスモス』（1985年７月），岩波書店，175-206頁。

「デカルトにおける自然学の形而上学的基礎づけ――伝統的形而上学との対比において」，『哲学研究』（1986年３月，第552号），京都哲学会，103-158頁。

「デカルトにおける心身問題と行為論」，『神・自然・人間』（1987年４月），大阪市立大学文学部哲学教室，53-83頁。

「17世紀におけるイデアと観念の問題」，『理想』（1987年10月，第636号）理想社，61-77

ナ行

ハ行

マ行

ヤ行

ラ行

ワ行

人名索引

本書に登場する哲学者などの人名を収載する。ただし、現代の哲学者については、執筆者以外については、主要な哲学者のみを挙げている。

出口康夫（でぐち・やすお）【編者，第九章】
京都大学大学院文学研究科准教授
主な著訳書
『応用哲学を学ぶ人のために』（共編，世界思想社），『これが応用哲学だ！』（共編，大隅書店），『心と社会を科学する』（共著，東京大学出版会）
戸田山和久（とだやま・かずひさ）【第十章】
名古屋大学情報科学研究科教授
主な著訳書
『論理学をつくる』（名古屋大学出版会），『知識の哲学』（産業図書），『科学哲学の冒険―サイエンスの目的と方法をさぐる』（日本放送出版協会）

「自然観の相克」（共著，『宇宙論の闘争』岩波書店），「科学論の帰趨」（共著，『科学技術のゆくえ』ミネルヴァ書房），「ホワイトヘッド」（共著，『哲学の歴史８』中央公論新社）

松田　毅（まつだ・つよし）【第四章】
神戸大学人文学研究科教授
主な著訳書
Der Satz vom Grund und die Reflexion-Identität und Differenz bei Leibniz（Peter Lang），『ライプニッツの認識論』（創文社），『哲学の歴史』第５巻『デカルト革命』共著（中央公論新社）

山本道雄（やまもと・みちお）【第五章】
関西看護医療大学特任教授，神戸大学名誉教授
主な著訳書
『改訂増補版カントとその時代　ドイツ啓蒙思想の一潮流』（晃洋書房），「カントと一八世紀啓蒙哲学―「わが上なる星しげ空とわが内なる道徳法則」（岩波書店『カント全集別巻』），「ヴォルフ『世界論』第三部―世界・自然・秩序，ヴォルフ『世界』論研究完結編」（神戸大学哲学懇話会編『愛知』第24号）

伊藤邦武（いとう・くにたけ）【第六章】
京都大学大学院文学研究科教授
主な著訳書
『物語　哲学の歴史』（中公新書），『パースの宇宙論』（岩波書店），『ケインズの哲学』（岩波書店）

安孫子信（あびこ・しん）【編者，第七章】
法政大学文学部教授
主な著訳書
Dissémination de *l'évolution créatrice* de Bergson（OLMS 共編），ピエール・デュエム『物理理論の目的と構造』（共訳，勁草書房）

美濃　正（みの・ただし）【第八章】
大阪市立大学大学院文学研究科教授
主な著訳書
『心の科学と哲学：コネクショニズムの可能性』（共編，昭和堂），『知識と実在：心と世界についての分析哲学』（共編，世界思想社），「心的因果と物理主義」（信原幸弘編『シリーズ心の哲学Ⅰ　人間篇』，勁草書房）

執筆者一覧（執筆順）

小林道夫（こばやし・みちお）

1945年生まれ。1974年京都大学大学院文学研究科博士課程哲学専攻単位取得満期退学。同年10月にリヨン第３大学博士課程にフランス政府給費留学生として留学。1976年パリ第４大学（パリ・ソルボンヌ大学）博士課程に転学，1979年同大学にてDocteur de 3e cycleを取得し，同課程を修了。コレージュ・ド・フランス哲学講座助手，大阪市立大学文学部教授，京都大学大学院文学研究科教授を経て，現在，京都大学名誉教授，龍谷大学文学部特任教授。『デカルト哲学とその射程』により2000年に和辻哲郎文学賞（学術部門），『デカルトの自然哲学』により2001年に日本学士院賞，『哲学の歴史』（責任編集）により2008年毎日出版文化賞特別賞を受賞した。

主な著訳書

主な著書に *La philosophie naturelle de Descartes*（J. Vrin, Paris），『デカルト哲学の体系―自然学・形而上学・道徳論』（勁草書房），『科学哲学』（産業図書），『デカルトの自然哲学』（岩波書店），『デカルト哲学とその射程』（弘文堂），『デカルト入門』（ちくま新書），『科学の世界と心の哲学』（中公新書）。主な訳書に，デカルト『哲学の原理』（共訳），ピエール・デュエム『物理理論の目的と構造』（共訳）

＊

塩川徹也（しおかわ・てつや）【第一章】

東京大学名誉教授，日本学士院会員

主な著訳書

Entre foi et raison : l'autorité. Études pascaliennes（Honoré Champion），『発見術としての学問―モンテーニュ，デカルト，パスカル』（岩波書店），『パスカル考』（岩波書店）

松田克進（まつだ・かつのり）【編者，第二章】

広島修道大学人間環境学部教授

主な著訳書

『スピノザの形而上学』（昭和堂），『近世哲学史点描―デカルトからスピノザへ』（行路社）

中釜浩一（なかがま・こういち）【第三章】

法政大学文学部教授

主な著訳書

デカルトをめぐる論戦

平成25（2013）年３月31日　初版第１刷発行

編　者　安　孫　子　信
出　口　康　夫
松　田　克　進

発行人　檜　山　爲　次　郎

発行所　京都大学学術出版会
京都市左京区吉田近衛町69
京都大学吉田南構内（〒606-8315）
電　話（075）761-6182
ＦＡＸ（075）761-6190
ＵＲＬ　http://www.kyoto-up.or.jp
振　替　01000-8-64677

印刷・製本　亜細亜印刷株式会社

ISBN978-4-87698-264-6